LLOFFION MÔN

LLOFFION MÔN

Detholiad o ryddiaith, barddoniaeth a cherddoriaeth, wedi eu
casglu o hen bapurau newydd, llyfrau a chylchgronau, ynghyd
ag ambell i erthygl a nodiadau gan yr awdur

W. Arvon Roberts

Cyflwynaf y gyfrol hon
er cof annwyl
am fy hynafiaid yn
Tyddyn Roger, Llannerch-y-medd,
Bryn Idan, Llanddeusant,
a Penrhosllugwy, Môn.

Argraffiad cyntaf: 2011

(h) W. Arvon Roberts/Gwasg Carreg Gwalch

Rhif rhyngwladol: 978-1-84527-328-6

Mae'r cyhoeddwr yn cydnabod cefnogaeth ariannol
Cyngor Llyfrau Cymru

Cynllun clawr: Sion Ilar

Cyhoeddwyd gan Wasg Carreg Gwalch,
12 Iard yr Orsaf, Llanrwst, Conwy, LL26 0EH.
Ffôn: 01492 642031 Ffacs: 01492 641502
e-bost: llyfrau@carreg-gwalch.com
lle ar y we: www.carreg-gwalch.com

Argraffwyd a chyhoeddwyd yng Nghymru.

Cynnwys

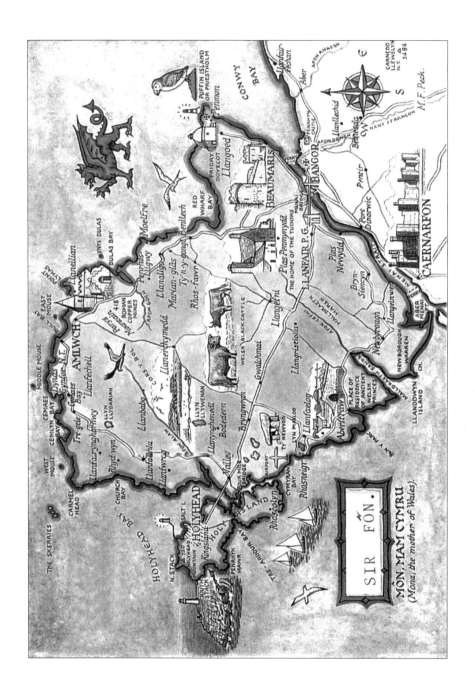

SIR FÔN.

MÔN, MAM CYMRU
(Mona, the mother of Wales)

Rhagair

Mae Môn yn hynod ymysg siroedd Cymru oherwydd ei bod yn ynys. Rhennir hi oddi wrth y tir mawr gan fraich o'r môr o'r enw Afon Menai. Ar un adeg, ni ellid mynd i Fôn ond mewn cwch, ond daeth tro ar fyd ac adeiladwyd dwy bont – y bont grog a'r bont haearn – i'w chysylltu â gweddill Cymru.

Nid yw ynysoedd, fel llawer i bethau eraill, ddim fel y buont, ond gall eu plant ddal i ddiogelu eu hetifeddiaeth a'u traddodiadau yn haws a chywirach nag y gall pobl y tir mawr ei wneud, a byddwch yn ymwybodol o awyrgylch wahanol wrth ymweld â hwy – y teimlad hwnnw o fod ar wahân.

Mae hyn yn wir ar Ynys Môn. Nid dychymyg mohono. Mae yna wahaniaeth wrth groesi'r Fenai. Cymru ydyw, ond Cymru arall. Efallai na fydd i chwi sylwi cymaint o'r car, wrth yrru'n gyflym ar hyd ffordd lydan newydd. Yn sicr, ni allwch fod yn ymwybodol ohono ychwaith mewn cerbyd trên i Gaergybi. Ni wnewch ei ddarganfod hyd yn oed ar wyliau yn un o'r baeau poblogaidd, neu mewn tref fel Biwmares. Ond oddi ar y ffordd fawr, ac ar yr hen lwybrau ymysg y pentrefi bychain sy'n gorwedd i lawr y corneli troellog, ar y ffermydd hynafol sydd allan o'r ffordd, gallwch ei deimlo, a'i deimlo'n gryf.

Mae yna duedd gan rhai o'r tu allan i Fôn i feddwl bod yr ynys yn fflat. Ond mae hynny ymhell o fod yn wir. Nid oes yn unman arni unrhyw fynyddoedd y gellir ei cymharu ag uchder a gwychder Eryri, ac ar ochr orllewinol yr ynys (ac mae'r gorllewin a'r dwyrain ohoni yn dangos gwahaniaethau mawr o ran amlinell, golygfa a diwylliant) mae ffordd Caergybi yn rhedeg yn syth a bron yn wastad. Ond er nad oes ym Môn fynyddoedd dros 700 troedfedd o uchder, mae yna fryniau, a rheini yn rhai serth, yn arbennig ar yr ochr ddwyreiniol.

Mae'r ynys, fel y gwelir rhwng tudalennau'r gyfrol hon, yn llawn cyfoeth o ddeunydd hynafiaethol a hanesyddol o bwys. Cefais innau adnabyddiaeth weddol drylwyr ohoni, a hynny ar bwys teithiau pregethu y Sul rhwng 1980 a 2000. Byddwn yn manteisio ar adegau rhwng oedfaon i fynd ar drywydd sawl cartref enwog, a'i chorneli rhamantus, a'i thraethau euraidd, lle ceir 'Digon o bob rhyw degwch' fel y dywedodd y bardd. Erys atgofion melys gyda mi o hyd am y 'blychau sgwâr' a llawer i ffrind a chymeriad, ar y teithiau hynny.

Adnabyddid yr ynys yn y dyddiau gynt wrth yr ymadrodd 'Môn, Mam Cymru'. Honnir iddi hi gael yr enw hwnnw mewn ystyr materol pan oedd Môn yn gallu cynhyrchu digon o fwyd ar gyfer y wlad gyfan, ac o ystyried ei hen felinau adfeiliedig, tua 48 ohonynt i gyd – nid yw'r amser pan oedd yn dal i wneud hynny ddim mor bell iawn yn ôl a hynny. Ond mae Môn wedi bod yn fam dda i Gymru mewn ffyrdd eraill ar wahân i lenwi angen a bwydo ei phlant. Ar hyd y blynyddoedd bu'n dir magwraeth popeth sydd wedi bod o bwys mwyaf mewn bywyd, mewn crefydd a diwylliant.

'Henffych well, Fôn, dirion dir,
Hyfrydwch pob rhyw frodir;
Mirain wyt ymysg moroedd,
A'r dŵr yn gan twr it oedd;
Eistedd ar orsedd eursail
Yr wyt, ac ni welir ail;
Ac euraidd wyt bob goror,
Arglwyddes a meistres y môr.'

Goronwy Owen

W. Arvon Roberts, 2011

YNYS MÔN

'Wedi'r digwyddiadau uchod aethom trosodd i Ynys Môn ryw ddwy ffilltir i ffwrdd oddi yno, trwy hwylio dros fraich fer o'r môr...

Y mae Môn yn ddaear sych a charegog, yn aflunaidd ac anhyfryd yr olwg, yn debyg iawn, yn ei hansawdd allanol, i wlad Pebidiog, sydd yn ffinio ar Dŷddewi, eithr yn dra gwahanol iddi, er hynny, yng nghynysgaeth fewnol ei natur. Canys y mae'r ynys hon yn anghymarol fwy cynhyrchiol mewn grawn gwenith na holl ardaloedd Cymru: yn gymaint felly ag y mae'n arfer diarhebu'n gyffredin yn yr iaith Gymraeg, 'Môn, Mam Cymru'. Oherwydd pan fyddo'r holl ardaloedd eraill ymhobman yn methu, y mae'r wlad hon, ar ei phen ei hun, yn arfer cynnal Cymru i gyd a'i chnwd bras a thoreithiog o ŷd.'

Gerallt Gymro

(Hanes y Daith Trwy Gymru, cyfieithiad o *Itinerarium Kambriae* gan Thomas Jones)

Roedd Gerallt Gymro, neu **Giraldus Cambrensis** *fel y gelwid ef yn gyffredin, yn adnabyddus fel llenor ac ysgolhaig. Ganed ef yn 1146 ym Maenorbyr, yng ngwaelodion sir Benfro. Roedd ei dad, William de Barri, o dras Normanaidd; a'i fam, Angharad, yn ferch i Gerald de Windsor, ac yn wyres i'r enwog Rhys ap Tewdwr (m.1093), brenin y Deheubarth; ŵyr i Cadell ab Einion ab Owen ap Hywel Dda.*

Derbyniodd ei addysg yn Abaty Sant Pedr, Tyddewi, nes oedd yn 23 oed, ac yna ym Mhrifysgol Paris lle bu am dair blynedd yn astudio diwinyddiaeth, areithyddiaeth, a chyfansoddiaeth ddiwylliedig. Yn 1172 dychwelodd i Gymru i ddechrau ar ei swydd fel offeiriad. Gwnaed ef yn ganon Henffordd, ac yn offeiriad Chesterton. Yn 1176 aeth Gerallt yn ei ôl i'r brifysgol yn Paris am dair blynedd arall i ychwanegu at ei gymwysterau addysgiadol, ac yno bu'n llwyddiannus fel darlithydd. Ar ôl hynny bu'n gaplan i'r Brenin Harri II, ac roedd gan Harri gymaint o barch tuag ato ef fel y gwnaed ef yn ysgrifennydd ac yn gydymaith i Ioan ei fab ar ei ymweliad ag Iwerddon. Gwnaeth Gerallt y gorau o'r daith honno a chyhoeddodd ffrwyth ei ymchwil mewn dwy gyfrol ar ddaearyddiaeth a hanes yr Iwerddon sef Topographia Hibernica *ac* Expugnatio Hibernica.

Yn 1188 aeth Gerallt gyda Baldwin, Archesgob Caergaint, a'r prif ynad Glanville, ar daith drwy Gymru, i berswadio'r Cymry i gymryd rhan yn y drydedd groesgad. Ysgrifennodd hanes y daith honno gan wneud sylwadau helaeth ar natur, arferion, rhagoriaethau a diffygion ein cenedl: Itinerarium Kambriae, *llyfr teithio gwerthfawr iawn. Yn 1194 ymroddodd eilwaith i astudio, y tro hwn yn Lincoln, Lloegr, lle'r ysgrifennodd amryw o lyfrau yn ystod i chwech neu saith mlynedd y bu'n byw yno. Cafodd gynnig esgobaethau ym Mangor, a Llandaf ond yr oedd chwant ar ei galon i gael ei wneud yn esgob Tyddewi, a chyn cynnig y dymuniad hwnnw iddo ef yr oedd ar fin mawr, yr oedd yn rhy hwyr. Yn 1205 bu ar bererindod ysbrydol yn Rhufain. Bu farw yn 1223, ac fe'i claddwyd ef yn Eglwys Gadeiriol Tyddewi.*

Pont Menai tua 1850

14

Môn

Beth yw'r ynys dywell, dawel
Welwn acw, gyda'r wawr?
Pa delori gluda'r awel
O ganghenau'i derllwyn mawr?
Beidiodd tlysni'r Tylwyth Teg
Swyno llinos Gwenddydd chweg!
Beth yw'r ynys? Beth yw'r canu?
Gawn ni fyned a'i meddiannu?
Prin yw'r helfa 'nghoedydd Arfon,
A'r tylwythau'n ymgryfhau; –
Gwel, fy meinir, dlos yr afon,
Wobrwy'n cariad ni ein dau!

Cyrchu Mon yn nyri'r awel,
Wnawn dan fendith sanctaidd Ior;
Mynwn drigo'r ynys dawel,
Gwynfa cariad, lili'r môr.

"Môn, mam Cymru," welaf acw
Dros li Menai, gwyn fy myd!
Nid oes brinder ar un erw
Dan ei derw gloew i gyd:
Ni all ewyn chwilfriw'r don
Ond orydferthu'r ynys hon;
Hi sy'n harddu'r haul machludol
A'i ogoniant mwyaf hudol!
Mwg allorau'r Derwydd iesin
Leinw'i derllwyn tewfrig hi, –
Cawn wybodau afrif, cyfrin,
Wedi croesi'r tonog li.

Cyrchu Môn yn nyri'r awel,
Wnawn dan fendith sanctaidd Ior;
Mynwn drigo'r ynys dawel –
Gwynfa'r Derwydd, lili'r môr.

Dacw awyr Mon yn duo,
Sŵn rhyfelwyr leinw'r wlad;
Dacw'r cedyrn yn cyd-ruthro,
Ac yn syrthio yn y gad!
Tan ysbeilia'r derllwyn mawr,
Syrth y Derwydd coeth i'r llawr;
Trom ddidostur yw'r gelanedd
Drwy'r canrifoedd didrugaredd!
Ond ymloewa'r wybren eto,
Ni bydd gelyn acw'n hir,
Mae rhianedd glan yn brwydro
Ac yn concro yn y tir!

Cyrchu Mon yn nyri'r awel,
Wnawn dan fendith sanctaidd Ior;
Fyth ni wywa'r ynys dawel –
Gwynfa Rhyddid, lili'r môr.

Er fod Rhagfyr heddiw'n siglo
Holl dylathau pontydd Môn,
Awn drwy'i phlwyfi man, digyffro,
A chawn lawer swynol son; –
Son am lawer adfail briw,
Son am lawer gwron gwiw:
Son am blasau hen frenhinoedd,
Son am gryfder hen ddrycinoedd!
Ac anfarwol glwyfus-hyfryd
Am Oronwy ydyw'r son –
Hyd y nef ni chafodd wynfyd
Wedi colli gwynfyd Môn.

Cyrchu Mon yn nyri'r awel,
Wnawn dan fendith sanctaidd Ior;
O, anwylaf ynys dawel,
Gwynfa Cymru, lili'r môr'.

(*Ar Fin y Traeth*,
Caneuon gan Tryfanwy, 1910)

John Richard Williams, 'Tryfanwy'

Ganed John Richard Williams, 'Tryfanwy', (1867-1924) yn Tan y Manod, Rhostryfan, Arfon, yn fab i Owen a Mary Williams (y ddau o Lŷn). Bu'n ddall ac yn fyddar ers pan oedd yn blentyn. Yn 1880 symudodd y teulu i Tyddyn Difyr, ar lethr Moeltryfan. Bu farw ei dad mewn damwain a dychwelodd yntau gyda'i fam weddw yn ôl i Tan y Manod. Gadawyd ef yn amddifad, a magwyd ef gan fodryb ym Mhorthmadog, ac yno y treuliodd gweddill ei oes.

Ymddangosodd llawer o'i farddoniaeth mewn gwahanol gylchgronau Cymraeg ei gyfnod, yn arbennig yn Cymru (O. M. Edwards). Enillodd ddeg o gadeiriau eisteddfodol mewn mannau fel Lerpwl, Môn, Fflint, a rhai hefyd yn eisteddfodau yr Eifl, a'r Ddraig Goch. Cyhoeddodd ddwy gyfrol o'i farddoniaeth: Lloffion yr Amddifad (1892), ac Ar Fin y Traeth (1910).

(o Lloffion Llŷn)

Amaethdy yn Môn

Nid y llawn heolydd,
Mwg a thwrf y trefydd,
Nid y byd, a'i olud drud
Sy'n denu bryd y prydydd:
Ond afonydd – gwyrddion ddolydd –
Swn yr awel yn y coedydd –
Cymau – glanau – bryniau – bronydd
Cymru, gwlad y gân.

Talhaiarn, (1810-70)

Lle felly ydyw Rhosgwaen. Y mae milldiroedd lawer rhyngom a'r orsaf. Daw y newyddiadur yma unwaith yn yr wythnos, a chawn ambell i hanes lleol gan y sawl fo yn ymweld a'r ffermdy yn achlysurol. Ond yn nyddiau Gorffennaf ac Awst y mae yn anhawdd meddwl am ardal ddifyrach i'r sawl sydd yn cydymdeimlo a phenill Talhaiarn, ac yn medru tynu mwynhad o'r 'gwyrddion ddolydd' a 'swn yr awel yn y coedydd'.

Yr ydym wedi cael pythefnos o hafddydd digwmwl, – heulwen glir, desog o foreu hyd hwyr. Cawn ein deffro yn y plygain gan y brain. Cynhaliant hwy eisteddiad boreuol yn y goedlan gerllaw y tŷ. Traddodir anerchiadau brwdfrydig: a gallwn feddwl eu bod un boreu yn ethol llywydd am y chwe mis dyfodol, a chynrychiolydd i gymanfa freiniol A–. Parhaodd y drafodaeth yn hir, a phan ranwyd y tŷ, yr oedd llawenydd y brain ieuainc yn rhywbeth gwir gofiadwy. Wedi hynny daw caniad y ceiliog. Y mae hwn yn gantor gwych, ac y mae yn credu yn ei alluoedd. A phan ychwanegir swn y corddi, nid ydyw yn ormod dweud fod cysgu allan o'r cwestiwn. Agorwn y ffenestr. Y mae'r awel oddiar fryniau Maethlu yn beraidd fel gwin. Awel y môr ydyw, wedi hedfan dros feusydd o feillion, a thros lwyni deiliog. Ar ôl boreubryd sylweddol (un o fendithion y wlad) awn allan. Y mae rhes o greigiau ar ganol cae heb fod yn mhell oddi wrth y tŷ. Os am awyr bur, a golygfa bellgyrhaeddol, gellwch eistedd ar drum o graig ar ffurf cadair, a dychmygu eich bod yn fardd gorseddol. A phe gallech hufenu barddoniaeth y gylch arlunfa hon, chwi a fyddech yn fardd anian, beth bynnag am yr Eisteddfod. O'ch blaen y mae mynyddau Arfon, rhai yn uwch a rhai yn is, yn ymestyn o'r Eifl i'r Penmaenmawr. Y mae y Wyddfa yn ddigon clir i chwi weled yr agerbeiriant rhyfygus yn ysmygu ar ei llethrau.

Ond os ydyw gwres y dydd yn rhy llethol, gellwch eistedd yn holltau'r graig, lle mae ambell dusw o laswellt, ac ambell flodyn, yn ymguddio o olwg y byd. Edrychwch! Mor brydferth ydyw y meusydd llydan odditanoch – yr ŷd yn melynu yn yr haul, ac yn pengrymu yn foesgar o flaen yr awel. Ar y gwaelod acw y mae gweddillion hen dŷ fu un adeg yn 'dŷ cwrdd'. Bu yr enwog John Wesley yn pregethu ynddo, yn nghydag amryw o'r Diwygwyr Cymreig yn y ganrif o'r blaen. Ar y cyfrif hwn, y mae ei adfeilion yn gysegredig. Mewn cyfeiriad arall y mae Llan–. Y mae golwg ddymunol arno dan belydrau'r haul. Y mae yr eglwys blwyfol mewn safle dra dyrchafedig yn y rhanbarth hwn. Dywedir mai mab i glochydd y lle hwn, yn y dyddiau a fu, ydoedd y grammadegydd clodwiw, Dr. J. Dafydd Rhys (1534-1609). Ond daeth tro ar fyd, neu yn hytrach ar y tywydd. Yr oedd yn hindda hyfryd neithiwr, ond erbyn boreu heddiw, yr oedd y wybren yn orchuddiedig a chymylau, a'r gwlaw yn disgyn yn drwm a di-dor. Y mae wedi effeithio yn ddaionus ar y ddaear oedd yn sychedu am wlybaniaeth, ond y mae natur dda yr amaethwyr, fel y 'weather-glass' wedi mynd i lawr amryw o raddau. Onid oedd gwair y Waen yn barod i'w gario, a'r das ar haner ei gwneud? 'Ie, ond yr ydych wedi cael cnwd ardderchog oddiar y meusydd eraill. Ni fu yr ydlan un adeg yn fwy llawn'. Nis gellid gwadu hyn, ond yr oedd y Waen fel hunllef ar feddwl y gŵr, ac yr oedd yr olwg arno yn edrych ar y gwlaw drwy ffenestr y gegin yn ddigon i godi'r pruddglwyf ar sioncyn y gwair yn ofni i'r clefyd fod yn heintus, mi a ymneillduais i'r ysgubor ac yno, yn nghanol y gwellt, mi a ddarllenais y *Geninen* Eisteddfodol.

Lle braf iawn i ddarllen ydyw ysgubor ar ddiwrnod gwlawog yn yr haf. Cewch edrych ar y cawodydd, a darllen bob yn ail, oherwydd y mae y cynhaeaf i chwi, nid ar y waen, ond yn daclus rhwng dwy amlen y llyfr. Ac y mae yr awel yn dod i'r ysgubor mor ddiseremoni a phe buasech ar ganol y maes. Darllenais awdl Berw (1854-1926) ar 'Victoria' – awdl gadeiriol Llundain (1887). Da iawn, wir. Yr oeddwn wedi ymgolli yn yr awdl, a phan orffenais codais fy ngolwg, a gwelwn fustach mawr yn syllu yn synedig ar ymyl y ddor. Codais ar fy nhraed, ac adroddais englyn buddugol iddo o'r *Geninen*. Edrychodd drachefn fel – bustach, ond deallais fod yr englyn yn effeithio arno. Gollyngodd ochenaid ddofnruol, a diflanodd o'm golwg. Wedi hynny, darllenais 'Ar lan y môr', gan Gwili (1872-1936), ac 'Eluned y

Glascoed', gan Elphin (1860-1936), a daeth nifer o wenoliaid i'r ysgubor. Gwibient, canent a'u holl egni, ac ymddengys i mi eu bod yn mwynhau barddoniaeth delynegol. Treuliais oriau dyddan gyda'r awdlau, y pryddestau, y caneuon, a.y.b. Os oes rhywun yn meddwl yn wahanol, croeso iddo ei farn. Ond yr wyf yn credu fod llawer yn dibynu ar y lle y byddo dyn yn darllen pethau fel hyn... Ond mewn ysgubor dawel, yn nghanol y gwellt, y gwlaw yn disgyn fel cerddoriaeth ar y tô, y wenoliaid yn twitian heibio, a thangnefedd heddychol yn teyrnasu, – dyma y lle i chwi fwynhau barddoniaeth aml-weddog y *Geninen* Eisteddfodol.

Wel, wir, rhyfedd fel y mae yr amser yn dianc. Y mae y gwlaw wedi myned heibio. Cliriodd y ffurfafen a gwelir man-gymylau gwlanog, yn nghanol glesni tyner, fel ynysoedd yn nghanol y môr. Y mae'r haul wedi suddo dros y gorwel, gan adael ymylwe ruddgoch ar y gorllewin. Clywaf lais yr amaethwr ar y buarth. Y mae'r nodau lleddf wedi cilio. Dywed wrth y gweision am fod yn barod i gario'r waen ganol dydd dranoeth. Daw y gwyddau yn orymdaith bwyllog at y tŷ. Byddaf yn gweld rhywbeth yn 'bwyllgorawl' iawn mewn mintai o wyddau. Y maent yn siarad (yn eu dull hwy) yn ddi-daw, ac y mae y ceiliogwydd, fel cadeirydd y pwyllgor, yn barod i chwythu bygythion ar unrhyw un a feiddia groesi eu llwybr. Clywir acen gyffrous – '*g sharp*' – y petris yn y weirglodd, a 'tw–hw' – 'tw-hw' – y golomen wyllt yn y goedlan gerllaw.

Awn am dro wedi swper at y llyn bychan ar gyffiniau Rhosgwaen. Welwch chwi'r aderyn llwydwyn, gwisgi, acw sydd yn nofio ar ei ddyfroedd? Gwylan ydyw, ac ymddengys i mi ei bod yn treulio ei *holidays* yn y fangre hon. Y mae cryn bellder rhyngom a'r môr, ond yma y mae y wylan yn treulio ei dyddiau ar y llyn. Aflonyddir arni ar adegau. Daw y gwas bach heibio a theifl garreg, a chyfyd y wylan ar ei hadenydd. Bryd arall daw yr hwyaid, a bydd yn ddadl boeth ar hawliau adar y môr ac adar y tir. Ond wedi pob ysgarmes daw y wylan yn ei hol. Dyma hi. Y mae'r lleuad lawn yn tywynu'n dawel ar y wlad. Gwelir ei hadlewyrchiad yn y llyn, a'r wylan yn nofio'n hoew yn nghanol y pelydrau. Y mae fel yn ymwybodol o'i hapusrwydd. Nid oes neb i drespasu ar ei thawelwch. Daw ambell iar ddwfr, hwyaden wyllt, a chreyr glas, i'r llanerch, ond y maent hwy yn gyfeillion, ac ni raid pryderu dim yn eu cylch. Y mae hedd yr hwyr yn dwyshau. Daw niwl teneu-wyn i orchuddio y meusydd. Darfu sŵn gwaith. Daeth amser gorffwys. Ond nofia'r wylan mewn boddhad ar y llyn, a phelydra'r lleuad ar y dyfroedd. Y mae'r olygfa yn peri imi adrodd hwyrgan Mynyddog (1833-77) wrth ddychwel i dawelwch Rhosgwaen:

Cyd-nofio mae'r cymylau
Ag aur hyd eu hymylau
Yn seiniau cerddi hwyrol ha'
    Tyner chwa
    Ddwed 'Nos da'.

(*Awel a Heulwen* gan Anthropos, 1901)

Moli Môn

Golygfa o ben Brynrefail, Môn

Pe bawn i'n gyfoethog ac arnaf eisiau troi ychydig filoedd o'm harian i bwrpas da, mi gredaf mai cymryd darluniau byw o Sir Fôn a wnawn, a'u gyrru led-led y byd i ddangos i bobl ymhell ac agos mai

.... tirion dir,
Hyfrydwch pob rhyw frodir,
Goludog ac aul Eden ....
ydyw'r ynys hon.

Rhyw gongl fechan o'r neilltu ydyw Môn, wedi osgoi dyndwr a thrwst y byd prysur oddi allan ac yn troi'n hamddenol ynddi hi ei hun fel pe bai wedi ei swyno gan ei phrydferthwch hi ei hunan, a'i thrigolion bron wedi anghofio bod byd yn bod oddi allan i'w Heden fach – fel '*Locus Eaters*' Tennyson, wedi eu swyno gan brydferthwch eu hynys.

Y mae Môn fel rhyw *Art Gallery* fawr o un pell i'r llall, darlun ar ôl darlun yn ymddatod o flaen y llygad.

Wrth groesi pont Menai ac edrych tua Phorth y Wygyr, dyna olygfa nas curir yn y byd i gyd, meddai ymwelwyr o bob gwlad. Gorau Duw am ddim i bobl Môn.

Mi deithiais unwaith gyda Sais mewn cwch i lawr Menai, ac meddai, "Wyddwn i erioed o'r blaen beth a feddyliai Eseiah yn yr ymadrodd 'A holl goed y maes a gurant ddwylaw'."

"Ond mi welaf yn awr," meddai, gan edrych ar y coed yn ymestyn o ben Llandegfan nes cyrraedd dŵr yr afon a chymysgu gwyrddni eu dail â glesni haf afon Menai.

Yr oedd clust fain ei enaid wedi clywed y coed yn gweiddi '*Well done*' ar eu Crewr, er na chlywsai'r glust naturiol ond murmur y môr o dan y cwch.

Yma ac acw y mae hen gromlechau wedi eu codi gan drigolion cyntaf ynys Môn, gan fod arnynt hwythau eisiau dweud '*Well done*', wrth rhyw Fod Mawr y tu hwnt i'w dychymyg hwy.

Fe welwn, hefyd, olion hen demlau'r Rhufeiniaid, wedi eu codi yn yr hen ynys hon ganddynt ar ôl taith hir o Rufain fawr ac ardderchog ei hadeiladau. Ond fe syfrdanwyd adeiladwyr yr adeiladau hynny wrth weled gwaith mawr ac ardderchog Duw yng ngwlad y Cymry, ac fe benliniasant yn eu temlau i ddweud '*Well done*'.

Ar hyd a lled y Sir y mae hen ysguboriau a fu unwaith yn ddefnyddiol fel addoldai 'cyfundrefnol' fel y'u gelwir hwynt heddiw. Iddynt yr ai ein cyndadau i ddiolch ac i ganmol. Heddiw gwelwn ugeiniau o eglwysi a chapelau, rhai hardd a rhai od o ddi-addurn, rhai mawr eang a rhai bach odiaeth, ac iddynt yr â gwreng a bonedd bob Sul i ddweud '*Well done*'.

Ond yn wir, nid oes eisiau lle na phryd i ganmol ym Môn. Y mae'r ynys drwyddi draw fel un cathidral eang.

Mi sefais innau y noswaith gyntaf o'r flwyddyn hon wedi fy synnu gan fawredd a phomp yr olygfa o'm blaen, ac yn synnu hefyd fod dynion ac nid angylion wedi eu dodi yma i breswylio.

Sefyll yr oeddwn ar ymyl y Traeth Coch. Yr oedd y llanw i fyny nes cuddio hanner y ffordd y cerddwn ar hyd-ddi. Nid oedd don ar y môr mawr a ymestynnai o'm blaen hyd nes y sudda'r sêr iddo ac ymuno a'u gwrthrychau yn y gwydr mawr.

Yr oedd y lloer bron yn llawn. *'And the night was but a paler day'.* chwedl Shakespeare. A minnau ynof fy hun, a phob peth o'm mewn yn gweiddi *'Well done'*, ond fy ngenau'n fud, gan wybod na allwn ffurfio geiriau addas i ddatgan fy nheimlad. Nid oes geiriau mewn unrhyw iaith a fedr ddangos meddwl dyn ar y fath amser, nac arlunydd a fedr roddi'r olygfa ar ganfas. Yr oeddwn fel pe bawn wedi fy nghario i ryw fyd arall ac edrych ar ryw olygfa ar lwyfan anfeidrol Duw.

A dyna, mi gredaf, ydyw gwir anghenraid addoliad – dyn yn ei glywed ei hun fel rhyw bryfyn, a theimlo ei fod yn tresmasu wrth fod yn y fath le ar y fath amser, ac yntau mor sal ac annheilwng a'r funud arall yn teimlo mor fawr ydyw, gan fod Duw wedi paratoi byd mor ardderchog iddo, ac wedi rhoddi clust a llygaid iddo glywed a gweled ei ryfeddodau.

I mi rhyw gysgod o'r nef oedd golygfa fel hyn. Teimlwn yn fawr wrth feddwl fod Duw ei hunan wedi fy arwain, yn ddiarwybod i mi fy hun, i weled golygfa gyntaf ei 1931 *Review,* a'i fod hefyd yn edrych i waelodion fy nghalon i weld yr effaith.

J. Williams Hughes, Marian Glas
(*Y Ford Gron*, Gorffennaf, 1931)

ABERFFRAW

Y Felin Wynt

Bu gan Gymru lawer mwy o felinau dŵr i falu blawd nag o felinau gwynt. Mae'n llawer haws rheoli dŵr, ac wrth gwrs, gan fod Cymru'n wlad fynyddig, mae digon o law i sicrhau cyflenwad da o ddŵr i droi'r rhod. Serch hynny, amcangyfrifir bod o leiaf gant a hanner o felinau gwynt wedi'i hadeiladu yng Nghymru. Roedd gan Ynys Môn ei hun dros dri deg ohonynt. Y rheswm syml pam yr oedd cynifer ohonynt ym Môn yw mai'r gwynt oedd pwer naturiol yr Ynys. Yng Nghymru fynyddig, mae digonedd o ddŵr nentydd ac afonydd i droi'r olwynion, ond prin yw'r cyfryw ym Môn, tra bod gwynt yn elfen gref a pharhaol yno. Naturiol iawn felly oedd adeiladu'r melinau gwynt i bwrpas malu ŷd.

Yn 1846 daeth tro ar fyd y felin wynt. Diddymwyd y Ddeddf Ŷd a mewnforiwyd tunelli a thunelli o ŷd o'r cyfandir. Cai'r ŷd hwn ei falu gan felinau rholer yn y porthladdoedd.

Ychydig o felinau gwynt oedd yn dal i falu ar ddechrau'r ganrif diwethaf. Yn 1934 malwyd yr ŷd olaf ym melin Stanley, ger Caergybi. Mewn cyfnod diweddarach, adferwyd Melin Llynnon, Llanddeusant, a gellir ymweld â honno heddiw i brofi bywyd a chrefft yr hen amser.

Melin Wynt, Cemaes

(Ddoe)
Ei drysau'n agored, a'i hesgyll yn troi,
A'r dwylo o'r sachau yn tynnu a rhoi,
Y troliau trwmlwythog yn mynd ac yn dod,
A Sioni'r melinydd yn uchel ei glod.

Y chwys ar ei dalcen, a'i bibell ynghyn,
A'r blawd ar ei locsyn fel eira gwyn, gwyn;
'Rhen Sioni'n cael mygyn a'i bwys ar y ddôr
Ei fara'n y cwpwrdd a'i rent yn y drôr.

(Heddiw)
Yr esgyll yn llonydd, a'r drws wedi'i gau,
A'r llygod dig'wilydd drwy'i gilydd yn gwau
Pob olwyn yn ddistaw, dim cyffro na sŵn,
A Siaco'r ci melyn ym mynwent y cŵn.

Y drudwy petrusgar yn nythu'n ei choed,
A'r llwybr yn glasu dan wadan fy nhroed,
A Sioni'r melinydd yn dawel ddi-son –
Ei feddrod ym Meirion a'i felin ym Môn.

Min y Môr, Aberffraw

(Telyneg a ddaeth yn gydradd gyntaf mewn cystadleuaeth
ar y teledu o Stiwdio Pontcanna, Caerdydd, yn 1959.)

AFON MENAI

Murmuron Menai

Afon Menai

Menai lân a'i mwyna li – a garaf,
A'i goror o dlysni,
A'r wylan ar ei heli
Nofia'n hardd, – ei hafon hi.

Y Fenai loew las, ar lan dy li
Y mae mwynderau filfil: yma cawn
Hen Natur ar ei gorau, y mwynhawn
Ramantus dlysni Gwalia Wyllt; dy si
A gynghanedda fy mhrofiadau i;
Mae murmur mwyn y gragen fach yn llawn
O hiraeth am ei chartref; gwn yn iawn
Genhadaeth ei chwynfanu dwysaf hi.

Brenhines, falch y Fenai, 'r wylan lân,
Gar nofio'r gloew lif i weld ei llun,
A gwlychu'i gwynblu yn y tonnau mân;
Mwynha ar fonwes Menai felus hûn,
A'r awel hwyr yn suo hwian-gân
I'r wennaf wen uwchben ei bedd ei hun.

Glesni'r Fenai yn yr haf
A'm gwna'n glaf-hiraethus
Am y llygaid lle mae llun
Llanc yr un gariadus.

Milfil chwerthiniadau mân
Menai nawn awelog,
Fynnan' efelychu'n wan
Wen y rhian serchog.

Gwyn dy fyd di, wylan wen
Ar y Fenai lonydd,
Na chawn innau, O, gwae fi, 'i
Monwes hi'n obenydd.

Trist si'r gragen ar y traeth
Sydd fel hiraeth calon
Drom y sydd ar dorri'n ddwy
Gan ei chlwy'n rhy wirion.

Fe wn ddyfned Menai las
Er nad bas ei gwely,
Ond pa ddyfned ydyw Hi,
Ni wn i mo hynny.

Wfft i lesni Menai mwy!
Gwn am lesni clysach,
Glanach ganwaith o dan ddwy
Aeliau lodes lana'r plwy, –
'Does ei decach.

Mynnwn i mai murmur mân
Minion Menai'r mwynaf
Nes i osle bêr ei chân
Beri im' anghofio'n lân
Loes orlemaf.

Drymed ydyw tywod traeth
Lafan! – Pwy a'i pwysai?
Ond mi wn am drymder gwaeth
Calon drom. – I b'le yr aeth
Menna minion Menai?

Aeth y glesni clws a glân
O lan Menai yma,
Yntau'r mwynder aeth o gân
Min y môr a'i muriau mân
'Nôl ymado Menna.

Ap Ceredigion (1910)

Ganed David Lewis, 'Ap Ceredigion' (1870-1948), yn Llaethdy, Cilennin, Sir Aberteifi. Treuliodd gyfnodau fel curad yn y Rhondda Fach, Cwmparc, Treorci, Llanbryn-mair, Mallwyd a Llanllechid. Yn 1915 penodwyd ef yn rheithor Llansadwrn, Môn, ac yn ddeon gwlad Tindaethwy yn 1937. Ysgrifennai'n gyson i'r Llan, Yr Haul, Y Cyfaill Eglwysig, *a* Perl y Plant. *Roedd yn un o olygyddion geiriau* Emynau'r Eglwys, *a gyhoeddwyd yn 1942, lle ceir nifer o'i emynau.*

Llythyrau hen forwr

Llythyr XIII

Y Caban,
Mai, 1930

F'annwyl Ŵyr,
Ar ein taith i fyny Menai, yr ydym yn awr yn ymyl y pontydd enwog. Y gyntaf yw'r Britannia Tubular. Trwy hon y rhed y rheilffordd i Gaergybi, y *packet station* sydd gyferbyn â Dulyn yn Iwerddon. Gwyddost y gellir teithio'n gyflymach dros y tir na thros y môr, a phan fo brys mawr ar ddynion a masnach i fynd dros y dŵr i wlad arall, y peth gorau yw defnyddio'r trên cyn belled ag y gellir. Gweli felly mor bwysig yw'r bont hon. Chwyrnella'r *Irish Mail* drwyddi bob dydd, a rhyngddo ef a'r llongau hwylus ddaeth yn haws credu bod gwir yn yr hen englyn hwnnw –

'Codais, ymolchais ym Môn – cyn naw awr
Ciniawa 'Nghaer Lleon,
Pryd gosber yn y Iwerddon,
Prynhawn wrth dân mawn ym Môn.'

Ni fuaswn yn dweud bod y bont hon yn hardd yr olwg arni. Efallai'n wir nad yn aml y mae dim a wneir i bwrpas masnach yn rhyfeddol o dlws, ond yn ddios y mae hi'n gynnyrch athrylith fawr ac yn esiampl odidog o waith gonest. A dyn mawr reit siwr yw'r sawl a adeilada'n ddigon da ar gyfer ei oes ei hun i fod yn gymwynaswr i'r oes a'i dilyno.

Yr ydym yn brysur nesau at y bont, ond cyn mynd oddi tani edrych am foment ar y chwith. Weli di'r fynwent fechan acw uwchben yr afon? Yn y fan yna y mae bedd cymwynaswr mawr arall, Syr John Morris-Jones. Pontiwr oedd yntau hefyd yn ei fyd, pontiwr rhwng dau gyfnod. ...

Dyma ni'n awr o dan y bont, a rhaid hwylio'n glos wrth lannau Arfon am beth amser. Edrych ar y llifeiriant yn rhuthro rhwng pileri'r bont, ac yn ymwau rhwng y mân greigiau sydd ar y chwith inni. Lle peryglus i longau yw'r '*Swillies*' yma pan fo y llanw'n gryf, ac mae'n bwysig iawn imi gadw fy llaw yn ofalus ar y *steering wheel,* neu d'oes wybod na chipir y llong o'i chwrs ac i'r graig, efallai, gan y dyfroedd gwamal. Yma y daw daear Môn agosaf at Arfon, a naturiol oedd dewis y llecyn hwn i adeiladu'r pontydd.

Pont Britannia ac Eglwys Sant Tysilio

Dacw dŷ yng nghanol yr afon. Ie, ond tŷ ar y graig ydyw, ac y mae teulu parchus yn byw ynddo, a'r plant yn croesi mewn cwch i fynd i'r ysgol. O gylch y tŷ y mae gored (*weir*), Y Gored Goch, lle delir pysgod – y *white bait* bach, yn bennaf, i'w danfon i'r farchnad yn Llundain.

Draw acw gweli hen eglws Llandysilio, a'r fynwent o'i chylch, a llanw'r môr yn awr yn prysur gau am y cwbl. Yn y llannerch dawel dlos hon y mae bedd Henry Rees, un o enwogion pulpud Cymru, a Richard Davies, ei fab yng nghyfraith, a fu'n aelod seneddol unwaith dros Fôn. Dro bach yn ôl rhoddwyd i orwedd yno un o broffwydi gloywaf ein cenedl ni – Thomas Charles Williams. ...

Dyma ni'n awr yn hwylio dan Bont y Borth, ac onid yw hi'n hardd? Ac yn harddach fyth pan ymwisg natur yn ei dillad gorau o bobtu iddi. Ymfacha ei chadwyni hir mewn craig yn Arfon gan ymestyn dros bileri uchel i afael mewn craig ym Môn, a'r bont hithau'n crogi wrth y cadwyni gerfydd ffyn o haearn.

Yn union ar y chwith, yn un o'r llecynnau harddaf yng Nghymru, llecha Porthaethwy. Ymlaen â ni heibio cilfachau tlysion lle y mae'r cychod wrth angor, nes dyfod ohonom gyferbyn a 'Pier Bangor'. Cludodd taid dunelli o ddeunydd i adeiladu'r pier hwn, ac yn rhyfedd iawn ni fu ond y dim iddo ei

Pont y Borth, neu Pont Menai fel y gelwir hi hefyd

dynnu i lawr hefyd. Noson ystormus iawn ydoedd pan gafodd y *Christiana* brofi pwysau corwynt ar y culfor hwn. Ar adael Beaumaris am Lerpwl yr oeddym a'r llong yn wag, ond pan gododd tymestl troesom i geisio cysgod ym Mhorthaethwy. Yr oeddym gyferbyn a'r lanfa yno pan drawyd y llong gan ruthrwynt, ac yr ysgubwyd hi tua'r lan. Torrodd y propellor, ac aeth y

Tref Porthaethwy yn y 1900au cynnar

29

llanw a'r gwynt i helpu'i gilydd i'w gyrru'n ôl ac i'r pier. Draw wrth ei ystlys yr arferem ddadlwytho blawd a thrugareddau eraill i Fangor a'r cylch, ond nid oes yno heddiw namyn pyst moel ar eu pennau, dim ond 'arogl y mwg lle bu'.

Cofion lawer atat,
Taid

(O Llythyrau Hen Forwr sef llythyrau Capten J. J. Griffith at ei ŵyr, dan olygiaeth y Parch. R. W. Davies, 1933. Brodor o Benmaenpwl, sir Feirionnydd oedd Capten Griffith. Symudodd i Bont-ddu, ger Dolgellau, ar ôl hynny. Yn 1866, ac yntau'n 13 oed aeth ar daith i Awstralia gydag ewythr a modryb iddo. Bu'n dilyn ei alwedigaeth ar y môr ar ôl hynny, a chafodd gyfle i fordeithio i nifer o wledydd y byd.)

BAE TREARDDUR

Twyn Capel, Môn

Bae Trearddur

Mae enw Twyn Capel, Môn yn cael ei golli i Gymru a Môn yn gyflym. Trueni fod ein gwaseiddiwch ni fel cenedl yn profi y fath fagl i ni, nes peri i ni adael i enwau fel hyn, sydd mor gyfoethog o ystyr, fyned i ddifancoll. Pentref bach hardd ryfeddol, ond gwasgaredig, ar lan y môr, ryw dair i bedair milltir i'r de i Gaergybi, yw Twyn Capel. Y rheswm i mi ddweud fod ei enw ar gael ei golli i Fôn a Chymru heddiw yw mai enw'r pentref yn awr yw *Trearddur Bay*. Mae'r enw ncwydd ar y pentref, mae'n debyg, wedi ei gymryd oddi wrth fferm yn ymyl. Ond fel Twyn Capel yr adnabyddir y lle gan yr hen blwyfolion. Ac onid gwell ddigon yr hen na'r newydd? Mae'r hen enw yn cario ganddo lawer iawn o hanes diddorol i'r ardal; tra, hyd ag y gwn, nid yw *Trearddur Bay* yn cyfleu llawer o ddim i neb, ond mai man yw lle y gall ymwelwyr dreulio gwyliau braf. Ac yn sicr, fel man i dreulio gwyliau, nid oes ei ragorach yng Nghymru.

Tua thair blynedd yn ôl y swynwyd fi yn fawr gan yr enw a'r lle. Yr oeddwn i yn aros yng Nghaergybi; ond oherwydd dau ddigwyddiad

31

gymerodd le penderfynais fynd i ymweld a Thwyn Capel. Yr oeddwn wedi bod yno droion o'r blaen, a bum yno wedyn. Un peth a'm cymhellodd y tro hwn i ymweld a'r lle oedd gwlad celt, sef math o fwyell garreg o gyfnod y cerrig, gafwyd gan un o Lain Goch ar draeth Twyn Capel. Yr oedd y peth mwyaf cyfan a chaboledig a welais erioed. Yr oeddwn lawer gwaith wedi clywed gan rai o hen bobl Caergybi fod mynwent ger y môr yn Nhwyn Capel, o flaen y *Treaddur Bay Hotel* yn rhywle, a fod hefyd hen gapel wedi bod yn rhywle gerllaw yr hen fynwent. Aethum yno y tro hwn gan ryw led dybio y buaswn innau mor ffodus a'r gŵr o Lain Goch, ac y cawn rywbeth ar lan y môr fel yntau. Ond ni chefais i ddim.

Ond yr ystyriaeth arall a'm cymhellodd i ymweld a Thwyn Capel y tro hwn oedd cael gweld y difrod oedd y môr wedi wneud ar y graean melyn o flaen *Treaddur Bay Hotel*, a'r datguddiad fu hynny yn foddion i roddi ar yr hen draddodiad fod mynwent yn Nhwyn Capel. Yn y digwyddiad crybwylledig, symudodd y môr gannoedd o dunelli o raean, a'r canlyniad oedd i ddwsinau o gyrff ddod i'r golwg. Bum fy hun yn llygad-dyst o'r olygfa. Mae gennyf yn awr yn fy meddiant ddant o un o'r beddau hyn. Beth allai oedran y fynwent fod, nis gwn. Ond hyn a wn, mai yn y graean melyn yr oedd y cyrff wedi eu claddu. Nid oedd yno feddau o gwbl o'u cymharu a beddau heddiw. Yr oedd rhai wedi eu claddu yn y graean, gyda cherrig mawrion wrth ochr ac wrth ben a thraed, a charreg wedyn ar ben yr oll, tebyg i'r hyn welir yn yr hen feddau Brythonig ar hyd a lled Cymru. Ond nid oedd cerrig o gwbl o gylch y cyrff eraill. Hynodrwydd arall yn y beddau hyn oedd, fod y cyrff wedi eu claddu uwchben eu gilydd, yn haenau megis. Diddorol iawn fyddai, pe gellid, roddi mwy o hanes y fynwent hon. Tra yn dychwelyd o weld y cyrff hyn (ac yr oedd glan y môr, ran ohono, wedi ei orchuddio ag esgyrn dynol) meddiannodd peth arall fy sylw; yr oedd y môr hefyd wedi dwyn i'r golwg ddwsinau o foncyffion coed derw a bedw, a'r rheini yn mynd allan i'r môr ymhell. Darllenais rai blynyddau yn ôl am yr hen fforestydd ddaeth i'r golwg o gylch Caer ac ar dueddau Penfro, ac ym Mae Ceredigion. Wele un arall llawn cystal a dim mae'r môr wedi ddangos. Mae'r boncyffion yn awr i'w gweled, yn bethau praff, gyda'u gwreiddiau yn lledu i wahanol gyfeiriadau. Ac nid rhyw ddwsin ohonynt sydd ond dwsinau draw yn ymgolli allan yn y môr. Maent yn gelyd iawn, ac yn tyfu mewn tir mawnog. Peth diweddar hollol yw ymddangosiad y coedydd hyn. Hwyrach y daw cyfle eto i mi gael traethu mwy ar y fforest hon a'r fynwent.

32

Ond pa gapel, tybed, mae'r enw Twyn Capel yn olygu? Yr wyf wedi holi amryw, ond nid wyf wedi cael gan neb oleuni, hynny yw, y tu faes i'r ychydig oleuni wyf wedi allu gasglu o ddau lyfr arbennig. Nid wyf wedi gallu gweld dim yn y *Mona Antiqua Restaurata* gan Rowlands (Henry Rowlands, 1655-1723, a gyhoeddwyd yn 1723), wrth fwrw golwg frysiog arno, sydd yn rhoddi goleuni boddhaol i mi ar y gair. Yn y map sydd ar ddechrau'r llyfr gwelir enwau dau gapel ar yr ynys lle gorwedd Caergybi, sef Capel Lochwyd ym Mynydd y Tŵr, heb fod nepell oddi wrth Gytiau'r Gwyddelod yn ymyl Ynys Lawd, a'r llall Capel Santffraid, rhyw hanner y ffordd rhwng Caergybi a Phont Ripont. Nis gwn a yw yn enwi eraill yng nghorff ei lyfr, neu a wyddai fod ychwaneg. Yn ddiweddar daeth i'm llaw dair cyfrol y *Cambrian Register*, ac yn y drydedd gyfrol (1818), ceir llythyr o eiddo Lewis Morris at Brown Willis, yn rhoddi hanes Eglwys Cybi. Dywed ef yn y llythyr hwn y perthynai i eglwys Caergybi bedwar capel, sef Lochwyd ym Mynydd y Tŵr, Capel Golles ger Llain Goch, a Chapel Santffraid, a Chapel Gwyngenau ar y ffordd i bont Rhuddlan (Ripont?). Mor bell ag y medraf weld, un o'r ddau olaf oedd y capel y mae Twyn Capel yn goffa ohono.

Pan dorrodd y môr i mewn ac aflonyddu ar orffwysfa y meirw yng ngraean melyn yn ffinio a thraeth Twyn Capel, nid oedd dim i amddiffyn y fynwent rhag y môr ond gwal gerrig yn cuddio rhan ohono. Erbyn heddiw mae gwal o un pen i'r llall i'r traeth. Dylai y wal hon fod wedi ei chodi ers blynyddoedd, pe dim ond i ddiogelu gorffwysfa'r meirw. Yn awr hyd yn oed fel ellir gweld cannoedd o esgyrn man yn y graean uwchben y wal.

Eto, pwy tybed all ddweud ble yr oedd y capel, Santffraid neu Gwyngenau?

W. Thomas, Blaengarw
(*Cymru* Cyf. 52, 1917, t. 143-4)

BIWMARES

Eisteddfod Biwmares 1832

Yn gymaint a bod cwyno trwm gan y wlad oherwydd pall ymddangosiad Cyfansoddiadau Buddugol yr Eisteddfod glodwych uchod (fel y rhai Eisteddfodau eraill) a bod haeriadau dybryd o gamoruchwyliaeth anfad ar yr achlysur, odid na bydd hysbysiad eglur o'r amgylchiadau yn foddhaol i'r cyffredin, er eu galluogi i ffurfio barn gywirach ar yr achos. Ac un cynorthwy neillduol i hynny ydyw cael gweled adroddiad cryno o ansoddau ariannol yr Eisteddfod, a hynny a gyfleir isod...

Yr Arian a dderbyniwyd	£.	s.	c.	Yr Arian a dalwyd	£.	s.	c.
Y swm a dderbyniwyd drwy				Cyflwynid i Mr J. Parry o			
Gydroddion a thanysgrifiadau	486.	2.	0	Lundain tuag at dalu i'r			
Trwy werthiad tocynau	520.	3.	0	cantorion, &c	508.19.		6
Trwy werthiad llyfrau	9.	5.	0	I Mr Stubbs, &c tuag at			
Y diffyg yn y derbyniadau				dalu i'r Peroriaethwyr	95.	5.	6
i ateb i'r costau	89.	6.	4	I dalu gwobrwyon a thraul			
				y beirdd, &c	247.13.10		
				Traul y ddawnswrfa (ball)	58.	7.	0
	£1,104.	16	4	Traul argraffu, hysbysu	97.	2.	0
				Costau achlysurol eraill	97.	8.	6
					£1,104.16.		4

3ydd Medi, 1835. – Edrychasom dros y Cyfrifon uchod, a chawsom hwynt yn gywir: HENRY PARRY, EDWARD METCALFE, JOHN DAWSON.

Clodforusaf Wladgarwr.
Wele fi yn myned i'r maes gyda llawn benderbyniad i ddystewi holl enllibwyr Eisteddfod Beaumaris. Yn gyntaf, dyma y Cyfrifon yn argraffedig; lle y gwelir ein bod mewn dyled drom (£89. 6s. 4c) ac yn agos i £20 o'r unrhyw yn ddyledus i mi yn bersonol. Drwy hyny, nid rhyfedd bod y Cyfansoddiadau heb eu hargraffu; canys pan mae dyn neu gymdeithas mewn dyled i

34

unrhyw wr, a'r gŵr hwnnw heb obaith cael tal, nid awyddus iawn fydd i wario ychwaneg dros y cyfryw ddyledwyr. Ond cymaint ydyw anfoddlonrwydd ein cenedl o barth gohirio argraffu gwaith yr Eisteddfod, ac mor amrywiol ydyw eu tybiau mewn perthynas i'r achosion o hynny (heb wybod am y ddyled enwedig) fel y'n tueddir yn ddioedi i erfyn cynorthwy pob carwr llenyddiaeth Cymreig i gael y gwaith drwy'r wasg. Gan hynny, bydded hysbys i bawb, y cyhoeddir y gwaith cyn gynted ag y cesglir digon o enwau tanysgrifol i fwrw traul yr argraffydd.

W. Jones (Gwrgant), Cofiadur yr Eisteddfod.
Furnival's Inn, Llundain, Mawrth, 1836.

(Y Gwladgarwr, Mai, 1836)

Tref Biwmaris, o Barc Syr Richard Bulkeley

Brawdlys Biwmares

(Rhai o'r achosion)

1836

Aeth yr Ynad, Syr John Vaughan, i Biwmares prynhawn Mercher, 3ydd Awst, heb wneud dim mwy y diwrnod hwnnw ond agor y llys. Am 11 o'r gloch bore drannoeth, dechreuwyd ar y gwaith angenrheidiol, ac ar ôl rhoi eu llwon i'r Uchel-Reithwyr, cyfarchodd y Barnwr hwy gan nodi ei fod yn ddrwg ganddo weld cynifer o gyfnewidiad er gwaeth yn Sir Fôn y tro hwnnw na phan fu ef yno o'r blaen, ddwy flynedd ynghynt. Roedd yno'r tro hwn bedwar o garcharorion i'w cosbi, heblaw 6 neu 7 o achosion cyfreithlon. Wedi iddo sylwi ar amryw o'r gorchwylion hynny, ei Arglwyddiaeth, cyn terfynu, a gymerodd achlysur i hysbysu fod deddf seneddol newydd basio yn gorchymyn fod carcharorion a gyhuddiwyd am lofruddio, yn lle eu cyfyngu i fara a dŵr hyd amser eu dienyddio, i gael o hynny allan yn union yr un fath delerau tuag atynt a charcharorion a gafwyd yn euog am droseddau eraill.

Ar ôl penderfynu rhai achosion cyfreithiol, dygwyd Ann Pritchard o flaen y llys o dan y cyhuddiad o ddwyn llenni porffor, gwerth £3, ynghyd â nwyddau eraill, o eiddo gwraig weddw o'r enw Elisabeth Parry, o Amlwch. Digwyddodd yr amgylchiad fel hyn: Ar y 10fed o Fehefin diwethaf, aeth Elisabeth Parry i Lerpwl ar ryw achlysur, ac yn ei habsenoldeb, cloiwyd y tŷ, gan adael yr hyn a nodwyd yn ddiogel yno. Pan ddychwelodd adref 24ain Gorffennaf, methodd gael yr agoriad yng nghlo'r drws, ac felly bu'n rhaid ei dorri. Erbyn edrych o'i chwmpas, yr oedd ei heiddo wedi ei cymryd o'r tŷ. Drwgdybiwyd Ann Pritchard, a phan chwiliwyd ei thŷ, fe gafwyd hyd i'r llenni, ac ychydig bethau eraill. Cafwyd gair da i'w chymeriad gan wyth o bobl, rhai oedd yn ei hadnabod ers dros ddeugain mlynedd, gan ei hystyried yn wraig gonest uniawn. Fe'i cafwyd hi yn euog, a'i dedfrydu i 12 mis o garchar.

Cyhuddwyd Samuel Hughes o ladrata coed o eiddo O. J. A. Fuller Meyrick, Ysw. o Bodorgan, ar 27 Gorffennaf. Cafwyd hyd i'r coed yn nhŷ'r carcharor, ac yr oeddynt yn cyfateb yn gymwys i'r darnau a lifiwyd. Cafwyd cyhuddiad am yr un trosedd yn erbyn Hughes ar achlysur o'r blaen. Daeth dau ŵr ymlaen i rhoi gair da drosto. Cafodd y rheithwyr ef yn euog, ac fe'i dedfrydwyd i saith mlynedd o alltudiaeth.

Roedd cyhuddiad yn erbyn Hugh Pritchard ers y llys blaenorol am anudoniaeth mewn perthynas i long-lywiadaeth (*pilotage*) ar Afon Menai. Cafwyd ef yn euog a'i ddedfrydu i 12 mis o garchar.

Roedd cyhuddiad yn erbyn Owen Parry am lofruddiaeth, ac yn erbyn Griffith Lewis am ddynladdiad. Ond nid oedd yr Uchel-Rheithwyr yn tybio fod yr amgylchiadau yn ddigon eglur i fynd i dreial.

Daeth cyhuddiad hefyd yn erbyn W. Griffith am anudoniaeth. Yn y brawdlys blaenorol bu treial rhwng Mary Edwards a Robert Williams am dorri amod priodas, cafwyd ail-dreial yn y brawdlys hwn. Ond yn y cyfamser roedd Robert Williams a'i deulu wedi hwylio am yr America.

Llys Barn, Biwmares

Adeiladwyd yn y flwyddyn 1614. Hwn ydoedd yr adeilad hynaf ym Mhrydain hyd 1971 lle cynhaliwyd llys barn. Yn y bedwaredd ganrif a'r bymtheg gosodwyd rheiliau i wahanu rhan y cyhoedd oddi wrth y llys gweithredol, ac yr oedd yno focs neilltuol wedi ei osod ar gyfer y Maer a'r Beiliaid.

1837

Agorwyd brawdlys Sir Fôn ym Miwmares, ddydd Sadwrn, 18fed Mawrth, gerbron yr Ynad Bosanquet, a gohiriwyd y gwaith hyd bore dydd Llun canlynol. Y mater cyntaf oedd penderfynu cwyn cyfreithiol rhwng Ardalydd Môn a Richard Jones ac eraill, am ormesu ar dir o eiddo'r Ardalydd sef Cors-carreg-y-bleiddiaid, ar odre Mynydd Parys, a dwyn tywyrch a.y.b. Rhoddwyd dedfryd o blaid ei Arglwyddiaeth – iawn o £4.

Cyhuddwyd Elen Roberts o ddwyn pump pwys o wenith, pump pwys o wellt, o eiddo Elisabeth Roberts, Caergybi, ar 6ed Mawrth. Gwelwyd Elen Roberts ynghyd â gŵr arall (heb fod mewn dalfa) yn cyflawni'r weithred o'r ddâs. Cafwyd hi'n euog – dedfrydwyd i fis o garchar.

Cyfaddefodd Thomas Hughes o Niwbwrch yn euog o ddwyn tair sofren a hanner yn perthyn i William Owen. Dedfrydwyd ef i 12 mis o garchar.

Roedd un o'r enw William Hughes wedi ei garcharu am ladd (nid llofruddio) ei wraig. Gan nad ymddangosodd dim ond un tyst yn ei erbyn, ac nid oedd yr un cyfreithiwr yn barod i ddelio â'i achos oherwydd fod y tâl cyn lleied, ystyriodd y Barnwr ei hun o dan orfodaeth i ollwng y carcharor yn rhydd.

1840

Agorwyd brawdlys Sir Fôn ym Miwmares yn hwyr ddydd Sadwrn, 21ain Mawrth, a gohiriwyd y gwaith hyd naw o'r gloch bore dydd Llun, gyda'r Ynad Williams ar y fainc.

Roedd cyhuddiad yn erbyn Catherine Jones am ladrata nwyddau o fasnachdy Mr Escu Davies yn Niwbwrch, ar 7fed Mawrth. Cafwyd hi yn euog, a'i dedfrydu i ddau fis o garchar.

Cyhuddwyd Edward Owen, gynt o blwyf Amlwch, o ffugio ysgrif ariannol gyda'r bwriad o gam-golledu y *National & Provincial Bank*. Cafwyd ef yn euog, ond drwy dynerwch y llys gael ei ddeisyfu ar ei ran, ynghyd ac amryw o gymdogion cyfrifol yn rhoi gair da iddo, ni roddwyd arno ond y ddedfryd o dair blynedd o garchar mewn llafur caled.

Agorwyd brawdlys Sir Fôn ym Miwmares, dydd Mercher, 5ed Awst, a dechreuwyd ar y gwaith drannoeth. Y carcharor cyntaf a ddaeth ymlaen oedd...

Hugh Rowlands, ar gyhuddiad o saethu at John Hughes, gyda'r bwriad o'i ladd neu ei anafu'n ddrwg. Cafwyd ef yn euog ar yr olwg cyntaf gan y rheithwyr, a'i ddedfrydu i ddeng mlynedd o alltudiaeth.

Cyhuddwyd David Griffith o ddefnyddio rhyw ysgrif-weithred ffugiol gyda'r bwriad o gam-golledu G. B. Roose, cyfreithiwr o Amlwch. Cafwyd ef yn euog, gan erfyn addfwynder y llys tuag ato ar gyfrif y gair da a roddwyd iddo. Gohiriwyd y ddedfryd.

1841

Prynhawn Sadwrn, 20fed Mawrth, gadawodd Syr John Williams, Caernarfon i fynd drosodd i agor y llys ym Miwmares, hysbysodd y byddai'n dechrau ymdrin a'r achosion am ddeg o'r gloch, bore Llun canlynol. Y carcharorion a ddaeth ymlaen oedd...

Philip Davies a David Griffith, oedd i'w dedfrydu am y trosedd o ffugio. Cafwyd hwy yn euog yn y brawdlys blaenorol, ac fe'i dedfrydwyd i bymtheg mlynedd o alltudiaeth.

Cyhuddwyd Ann Edwards o dorri i mewn i dŷ Hugh Hughes, o blwyf Llanfechell, a lladrata amryw o bethau ohono. Yr oedd yr amgylchiadau fel a ganlyn: Ar 20fed Chwefror, 1841, aeth H. Hughes a'i wraig i Amlwch, gan gloi y tŷ cyn gadael. Pan ddychwelont yn eu hôl drannoeth, yr oedd un o'r ffenestri o'r tu cefn wedi ei thorri, ac amryw o bethau wedi eu cymryd o'r tŷ. Dywedodd un o'r tystion, William Hughes, ei fod yn mynd i'r ysgol am naw o'r gloch, bore Sul, a bod un o'r cymdogion wedi galw arno i weld y tŷ, lle gwelsont sebon, cig moch a mantell ar y llawr oddi allan. Pan aethont i mewn, a mynd i'r llofft, cawsont y lladrones yn cuddio o dan y gwely, a daeth cwnstabl i'w cymryd i ffwrdd. Cyffesodd o flaen y swyddog mai dynes o'r enw Ann Jones a dorrodd y ffenestr a'i chymell hithau i fynd i mewn, ac yno, ar ôl chwilota'r tŷ i gyd, gwisgodd ddillad gwraig y tŷ, y rhai oedd amdani pan y daliwyd hi. Pan gafwyd hi yn euog, mynegodd ceidwad y carchar ei bod hi wedi cael ei rhoi o dan ei ofal o'r blaen am dros fis, am odro buchod ei chymdogion. Fe'i dedfrydwyd i chwe mis o garchar.

Cyhuddwyd Edward Jones, gwas fferm, o dorri i dŷ Richard Davies, o blwyf Llandrygarn, nos Sul, 2il Chwefror, 1840, a dwyn amryw o ddillad oedd yno. Cafwyd ef yn euog, dedfrydwyd ef i bedwar mis o garchar.

Cyfaddefodd Griffith Davies, o blwyf Aberffraw, yn euog o ladd (nid llofruddio) Owen Hughes, ei gyd-weithiwr, drwy ei daro yn ei ben a rhaw, nes ei archolli yn ddifriddol, fel y bu farw mewn canlyniad. Dywedodd y carcharor nad oedd ganddo ef yr un bwriad i ladd Hughes, a'i fod yn llwyr ofidus am y ddamwain. Cyn datgan y ddedfryd sylwodd y barnwr nad oedd ymddygiad y trancedig, trwy yr hyn y cynhyrfwyd dicter y carcharor ddim yn ddigon i gyfiawnhau'r weithred mewn unrhyw fodd, ac mai amcan y gyfraith oedd atal y fath ymddygiad aflywodraethus. Gan fod y carcharor wedi cyfaddef ei drosedd, ac yn ymddangos yn edifeiriol o hynny, dedfrydwyd ef i chwe mis o garchar.

1850

Agorwyd y brawdlys yn Biwmares gerbron y Barnwr Cresswell, prynhawn dydd Mercher, 20fed Mawrth, gyda'r carcharorion canlynol ar brawf: William Jones, am ladrata iar a cheiliog, dedfrydwyd i wythnos o garchar, a'i fflangellu yn y dirgel. Cafwyd dau gyhuddiad yn erbyn Thomas Smith, am ladrata, cafodd fis o garchar am y trosedd cyntaf, a'i alltudio am dros saith mlynedd am yr ail gyhuddiad; a hefyd John Evans, am yr un drosedd. Robert Roberts am ladrata iar a chyw ym mhlwyf Amlwch, wythnos o garchar, a'i fflangellu. Ni chafwyd gwybodaeth gywir yn erbyn Hugh Lewis a William Owen, am y cyhuddiad o ladrata; nac ychwaith yn erbyn David Davies, am ladrata caseg. Cafodd Richard Pritchard wythnos o garchar, a'i fflangellu, am ladrata arian oddi ar Thomas Evans o blwyf Amlwch. Cyfaddefodd Catherine Thomas ei bod yn euog o ladrata par o esgidiau oddi ar William Thomas, Llangefni, a chafodd dri mis o waith caled. Cyfaddefodd Hugh Hughes ei fod yn euog o ladrata dillad, a chafodd yntau dri mis o waith caled, ac am ladrad arall, naw mis o waith caled. Dedfrydwyd Thomas Plaisted i chwe mis o waith caled am ffugio dogfen yn addo talu £26. 4. 5. Nid oedd yno ond un hawl cyfreithiol, a daeth y rheithgor i gytundeb ynghylch honno.

1853

Agorwyd y brawdlys yn Biwmares gerbron Syr Thomas Coltman, dydd Sadwrn, 19 Mawrth, pryd y cafwyd Ann Williams yn euog o ladrata dillad, a'i dedfrydu i ddeng mlynedd o alltudiaeth. Cafwyd Hugh Williams yn ddieuog o ladrata dillad gwely. Ni chafwyd gwybodaeth gywir yn erbyn Hugh Williams am ladrata defaid, nac yn erbyn Ann Roberts, am dwyllo; a dywedodd yr uchel-rheithwyr na ddylai'r cyhuddiad yn erbyn yr olaf fod wedi cael ei wneud, gan nad oedd unrhyw sail iddo. Yn ôl yr arfer, dim ond ychydig o hawliau cyfreithiol oedd gerbron y brawdlys.

Ffynonellau

Y Gwladgarwr, 1836-1841

Seren Gomer, 1850-1853.

BODEDERN

O deuwch ffyddloniaid,
Gan lon orfoleddu;
O deuwch, O deuwch i Fethlehem.
Ganwyd, chwi welwch
Frenin yr angylion!
O deuwch ac addolwn ein Harglwydd Dduw.

Y gwir Dduw, o wir Dduw,
Llewyrch o lewyrch,
A gwir ddyn â aned o forwyn bur;
Duw cenedledig,
Ac nid gwneuthuredig:
O deuwch ac addolwn ein Harglwydd Dduw.

Cydganed angylion
Lawen Haleliwia!
Cydganed holl gôr y nefolaidd lu,
Gogoniant i Dduw
Yn y goruchafion
O deuwch ac addolwn ein Harglwydd Dduw.

Am hynny i'r Iesu
'Rhwn a anwyd inni,
Boed mawredd, a gallu, a gogoniant;
Yn gnawd y gwnaethpwyd
Gair y Tad tragwyddol!
O deuwch ac addolwn ein Harglwydd Dduw

Nicander

(*Golud yr Oes*, Rhagfyr, 1863)

Dr Hugh Owen Thomas (1834-1891) Arloeswr Llawfeddygaeth Orthopedig

Roedd y dechreuad yn un chwedlonol... bachgen wedi ei fwrw ar y lan gan y môr, yr unig un oedd yn fyw o long-ddrylliad. Ni wyddai neb o ba le y daeth, ac ni allai neb ddeall yr iaith â siaradodd. Gwallt du, llygaid glas, a'i groen yn wyrddfclyn ysgafn: a'i mab i bendefig Ysbaenaidd ydoedd tybed?

Cafodd y bachgen hanner marw ei ddarganfod yn 1740 gan smyglwr ar rafft ymysg y riffiau danheddog ar arfordir gogleddol Môn. Cariodd ei achubydd ef i Mynachdy, Llanfair-yng-Nghornwy, fferm oedd gerllaw, lle y cymrwyd gofal ohono ef gan y ffermwr a'i wraig. Gyda chefnogaeth y meddyg lleol, cafodd ei ddwyn i fyny gyda hwy, a rhoddwyd yr enw Evan Thomas iddo.

Amlygodd y ddawn o iachau yn ifanc iawn. Gwelodd y ffermwr a'r meddyg ef yn gwella coesau toredig adar ac anifeiliaid. Wrth iddo ef aeddfedu, dechreuodd drin pobl leol, yn atgyweirio trychiadau, yn iachau datgymaliadau, ac yn rhyddhau cymalau anystwyth. Ymledodd enw da Evan Thomas (1735-1814) drwy ogledd Cymru ac i Loegr.

Ar fur yn eglwys Llanfair-yng-Nghornwy y mae carreg a roddwyd gan yr Anrhydeddus. Thomas James Warren Bulkeley, Arglwydd Bulkeley, i gofio amdano: 'Er coffa am Evan Thomas o'r Maes yn y plwyf yma, yr hwn, er ei fod o isel radd, ac heb na dysgeidiaeth nag hyfforddiad, ond trwy ddawn rhagorol, a wnaeth les mawr i laweroedd, wrth ail osod esgyrn

Dr Hugh Owen Thomas (1834-1891)

drylliedig. Efe a fu farw yn 24 o fis Chwefror, 1814 yn y 79 flwyddyn o'i oed. Er parch i ŵr mor llesol i'w gyd-greaduriaid...'

Yma y tarddodd teulu enwog y meddyg esgyrn ym Môn.

Gor-ŵyr i Evan Thomas (1735-1814) oedd Hugh Owen Thomas, a mab i Evan Thomas (1804-1884), meddyg esgyrn a aned yng Nghilmaenan, Llanfaethlu, Môn. Ganed Hugh Owen yn Nhy'n Llan, Bodedern, 23 Awst, 1834. I rhywun oedd a'i dynged i fod yn ffigwr sylfaenol i lawfeddygaeth orthopedig modern, yr oedd yn ymddangos fel defnydd anaddawol. Roedd yn blentyn bychan a nychlyd, ac ar ôl i fachgen daflu carreg ato ef a niweidio ei lygaid chwith, bu'n orfodol arno wisgo cap â pig i'w gysgodi, am weddill ei oes.

Addysgwyd gan hyfforddwr preifat yn New Brighton, lle'r oedd ei rieni yn byw. Yn 17 oed yr oedd yn brentis gyda'i ewythr, Dr Owen Roberts, meddyg enwog yn Llanelwy, ac yna aeth i Brifysgol Caeredin lle yr enillodd radd yn 1857, ac yn yr un flwyddyn graddiodd yn llawfeddyg ym Mhrifysgol Llundain. Ar ôl hynny aeth i Baris i berffeithio ei hun yn rhai o ysbytai Ffrainc.

Yn 1859 agorodd Hugh Owen glinic ei hun, drws nesaf i'w dad, yn Stryd Nelson, Lerpwl. Yn fwy na meddyg, yr oedd yn ddyfeisiwr, crefftwr a gweithiwr metel yn cynllunio a ffurfio sblintiau ei hun. Helaethodd ei dŷ er mwyn cael dwy ystafell aros, pedair ystafell i weld y rhai a geisiai gyngor a thriniaeth, ystafell arall fel meddygfa a gweithdy; gwnaed tŷ arall yn Stryd Hardy yn ysbyty preifat gydag wyth o welyau yng ngofal nyrs drwyddedig. Cyflogai of a hefyd weithiwr lledr, gyda'r ddau hynny yn llawn gwaith yn gwneud sblintiau ac offer eraill oedd wedi eu cynllunio ganddo ef ei hun.

Roedd Hugh Owen Thomas yn llinell flaen meddygol. Roedd Lerpwl yn enwog am colera, dicau esgyrnol yn gyffredin a phlant cloff yn niferus. Yn y ffatrioedd a'r dociau yr oedd yna anafiadau brawychus. Roedd Dr Thomas wedi ei osod yn dda i astudio ac i drin esgyrn oedd wedi eu niweidio gan afiechyd a damwain.

Ni chymrai ond tri niwrnod o wyliau mewn blwyddyn ac arferai godi cyn chwech o'r gloch y bore i gychwyn ar ei rowndiau gan yrru cerbyd coch â ddyfeisiodd ef ei hun. Yr oedd 'yn ffigwr nodedig os nad ecsentrig, tenau a gwelw, bychan ac eiddil' yn ôl cofiannydd ei nai.

Banana oedd ei frecwast, yna gwelai gleifion hyd 2 o'r gloch y prynhawn, rhoddai lawfeddygaeth wedi hynny ac ymwelai a mwy o gleifion cyn cinio'r hwyr. Gwelai tua 80 neu fwy mewn diwrnod a codai hynny y gallent ei fforddio arnynt. Ymdriniai â'r tlawd am ddim a thalai am gab i'w cludo hwy adref. Gyda'r nos ysgrifennai ei lyfrau, a gwnai ddarpariaeth cyfarpar yn ei weithdy, ac fel un oedd yn hoff o gerddoriaeth, lluniai a chwaraeai ffliwtiau arian ei hun. Bu farw 6 Ionawr, 1891 yn 56 mlwydd oed. Yr oedd Dr Robert Jones (m.1933), un o lawfeddygon enwocaf Llynlleifiad, yn nai iddo. Ac y mae ei enw ef a'i dras frenhinol yn aros yn SRJ, ffatri ar lannau y Mersi i'r anabl, ac yn Ysbyty Orthopedig Robert Jones ac Agnes Hunt, Croesoswallt.

Ymhlith y llyfrau mwyaf adnabyddus â gyhoeddodd Dr Thomas y mae:
Diseases of the Hip, Knee, and Anlke-joints (1875)
The Treatment of Intestinal Obstructions (1877)
The Treatment of Deformities and Fractures
& Diseases of the Bones of the Lower Extremities
The Treatment of Injuries of the Upper Extremities
The Collegians of 1666 & the Collegians of 1885.

Llyfryddiaeth
Hugh Owen Thomas: *His Principles & Practice* gan David McGrae Aitken (1935).
Journal of Bone & Joint Surgery, 1948 gan Arthur Rocyn Jones.

Ar Ffiniau Meddygaeth gan Emyr Wyn Jones (1971).
The Life of Hugh Owen Thomas gan David Le Vay (1956).
Transactions Liverpool Welsh National Society gan A. J. Parry (1890-91).
Gwyddonydd gan Nesta Roberts (Cyfrol 3, 1965).
Enwogion Môn gan R. Hughes (1913).
Enwogion Môn gan R. M. Williams (1913).
The Bonesetters gan Trevor Fishlock (2000).

Ymweliad â Bodedern, Môn

Galwent eu tai ar eu henwau eu hunain, felly mae y lle hwn yn myned ar ôl enw Edeyrn Dafod Aur feddyliwn. Nid oes ar gael fawr o hanes cychwyniad yr eglwys Annibynol yn y pentref del hwn, ond tybir i hynny gymryd lle rywbryd yn y ganrif o'r blaen, yn 1810 urddwyd y gweinidog cyntaf yno, ac er fod o'r adeg honno yn agos 76 mlynedd, ni bu yno ond chwech gweinidog, heblaw yr un a fu yno am ychydig fisoedd, fel mai nid teg feddyliem ei osod yn y rhestr. Yr ydym yn nodi hyn gan yr ymddengys wrth *Y Celt* fod

Heol yr Eglwys, Bodedern, tua 1890

rhesymau neu achosion symudiadau mynych gweinidogion i gael eu hysbysu a'u croniclo. Dyma weinidogion Bodedern, a'u cymryd gyda'u gilydd, wedi bod yn eu lleoedd dair blynedd a'r ddeg yr un a'u cymryd gyda'u gilydd. Byddir yn urddo gweinidog yno yn fuan, Mr D. Daniel, o Pontyberem. Mae Sir Fôn yn llanw yn gyflym o 'hwntws', nid oes yno lai na saith o fechgyn y de, ac unwaith yr â yr hwntws i'r sir, nid gwaith hawdd yw eu troi ymaith. Adeiladwyd y capel cyntaf yn 1829, ad-drefnwyd ef yn 1868, ac yn 1881 ail-adeiladwyd ef ar lannerch newydd, ac ar gynllun newydd. Tro hapus iawn i'r achos Annibynol yn Bodedern oedd i Mr H. Lewis, Ysw, Y.H., gael gwraig yn yr ardal, a hapus iawn fu ei gael yno cyn adeiladu y capel. Mae y capel, o ran cynllun, defnyddiau, celfwaith, ac addurniant, yn anrhydedd i ben a chalon, Mr Lewis. Mae y colofnau mawrion sydd o bobtu i'r drws wedi eu gwneud o un darn o faen, ac yn ddigon praff a chaboledig i fod yn addurno porth eglwys gadeiriol St. Paul. Mae y nenfwd o goed wedi eu hystaenio, carpedau dros y llawr, y cadeiriau, y lampau a'r clustogau yn gwneud i chwi gredu mai mewn *drawing-room* palasdy yr ydych yn eistedd. Chwareuir yr organ gan ferch Mr Lewis, ac yn sicr, y mae y canu yn deilwng o'r adeilad, a phrin y credai dyn diethr fod y fath le i'w gael mewn pentref mor wledig. Mae mur talcen yr hen addoldy yn rhan o fur o gylch gardd ffrwythlon bara dwysaidd Mr Lewis, a'r hen ysgrif yn aros fel cynt: 'Gogoniant yn y goruchafion'.

Ymwelydd
(*Y Celt*, 25 Mehefin, 1886)

BODFFORDD

Gad M.C.

Gobeithlu Gad
Darlun yw'r uchod o rhai o aelodau Byddin Gobaith ym Modffordd,
pentref ar gwr Llangefni. Gwelir hwy gyda'i blychau cenhadol yn y
flwyddyn 1909, bryd y bu iddynt gasglu £8. 2s. 5c. Rhif yr aelodaeth y
flwyddyn honno oedd 90.

Nid oedd yr un eglwys ym Môn yn 1937 lle cafwyd cynifer o lawysgrifau yn ymwneud â'r Methodistiaid yn y cylch ac â gafwyd gan Eglwys Gad. Roedd amryw ohonynt ym meddiant Miss Evans, Fron Olau, merch i Richard Evans a godwyd yn flaenor yn y capel yn 1889, ac a fu'n athro Ysgol Sul cyn ei fod yn ddeg oed. Ac yr oedd llawysgrifau eraill ynghadw gan John Hughes, Tanyfron brodor o Ddeiniolen, Arfon, a fu'n ysgolfeistr ym Modffordd. Yn eu plith yr oedd cyfrifon o'r Casgliad Misol, ynghyd ac enwau'r pregethwyr a'u testunau am flynyddoedd maith; a hefyd llyfr cofnodion y capel newydd a adeiladwyd yn 1893, yn costio £550. Agorwyd y capel yn niwedd Ebrill, 1904. Bugail cyntaf yr eglwys oedd y Parch. Enoch Rogers (1920 i 1924). Ar nos Sul, 5 Chwefror, 1904 neu 1905, adeg Diwygiad

Richard Owen yn yr ardal, bu'r pregethwr, y Parch. Eames Williams, Caergybi, ar ei liniau yn gweddïo yn y sêt fawr o bump hyd naw o'r gloch.

Agorwyd ysgoldy yno yn 1934. Dyn cyfarfod gweddi a seiat oedd Hugh Roberts, Craig Bach, a godwyd yn flaenor yn 1939. Nid anghofiodd y noson y gwelodd Iesu Grist ym mhortico Capel Horeb, Llangristiolus, lle y magwyd ef. Amser Diwygiad 1904-05 aeth gyda chyfaill i gyfarfod diwygiadol ym Methesda, Arfon; ond ddigwyddodd ddim byd yno. Wrth nesau at Langristiolus ar eu ffordd yn ôl gwelent oleuni yng nghapel Horeb, a dyma fynd i mewn. Cyfarfod gweddi oedd yno, a rhywbeth yn digwydd; taerai Hugh Roberts iddo weld Iesu Grist ym mhortico'r capel, gweledigaeth eglur a'i dilynodd weddill ei oes, ac yn ei golau hi y bu ef farw yn 1970.

Y mae yna bump o flaenoriaid yng Nghapel Gad heddiw (2008) gyda 57 o aelodau, a cynhelir Ysgol Sul yno hefyd.

Ffynhonnell
Trysorfa y Plant, Mai, 1910.
Hanes M.C. Môn 1935-1970 gan y Parch. Huw Llewelyn Williams, M.A.
Hanes M.C. Môn 1880-1935 gan Mr Hugh Owen, M.A., F.S.A.

BODORGAN

Ci call yn Sir Fôn

Mae gan gymydog i mi gi call dros ben. Cymer sylw neillduol o bob peth a ddywedir wrtho.

Bydd ei feistres, sef gwraig y tŷ, pan bydd wedi bod allan, yn tynnu ei hesgidiau, yn rhoi gorchymyn i'r ci chwilio am ei slipers. Yna a i chwilio amdanynt, a daw o hyd iddynt yn rhywle, pa un ai i lawr neu yn y lloft y byddant, a daw ac un ohonynt a rhoi i lawr wrth ei thraed; yna ai i nôl y llall heb i neb ofyn iddo.

Weithiau ai i chwilio amdanynt ohono ei hun, heb orchymyn, pan y gwel ei feistres yn rhoi ei sanau.

Bydd yn canlyn Mrs Williams i'r siop, a hithau yn anfon y ci a baco i Robert, ei gŵr, i'r tŷ. Wedi hynny, daw'r ci yn ei ôl i ddisgwyl rhan arall o'r neges.

Bydd y postmon yn troi ffordd arall cyn dod at y tŷ lle mae'r ci; ond cana ei ffliwt os byddai yna lythyr neu bapur newydd i'r tŷ hwnnw. Pan glywo'r ci y chwiban, rhed i'w gyfarfod, a daw a'r llythyr neu'r papur newydd adref ar unwaith. Un dydd, cyfarfu'r ci a'r postmon ar ddamwain, pan nad oedd ganddo yr un llythyr, ond yr oedd ganddo bapur i rhywun arall ym mhoced ei siaced o'r tu allan, a neidiodd y ci i gael hwnnw.

Crefftiwr yw ei feistr, a bydd yn mynd o amgylch tai yr ardal i weithio, ac erbyn y nos dywed ei feistres wrth y ci, 'Dos i edrych a ydi Robert yn dod'. Ar yr archiad, rhedai i ben poncen sydd ar yr ochr arall i'r ffordd, ac mae'n gwybod i ba gyfeiriad i edrych allan amdano, a chyn gynted ac y gwel Robert yn dod heibio i rhyw gornel o'r ffordd, yna rhed i'r tŷ dan ysgwyd ei gynffon ac edrych yng ngwyneb ei feistres yn siriol, ac yna rhedai'n ôl i gyfarfod a'i feistr.

Bydd gwraig o gymdoges yn arfer dyfod i'r tŷ ambell dro, a bob amser bron bydd ganddi hosan i'w gwau gyda hi. Un tro daeth heb hosan yn ei llaw, a chyn gynted ac y bu iddi eistedd i lawr, pan welodd y ci nad oedd ganddi hosan i'w gwau, neidiodd ar y soffa, a chyrraedd at hosan a gweill oedd ar y ffenestr, a'i rhoi ar lin y gymdoges.

Gellid ychwanegu llawer o engreifftiau eraill sydd yn dangos callindeb mawr y ci.

John Williams, Brynllwyd, Bodorgan
(*Trysorfa y Plant*, Tachwedd, 1899)

BRYNTEG

Myfanwy Eames

Pwy fuasai'n disgwyl mai gwraig a fu am ran helaeth o'i hoes ymysg pobl y papurau newydd Saesneg a byd arian a masnach ym Manceinion a Llundain, fyddai'r gyntaf i weld yr angen am lyfr coginio yn Gymraeg, ac i fynd ati i'w wneud?

Gwraig Mr W. Eames, golygydd y *Manchester Guardian Commercial* gynt ydyw Myfanwy Eames, awdur y 'Llyfr Prydiau Bwyd' newydd sydd a chymaint o fynd arno ymhlith merched.

Yn ei thŷ ym Manceinion y cwrddais i a Mrs Eames gyntaf, ac mi gefais bryd o fwyd yno oedd yn profi bod llaw gelfydd wedi bod wrth y gwaith.

Ac nid ar wneud bwyd yn unig y mae Mrs Eames yn feistres. Gall wneud pethau gwych hefyd a phaent a phensil.

Ym Mhrestatyn y mae hi a Mr Eames yn byw yn awr, a phan welais hi yno ddiwethaf fe soniodd wrthyf am y 'Llyfr Prydiau Bwyd' yr oedd hi newydd ei orffen.

'Yr wyf wedi trio pob un o'r bwydydd yma ar Wil, fy ngŵr, ers blynyddoedd,' meddai. 'Gofynnwch iddo fo beth mae o'n feddwl ohonyn nhw'.

Dyma finnau yn edrych ar Mr Eames. 'Di-guro', meddai yntau. 'Does dim gwell cwc yng Nghymru', a rhyw olwg tra boddhaus arno.

Ac yn wir, yr ocdd ci gorff iach a graenus yn siarad drosto'i hun.

Y mae Mrs Eames yn chwaer i'r Parch. Howel Harris Hughes, prifathro Coleg Diwinyddol Aberystwyth. Brawd arall ydyw Mr J. R. Lloyd Hughes, arlunydd, ac awdur storiau difyr am Fôn, megis *'Dialydd Plwyf Rhoslydan'*. Y mae'n awr ar staff yr *Yorkshire Post* yn Leeds.

O Fôn y daw'r teulu. Y mae cefnder iddynt yn ŵr mawr yn America, sef y Barnwr Charles Evans Hughes (1862-1948), ac mae gan Mrs Eames gof amdano'n fachgen yn treulio ei wyliau ym Môn.

Ar ochr ei mam, drachefn (ac yr oedd honno'n ferch i Richard Llwyd, Dôl-wen, Sir Ddinbych) y mae hi'n hannu o deulu Morgan Llwyd o Wynedd (1619-59). Pa syndod felly, ei bod yn medru mynegi ei meddwl yn glir!

Y mae ganddi atgofion melys am yr hen Ddôl-wen, lle treuliodd hi lawer haf, ac fe wnaeth yr hen ddull syml, bonheddig, cwbl Gymreig o fyw a chadw tŷ argraff ddofn arni.

Gartref, ym Mrynteg, Môn, fe gafodd sylfaen dda i adeiladu ei dawn gadw tŷ arni.

Bu wedyn yn byw ac yn darpar bwyd ymysg Saeson a thramorwyr. Mae ganddynt hwy, yn ei barn hi, gryn dipyn i'w ddysgu inni am drefnu tŷ, ac y mae'r Ffrancwyr, yn enwedig, wedi deall sut i gymryd trafferth heb fod yn drafferthus.

Fe ŵyr pawb fu'n cael pryd o fwyd yn nhŷ Mrs Eames fod y gyfrinach ganddi hithau – a mwy na hynny, sef y ddawn o fod yn siriol.

Myfanwy Eames

Fe wnai 'Y Wraig Lawen yn ei Thŷ' eithaf teitl i'r llyfr arall y dylai hi ei ysgrifennu, er mwyn rhoddi gwragedd priod ifainc Cymru ar ben y ffordd i ddedwyddyd a sirioldeb!

Syr Bedwyr
(*Y Ford Gron*, Mai, 1932)

53

CAERGYBI

Caergybi'r Meini a'r Capelau Sant

Os dymuna neb weled golygfeydd rhamantus,
creigiau ysgythrog, tonnau'n ymwylltio,
neu os myn neb ymddiddori mewn digonedd
o olion hanes, neu ynteu i geisio ymiachau
dan driniaeth awelon hyfryd a heulwen gynnes,
deued i Ynys Gybi.

'O Gaergybi i Gaerdydd, o Lanandras i Dyddewi', meddir, wrth son am hyd a lled Cymru. Heblaw bod yn ben terfyn y gogledd ac yn ddolen gydiol rhwng Prydain ac Iwerddon, y mae i dref Caergybi hynodrwydd mewn llawer cyfeiriad arall.

Nid anniddorol yw'r hen hanes sydd iddi. Ymestyn hwn ymhell yn ôl i niwl y bore, a chaiff yr hynafiaethydd faes cyfoethog i ymddiddori ynddo, yn y dref ei hun ac o'i chwmpas.

Ychydig ffordd y tu allan gwelir clwstwr o Gytiau Gwyddelod nad oes olion perffeithiach o'r math hwn yn yr holl wlad; mewn cyfeiriad arall dacw Feini Hirion i ddynodi beddrodau rhyw benaethiaid anhysbys mewn cyfnod annelwig, a cherllaw, ym Mhonciau Trewilmod (Tre William Wood) mae Gorsedd Gwlwm lle dywedir gladdu Coluim (Columba) gan y Brythoniaid. Heb fod yn nepell hefyd saif cromlech ddwbl Trefignath sy'n perthyn i gyfnod bore iawn.

Bu dadlau cryf yn ddiweddar dros y gred mai sylfaen Rufeinig sydd i'r porthladd a adnabuwyd yn ddiweddarach wrth yr enw Caergybi. Ni thal bod yn rhy bendant ar hyn, oherwydd sigledig yw'r dystiolaeth.

Ond pan ddeuwn ymlaen i'r chweched ganrif, gwelwn gilio peth o'r niwl; rhoes Cristnogaeth ei throed i lawr ym mhob congl o'r sir, a'r sant enwocaf ymhlith seintiau Môn oedd Cybi, oblegid, y mae'n debyg, mai ei hanes ef yn unig sydd ar gof a chadw. Yr oedd ei ddylanwad ef a'i goleg yn fawr dros ranbarth eang, a chydnabyddid o'r dechrau ei hawl ar y mân gapelau oedd yn britho Ynys Gybi, ac ar eglwysi plwyf Bodedern,

Llandrygarn, a Bodwrog, a wasanaethid gan offeiriad o St. Cybi mewn oes ar ôl hynny.

Diau mai amledd y capelau a sefydlesid ynddi a barodd alw Ynys Gybi yn Ynys Sanctaidd (Holy Island). Ar Fynydd y Tŵr safai Capel Lochwyd, Capel Ulo yn Kingsland, Capel Gwyngenau a Chapel Ffraid yn Nhywyn y Capel (a gyfenwir Treaddur Bay yn y dyddiau ffasiynol hyn). Ymddengys mai santes o Wyddeles o'r enw Bridgit oedd St. Ffraid neu St. Bride yn Saesneg.

Nid oedd seintiau'r chweched ganrif, er lluosoced oeddynt ac er maint eu dylanwad, yn rhydd oddi wrth ymrafaelion yn erbyn uchelwyr traws ac ymhongar.

Yr unben a fygylai yn erbyn Cybi Sant a'i gymrodyr oedd y pennaeth cadarn hwnnw, Maelgwn Gwynedd. Fel arfer, diweddai pob rhyw ffrwgwd o blaid yr eglwys, canys ganddi hi yr oedd y pen praffaf i'r ffon, a gorfu ar Faelgwyn ymddwyn yn weddaidd tuag at y sant.

Y gymwynas a wnaeth y pennaeth â Chybi er ennill ei ffafr oedd rhoddi y gaer, lle'r adeiladodd y sant ei eglwys, ac o'r adeg honno, Caergybi fu enw'r lle. Nid oherwydd mo'r enw Holyhead chwaith, canys ceir crybwyll am Holy Hede cyn gynhared â 1394.

Eglwys Sant Cybi, Caergybi

Fe dal yn dda roddi darn o ddiwrnod i syllu ar Eglwys Cybi, sef eglwys y plwyf. Tybir yn gyffredin mai Caswallon Lawhir, yn y chweched ganrif, a adeiladodd wal y fynwent, a honno'n fynwent gron, ond nid yw haneswyr yn unfryd o lawer ynghylch ei hoedran nac ychwaith ei phwrpas.

Ac er hyned yr eglwys, dywedir wrthym nad oes garreg o'r eglwys gyntefig yn aros ym muriau'r adeilad presennol. Ar hyd yr oesoedd bu'r un duedd ar waith, sef tynnu i lawr eglwysi, yn ogystal ag ysguboriau, a'u codi drachefn yn adeiladau mwy yn ôl y cyfle a'r moddion.

Felly bu hanes yr eglwys hon, yr olaf o'r rhai a godwyd y tu fewn i'r gaer ac adeiladwyd y rhan fwyaf ohoni, fel y gwelir hi heddiw, rywdro yn y 16 ganrif. Yn 1658 y codwyd y tŵr anolygus sydd i'r eglwys, wedi i gorff yr adeilad gael ei orffen ar ôl cyfnod a syrthni a ddilynodd y Diwygiad Protestanaidd.

Cain adiaeth yw'r cerflun marmor o waith Hamo Thornycroft, â osodwyd yn 1897. Fe osodwyd y cerflun marmor hwn ar fedd William Owen Stanley yn y rhan ddeheuol o'r eglwys. Yn y fynwent ei hun ceir bedd Sion Rhobert Lewis, yr Almanaciwr, ac awdur yr emyn *'Braint, braint, Yw cael cymdeithas gyda'r saint'*. Ynddi hefyd y claddwyd William Morris, yr hoffusaf o'r brodyr enwog, y Morusiaid...

O fwrw golwg dros y ddwy ganrif ddiwethaf, canfyddir bod nifer da o wŷr enwog wedi addurno hanes Caergybi a chyfoethogi bywyd y genedl. Ond beth, atolwg, yw'r rheswm fod y dref ei hun wedi cynhyrchu cyn lleied ohonynt?

Gydag ychydig eithriadau, 'gŵyr dyfod' oedd y dynion y bu eu canhwyllau'n llosgi ac yn goleuo yma. Rhai o'r eithriadau oedd y Dr Owen Thomas (1812-1891) a'i frawd John (1821-1892), Morswyn ddawnus (1850-1893), a'r Athro David Williams, y bu Cymru'n galaru mor ddiweddar ar ei ôl. Eithr nid brodorion oedd y Morusiaid, na Huw Huws, 'Bardd Coch (1722-66) na'r cymwynaswr hwnnw, Capten Skinner.

Un o'r wlad oedd Gweirydd ap Rhys (1807-1889), a dyfod i Gaergybi a wnaeth ei blant talentog, Buddug (1842-1909) i ymbriodi a Golyddan (1841-63) i fwrw'i brentisiaeth fel meddyg. Diethriaid o fewn y pyrth oedd y Canghellor Briscoe, a gyfiethodd y Testament Newydd i'r Gymraeg, a Goleufryn (1840-98), pregethwr nerthol, Cymreigydd da... Nid yng Nghaergybi na'r gymdogaeth y mae hanfod teulu'r Stanleys o Benrhos.

Efallai bod safle ddaearyddol y dref ac amodau gwaith ynddi yn rhoi peth cyfrif am hyn. Rhyw fywyd mynd a dod, ansefydlog, ydyw bywyd toreth y trigolion. Dibynnant ar bethau mor symudol a thrên a llong, canys allan o 12,000 a throsodd o bobl, y drafnidiaeth rhwng y dref ac Iwerddon â ddaw a ffon bara i ddwylo'r mwyafrif ohonynt.

Ni cheir arwyddion amlwg o ddiwylliant ymhlith ond ychydig iawn o'r bobl, sydd wrth natur yn hynod am eu hynawsedd, eu caredigrwydd a'u cymwynasgarwch.

Ceir yma ddigonedd, os nad gormodedd, o addoldai yn y dref a'r cylch, a'r tyrfaoedd yn tyrru iddynt ar nosweithiau gwaith i wrando ar bregethau, ac fe'u mwynhant eu hunain yn fawr. Ond nid yw'r llyfrgell gyhoeddus yn deilwng o dref lai o lawer ei maint, a phrin yw'r gefnogaeth i unrhyw fudiad addysg.

Sylwer hefyd ar agwedd nifer mawr o Gymry glan tuag at y Gymraeg. Ym mhen draw Môn, gellid disgwyl clywed siarad iaith weddol loyw ac urddasol. Fe geir mesur da o hynny ar ddydd Sadwrn, pan ddaw trigolion ardaloedd gwledig yr ynys i'r dref i werthu cynnyrch y tir, ond Cymraeg garpiog ac amhersain a glywir yn yr heolydd weddill o'r wythnos.

Na thybier, er hynny, nad oes yn y dref amryw a'u bryd ar wneuthur pob ymgais i adferyd a chadw'r diwylliant Cymreig yng Nghaergybi.

Ynys Lawd

57

Adnewyddwyd asbri rhai o oreugwyr y gymdogaeth gan ymweliad yr Eisteddfod Genedlaethol yn 1927 i hogi arfau er ymladd o blaid yr amcan hwn, a rhwng gwaith yr ysgolion a'r elgwysi, diau y llwyddir yn y man.

Un o'r hafanau diogelaf yw'r harwr Noddfa a gostiodd £150,000 i'r Llywodraeth o 1810 i 1824, ac yn fuan wedyn fe benderfynwyd wedi dadlau gwyllt, mai Caergybi, ac nid Porthdinllaen, oedd i fod yn ben i'r ffordd haearn i gario'r drafnidiaeth rhwng Prydain ac Iwerddon.

Yn 1845 dechreuwyd adeiladu'r morfur cadarn sy'n filltir a hanner o hyd, a gorffenwyd ef yn 1873, a dyna ef fel braich estynedig i'r eigion, a'r llongau'n llechu'n dawel dan ei gysgod. Yr ochr arall i'r harbwr y mae Ynys Halen, lle ceid gynt weithdy i dynnu halen o'r heli.

Dywedir mai un o'r saith llecyn prydferthaf ym Mhrydain yw Ynys Lawd (*South Stack*). Cyrhaeddir hi trwy gerdded dros bont grog a thri chant a hanner o risiau amldroellog.

Ar gwr yr ynys cyfyd y goleudy enwog ei ben, a phen-syfrdannir dyn gan sgrechiadau'r miloedd adar a welir ar y clogwyni erch uwchben y tonnau brochus – y môr-ieir, y gwylanod, a gweilch y penwaig.

J. H. Roberts

(o *Ysgol Ganol Cybi*, 1932)

Hen Almanaciwr Caergybi

Yn 1806 dathlwyd canmlwyddiant marw yr almanaciwr hyglod o Gaergybi, sef John Roberts, neu Siôn Robert Lewis fel yr adnabyddid ef yn gyffredin. Ef oedd sylfaenydd *Almanac Caergybi* a fu'n gyhoeddiad mor boblogaidd ym myd llyfrau Cymraeg am flynyddoedd maith.

Yn 1731 yn Llanaelhaearn, sir Gaernarfon, y ganed ef. Ffarmwr oedd ei dad, Robert Lewis. Cafodd Siôn Robert droedigaeth wrth wrando ar bregeth gan Howel Harris yn y gymdogaeth, ac fe aeth ar ei ôl i Drefeca. Fel hyn yr adroddodd hanes ei daith:

'Ymaith â mi tros elltydd, a thrwy goedydd, dros afonydd a chreigiau, heb orffwys na dydd na nôs nes cyrraedd pen y daith yr hyn a ddigwyddodd ar y pryd yr oedd Mr Harris yn esgyn i'r areithfa i roddi gair o gyngor i'w disgyblion cyn myned ohonynt i'w priodol orweddfau; ond oblegid fod yr hin yn anarferol o frwd a'm lludded innau yn fawr, mi a gysgais, er gwneuthur pob ymgais galluadwy i beidio; a phan ganfu y gŵr parchedig fi yn y cyflwr hwnnw, efe a ddolefodd a'i holl nerth. – Bobl! bobl annwyl! a welwch chwi! dyma'r cythraul wedi gyrru dyn o'r Gogledd i'r lle sanctaidd hwn i gysgu!'

Nid arhosodd yn Nhrefeca ond am ychydig wythnosau, cyn dychwelyd i'w ardal enedigol. Ymunodd â Seiat y Methodistiaid oedd ger ei gartref a dechreuodd bregethu am gyfnod byr. Cafodd gyfnod o afiechyd ar ôl dychwelyd o Drefeca ond ar ôl iddo wella aeth i gadw ysgol ddyddiol. Gwysiwyd ef i ymddangos yn llys Esgob Bangor am ei waith yn cadw ysgol ac yntau heb gael trwydded i wneud hynny. Aeth yno, a gofynnodd yr Esgob iddo, 'Ymha le y buoch yn dysgu sêryddiaeth?' Atebodd yntau – 'Ar fryniau Clynnog, wrth gadw defaid fy nhad, ac wrth ymofyn amdanynt pan y cyfeiliornent'. Cafodd ei ryddhau ar ôl talu swm o arian.

Cawn ef yn symud o Lanelhaearn i Gaergybi tua 1760, pan gafodd drwydded i agor ysgol gan Esgob Bangor. Yno y treuliodd gweddill ei oes, lle bu'n cyhoeddi llyfrau. Daeth ei lyfr cyntaf allan yn 1760, wedi ei argraffu ym Modedern, Môn, y teitl oedd: *Rhai Hymnau* (cynorthwywyd ef gan Richard Jones). Un o'r emynau hynny oedd y canlynol, Rhif 15...

Am faddeu'm bai gweddio'n brudd
Yr wyf yn daer bob nos a dydd;
Ond eto gwn i Dduw bo'r clod,
Ei faddeu i mi cyn ei fod.

Rwi yn y byd ac yn y nef
Rwi'n gweiddi yn uchel heb ddim llef;
Rwi'n cablu ac eto'n rhoddi clod,
Fe'm caed fe'm collwyd cyn fy mod.

Codi a chwympo 'rwyf yn wir,
Ac eto wrth gwympo'n ynil tir,
Rwy'n enill gwn wrth golli'r gad;
Er cael fy sathru dro dan draed.

Ymysg rhai o'i lyfrau eraill y mae:

Yr Anedigaeth Newydd (1762)

Drych y Cristion; neu Gadwedigol Ffydd, wedi ei ddatguddio mewn ymddiddan (Dulyn, 1766)

Hymnau, neu Ganiadau er mawl a gogoniant i Dduw (1764)

Rhifyddeg, neu Arithmetic (1768) ail-argraffiad (1796)

Geirlyfr Ysgrythurol (1773)

Caniadau Preswylwyr y Llwch, neu Hymnau ac Odlau y Gwaredigion o wlad yr Aipht i Gaersalem Newydd (1778)

Yr Athronfa Rad (llyfr i ddysgu darllen Cymraeg) (1788)

Ond ei brif waith, a'i wnaeth mor adnabyddus trwy Gymru oedd ei Almanaciau neu 'Gyfeillion' fel y gelwid hwy ganddo. Bu yn cyfansoddi ac yn cyhoeddi ei Almanac yn gyson am 44 o flynyddoedd, a gwerthid bob blwyddyn o bymtheg i ugain mil ohonynt. Yr Almanac olaf â gyhoeddwyd oedd yr un am 1804, ac yn niwedd hwnnw ceir y llinellau canlynol:

Ffarwel gyfeillion mwynlon, yn gyfan oll i gyd,
Eich anerch mwy nis gallaf, tra byddaf yn y byd;
Mae fy synwyrau'n darfod, hawdd i mi wybod hyn,
Ac mae y dydd yn nesu, i'm claddu yn y glyn.

Bu farw 19 Medi, 1806, yn 75 mlwydd oed. Roedd yn briod a Margaret Jones o Fodedern, Môn, ac yn dad i chwech o blant, tri o feibion, a thair o ferched. Ei fab Robert Roberts (1777-1836) awdur *Daearyddiaeth Gymreig* (Caer, 1816), a *Sêryddiaeth* neu lyfr gwybodaeth yn dangos rheoliad y planedau ar bersonau dynion (Llanrwst, 1830) fu'n cyhoeddi a golygu *Almanac Caergybi*, ar ôl marwolaeth ei dad hyd 1837.

ALMANAC CAERGYBI.

AMSERONI,

NEU

ALMANAC

Y DIWEDDAR

ROBERT ROBERTS, CAERGYBI,

Awdwr Daearyddiaeth, &c.,

AM Y FLWYDDYN

YR 21AIN AR OL ESGYNIAD **1930,** EIN TIRIONAF FRENIN

SIOR V, BRENIN PRYDAIN FAWR A'R IWERDDON.

NODAU Y FLWYDDYN.

Y Prif	XII	Llythyren Sul	E
Yr Epact....................	30	Y Cyfnod Julianaidd........	6643

Wythnosau y Chwarter Sessiwn.

Yr Wythnos laf ar ol Rhagfyr 28 | Yr Wythnos laf ar ol Mehefin 24
Yr Wythnos laf ar ol Mawrth 31 | Yr Wythnos laf ar ol Hydref 11

DIFFYGIADAU.

Bydd cleni bedwar o ddiffygiadau, dau ar yr Haul a dau ar y Lleuad :—

I.—Diffyg parthol ar y Lleuad, Ebrill 13eg, yn anweledig yn y wlad hon. Yn weledig yn gyffredinol yn Môr y Pacific.

II.—Diffyg canolog ar yr Haul, Ebrill 28ain, yn anweledig yn y wlad hon.

III.—Diffyg parthol ar y Lleuad, Hydref 7fed, yn weledig yn y wlad hon. Dechreua 6a. 46m. y prydnawn, ei ganol 7a. 6m y prydnawn, a diwedda 9a 31m. y prydnawn.

IV.—Diffyg cyflawn ar yr Haul, Hydref 21ain, yn anweledig yn y wlad hon.

LIVERPOOL:

ARGRAFFWYD GAN WEBB, EVANS & CO., 44 CASTLE STREET.

OEDRAN YR ALMANAC HWN YW **168** O FLWYDDI.
Pris—DWY GEINIOG.
Entered at Stationers' Hall.

Morswyn

Porth Dafarch

740

Arglwydd Iesu, arwain f'enaid
at y graig sydd uwch na mi,
craig safadwy mewn tymhestloedd,
craig a ddeil yng ngrym y lli;
llechu wnaf yng nghraig yr oesoedd,
deued dilyw, deued tân,
a phan chwalo'r greadigaeth
craig yr oesoedd fydd fy nghân.

Pan fo creigiau'r byd yn rhwygo
yn rhyferthwy'r farn a ddaw,
stormydd creulon arna' i'n curo,
cedyrn ffyrdd o'm cylch mewn braw:
craig yr orsedd ddeil pryd hynny,
yn y dyfroedd, yn y tân;
draw ar gefnfor tragwyddoldeb
craig yr oesoedd fydd fy nghân.

Samuel Jonathan Griffith, 'Morswyn'

'Aeth fy meddwl yn ôl i ddyddiau plentyndod yn Eglwys Hebron, Caergybi, a chofio... a chofio... Daeth emyn Morswyn i'm cof, ar don anfarwol Caradog Roberts (1878-1935), *In Memoriam*. Gallaf ei chlywed yn awr, a'r baswyr a'r tenoriaid yn ei morio hi ers talwm.

Rhyw ddeg o dai oedd rhwng cartref Morswyn a chapel Hebron. Mae stori drist bywyd Morswyn yn gefndir i'r geiriau. Fe gladdodd Morswyn ei fachgen bach yn dair oed, ac yna'i ferch fach ddwy flynedd yn ddiweddarach.

Profiad trist iawn, a dweud y lleiaf, ac fe effeithiodd hyn yn drwm ar Morswyn. Ai am dro yn aml i Borthdafarch – traeth poblogaidd iawn, a'i galon yn llawn hiraeth a thristwch.

'Porth–dau–farch' odd enw gwreiddiol y lle. Hwn, mae'n debyg oedd y porthladd cyntaf cyn i Borthladd presennol Caergybi gael ei adeiladu. Mae'r Tŷ Tollau i'w weld ar y creigiau wrth ochr y traeth hyd heddiw – cwt cerrig, a thwll yn y wal fel ffenestr!

Roedd yn rhaid cael dau farch i dynnu'r drol a'r holl nwyddau i fyny'r allt ar ei ffordd i Gaergybi. Yma, yng nghysgod y graig, yng nghanol storm eithriadol o wyllt oddiallan, ac yng nghanol storm eithriadol o greulon oddimewn, y daeth yr ysbrydoliaeth i Forswyn i sgwennu'r geiriau arbennig hyn:

> Pan fo creigiau'r byd yn rhwygo
> yn rhyferthwy'r farn a ddaw,
> stormydd creulon arna' i'n curo,
> cedyrn fyrdd o'm cylch mewn braw.

Fe ddaw'r stormydd hyn i'n bywydau ni i gyd rywdro neu'i gilydd, ond:

> Craig safadwy mewn tymhestloedd,
> craig a ddeil yng ngrym y lli.

Na, nid anghofir ei enw yng Nghaergybi. Ysgol Morswyn yw enw Ysgol Gymraeg y dref, y mae maen coffa iddo ym Mhorthdafarch, ac fe genir ei emyn mewn cymanfaoedd canu tra bydd anadl.'

(*Fy Hoff Emyn* gan Myfanwy Sandham, Abergele – *Goleuad*, 2003)

Un o Gaergybi, Môn, oedd Samuel Jonathan Griffith, 'Morswyn' wedi ei eni 6 Mehefin, 1850. Yn ei gyfnod cynnar yr oedd yn aelod yng Nghapel Annibynwyr y Tabernacl, lle bu'n arweinydd y gân. Pan gynhyrfwyd Annibynwyr Cymru gan ddadl frwd y Cyfansoddiadau, cymerodd ef ac eraill ochr yr Hen Gyfansoddiad, gan adael y Tabernacl a sefydlu capel Annibynwyr arall yn yr un dref. Bu'n ddiacon yno ac yn arweinydd y gân yn y capel hwnnw hefyd. Bu a chysylltiad a'r wasg, y wasg Rhyddfrydol yn bennaf, a bu hefyd yn Is-Olygydd y North Wales Chronicle am dymor. Meddyliodd fynd yn feddyg ar un cyfnod yn ei fywyd, a bu yn Nulyn yn astudio meddygaeth.

Roedd yn llenor gwych, ac yn gerddor deallus, ond fel cyfansoddwr caneuon ac emynau y cofir ef yn bennaf. Ceir emyn o'i waith yn Y Salmydd (1892), a'r emyn y cyfeirir ati yn yr erthygl hon sef rhif 740 yng Nghaneuon Ffydd. Dywedir iddi gael ei chyhoeddi yn gyntaf yn Ail Lyfr Emynau, Edward Stephen, yn 1879. Dywedir iddo ei chyfansoddi 'pan oedd yn sefyll ar graig uwchlaw traeth Porthdafarch yng Nghaergybi' (W. T. Jones, Amlwch, mewn llythyr yn Y Goleuad, 8 Hydref, 1947). Bu farw 11 Awst, 1893, a chladdwyd ef ym mynwent Maeshyfryd, Caergybi.

Ffynonellau
Enwogion Môn (1850-1912) gan R. Môn Williams 1913
Emynau a'u Hawduriaid gan y Parch. John Thickens 1961
Goleuad, 2003
Caneuon Ffydd

CEMAES

Draw dros feysydd tawel undonog Môn mae pen mynydd yr Wylfa yn ymgodi uwch y môr. Yno y mae Cemaes, fel hen bentref mewn darlun, ar lan y môr. Wrth gerdded hyd ymyl y clogwyn at eglwys Llanbadrig gellwch weled y pentref yn codi ris uwch gris o lan y dŵr, y bryn eu cefn i'r tai bychain gwynion, ac ar ben y bryn yr hen felin wynt yn estyn ei breichiau yn erbyn yr awyr glir. Bu natur yn garedig wrth Gemaes. Nid yw'r môr yn cael chwyddo ei donnau cryfaf yn ei erbyn; yn hytrach, y mae fel llyn crwn wedi ei gloi i mewn gan dir, gydag un agoriad, a thrwyddo, ar ddiwrnod hafaidd, gellir gweled ar y gorwel fynyddoedd gleision Ynys Manaw.

Bae Cemaes

Nid anghofiaf fyth fy ngolwg gyntaf ar y lle wrth ddyfod o Amlwch. Diwedd mis Mai oedd hi, ac nid oedd dim ond eithin, – eithin yn llawn blodau, ymhob man. Yr oedd yr awel yn llwythog o aroglau'r blodau. Yr oedd pob bwthyn bach gwyn fel pe bai'n ymguddio mewn eithin. Yr oedd gwynt glan y môr i'w deimlo hefyd, ac edrychai popeth fel pe bai gwynt y môr yn eu glanhau. Ac yna, o ben y golwg, dacw'r môr, – môr diderfyn.

Arhoswch yma nes i'r haul fynd i lawr dros y tonnau. Foment yn ôl yr oedd popeth yn llon yn y goleuni, disgleirdeb ar y môr, a gwyrddlesni ar y meysydd. Yn awr y mae'r awyr yn oeri, mae'r môr yn duo ac yn cynddeiriogi, y mae'r gogoniant wedi cilio oddi ar y meysydd. Mae'r gwynt yn oerach. Mae cân y don ger troed y graig ddanheddog yn troi yn rhu trymllyd, bygythiol. Mae'r haul wedi mynd. Cyn bo hir bydd goleuni'r Skerries yn fflachio draws awyr fel mellten welw, ac a'r llongau heibio fel drychiolaethau yn y tarth.

Pan oeddwn i yng Nghemaes, yr oedd briallu yn dryfrith ym mhob cilfach a phant. Oddeutu'r ffrwd fechan a redai i lawr i gilfach y gro ar lan y môr yr oeddynt hwy yn serennu. Gwelid hwy dan gysgod twmpathau'r eithin ac yn tyfu ar lennyrch tywodlyd, lle'r oedd y cwningod yn chwarae. Felly, i'm cof i, gwlad dlos yw Cemaes, gwlad dawel, lle ni phrysura bywyd. Gwlad y briallu a'r eithin blodeuog, aroglau'r môr a sŵn ei donnau, meysydd llawn gwair a blodau, amaethdai clyd, tawel.

(*Yn y Wlad* gan O. M. Edwards)

Syr Owen Morgan Edwards (1858-1920) oedd un o brif gymwynaswyr Cymru. Ganed ef yng Nghoed-y-pry, fferm fechan yng nghanol y mynyddoedd, yn Llanuwchllyn, ger y Bala. Cymraeg oedd iaith yr aelwyd, a Chymro uniaith oedd O. M. Ymhen dim amser daeth yn un o brif ysgolheigion ein cenedl. Cyn ei amser ef, ychydig a ddadleuai'n frwd iawn dros gadw'r Gymraeg yn fyw. Saesneg oedd iaith yr ysgolion, a chosbid y plant am siarad Cymraeg ynddynt. Ond brwydrodd O. M. dros yr iaith ymhob man nes ennill y dydd. Cyhoeddodd y Cymru, neu'r Cymru Coch fel y'i gelwid, i ennyn diddordeb y genedl yn ei gwlad a'i phobl, yn ei hanes, yn ei hiaith a'i llyfrau. Drwy'r Cymru magodd ysgrifenwyr campus o mysg y werin. Cyhoeddodd hefyd Cymru'r Plant yn 1892, 'Wales' yn 1894, Y Llenor yn 1895, a Heddyw yn 1897. Am fod ei lyfrau mor ddiddorol a hawdd eu deall bu darllen mawr arnynt. Ymdrech Syr O. M. Edwards dros Gymru a'i gwnaeth yn bosibl i'w fab gychwyn Urdd Gobaith Cymru. Bu farw 15 Mai, 1920, a chenedl gyfan yn hiraethu ar ei ôl.

Yn ymyl Cemaes, Môn

Glannau Cemaes

Ar graig ym Moel y Wylfa, yn ymyl Cemaes, Môn,
Cwynfanai gweddw un prydnhawn mewn lleddf alarus dôn;
Edrychai tua'r gorwel pell, hwnt i Gaergybi draw,
A chadach bychan du a gwyn a chwifiai yn ei llaw;
Edrychais ennyd arni'n syn, rhoes i'm cerddediad ust,
A dyma rai o'i geiriau prudd ddisgynnodd ar fy nghlust, –

'Dacw'r llong lle mae fy machgen, O! fy Nuw a ddaw e'nôl?
Arglwydd gwylia ei gerddediad, cadw'r tonnau mawr di-rol
Rhag ei guddio yn y dyfnder, boed yr awel deg o'i du;
Arglwydd grasol, gwrando'm gweddi, dwg ef eto'n ôl i mi.'

Aeth haf a gauaf heibio, am 'stormydd mawr bu son,
A llawer morwr dewr a gaed yn farw hyd lannau Môn.
Am fab y weddw unig ni chafwyd son na chlyw,
Ond dal i ddweud wnae'r fam o hyd, – 'mi wn fod John yn fyw
Fe gofia Duw y weddw dlawd, gwrandawa Duw ei chri,
A gwn y daw Ef yn y man a John yn ôl i mi.'

Ac ar y graig i'r Wylfa draw ai'r weddw wan bob dydd,
Fe'i gwelid yno y prydnhawn, fe'i gwelid doriad dydd;
A phan y gwelai long o bell adfywia'i gobaith hi,
A gwaeddi wnai, – 'Ah! dacw'r llong lle mae fy machgen i;
Mae Duw yn gwrando gweddi'r gwan, mae Duw yn gwrando cri,
A gwn y daw Ef yn y man a John yn ôl i mi.'

Ar ryw noson ddu ystormus clywid cloch y bywyd-fad,
Gwaeddi mawr trwy ardal Cemaes, 'Brysiwch, fechgyn, at y bad –
Llong yn suddo – dwylaw'n boddi o dan graig y Wylfa draw –
Brysiwch fechgyn – rhedwch yno – i roi iddynt help eich llaw.'

Llong ardderchog o dan hwyliau wedi mynd i'r tonnau'n wawd,
Ni achubwyd neb ohoni – dim ond mab y weddw dlawd;
Cafodd hwnnw nerth rhyfeddol i roi un ofnadwy lam
Ar y graig, lle'r oedd i'w dderbyn – pwy feddyliech – ond ei fam.

Byth yng Nghemaes ar ôl hynny dywedir ymhob tŷ, –
'Atebodd Duw y weddw dlawd, gwrandawodd Duw ei chri,'
A dyna ydyw'r siarad, a phawb amdano'n son,
Fel yr achubwyd mab y weddw yn ymyl Cemaes, Môn.

Glwysfryn Hughes, Lerpwl

(*Cymru*, O. M. Edwards, Chwefror, 1898)

Cemaes

Bae Cemaes

Saif Cemaes ar y cwr eithaf o ran ogleddol Ynys Môn. Y mae Bae Cemaes fel pe wedi ei ffurfio gan waith rhyw filltir o'r arfordir creigiog garw yn cilio yn ôl i fwy o dawelwch, gan adael Mynydd y Wylfa, trwyn ac Ynys Padrig, i wylio y môr agored a'i helyntion o'r tu allan. O fewn i'r bae y mae Porth yr Ogof a Phorth yr Wylfa fel pe wedi eu torri allan yn bwrpasol gan natur i fod yn gysgod i rai o duedd fyfyrgar i wylio symudiadau llai garw y môr, ac i eraill ymdrochi yn ei ddyfroedd. Yn y cwr de-ddwyreiniol i'r bae y mae angorfa gul wedi ei gwneud yn y mur ysgythrog a chadarn, y môr wedi mynnu ei ffordd i dir fel ag i ffurfio bae mewnol Cemaes.

Ar ymylon hwn y saif y pentref, yn wasgarog a didrefn, ond yn swynol i edrych arno. Os mai un o nodweddion yr oes hon ydyw y duedd sydd mewn dynion i efelychu ei gilydd fel ag i beri fod pawb a phob peth yn tynnu at fod yr un fath, y mae yn amlwg eu bod yn hollol wahanol yr adeg yr adeiladwyd y pentref hwn. Ymddengys fod pob un y pryd hwnnw a fynnai adeiladu tŷ yn benderfynol y byddo yr eiddo ef yn wahanol i bob un arall, er gwell neu er gwaeth. Credai un mai priodol i dŷ fod o uchder penodol, ac felly yr adeiladai; credai ei gymydog agosaf ato yr un mor benderfynol y dylai tŷ fod yn llawer is, a gweithredai felly. Tra y credai y naill mai perffeithrwydd doethineb oedd adeiladu ar y maes agored, tybiai y llall mai doethineb ynddo oedd gwthio hanner ei dŷ i'r ddaear. Yma y ceir tŷ yn gwynebu i'r dwyrain, yn agosaf eto ac am y pared, un yn gwynebu i'r gorllewin. Y fath ydyw yr amrywiaeth fel, pe y buasent mor hawdd eu symud a theganau plant, buasai yn ormod gorchest i'r mwyaf celfydd eu cael o fewn terfynau rheol a threfn. Y mae yr arlunwyr yn hoff o Gemaes, ac yr wyf wedi sylwi mai yr adeiladau sydd yn eu swyno fwyaf. Llawer darlun celfyddgar sydd wedi ei dynnu o bont Cemaes yn croesi yr afonig, y Wygyr, sydd yn rhedeg trwy ganol y pentref tua'r môr, ac o'r goeden hynafol ac unig sydd yn aros o oes i oes i wylio rhag y digwydd i sylfeini y bont roi.

Y mae yn anodd i frodor o'r cwr hwn i'r wlad gymodi â'r syniad ddarfod galw Môn yn ynys dywyll oblegid amlder ei choedwigoedd, gan fod yn anodd dychmygu am ddarn eang o wlad mwy amddifad o goed na'r un sydd yn terfynu ar y pentref hwn. Y mae, fodd bynnag, yn lle nodedig o hudolus i ddiethriaid. Llenwir pob tŷ a gymer ei lenwi ag ymwelwyr ym misoedd Gorffennaf, Awst, a Medi. Diamau fod â wnelo, heblaw neillduolion y lle a'r wlad, yr awyr iach ac adfywiol ag atdynnu diethriaid o bob cwr o'r deyrnas. Yr ymadrodd a glywir yn disgyn fwyaf mynych dros wefusau yr ymwelwyr Saesneg wrth rodio o amgylch ydyw, – 'What bracing air'.

Owen Parry

(*Cymru* gan O. M. Edwards, Medi, 1898)

Ganed y Parch. Owen Parry yn Llanddona, a bu'n ddisgybl yn Ysgol Biwmares. Cafodd waith fel gorsaf-feistr ym Mhen-y-groes, Arfon, cyn symud i'r Trallwng, Powys, lle y dechreuodd bregethu. Yn 1872 aeth i Athrofa'r Bala a chafodd alwad i fugeilio'r achos yn Llanfrothen am amser byr. Priododd â Miss Evans, Ffridd Bach, ger Brynsiencyn, a bu'n byw yn ei chartref am beth amser, ac yna ym Mhensarn Berw, a Llanfair Pwllgwyngyll. Ar ôl hynny aeth yn weinidog ar Gapel Bethesda, Cemaes, a bu yno am 23 o flynyddoedd cyn ymddeol i gartref ei ail wraig, Mrs Davies, Llanddygfal, ger Llanfechell. Cychwynnodd y cylchgrawn Y Llusern ynghyd â'r Parchn John Williams, Brynsiencyn; a Richard Humphreys, Bontnewydd. Yn ddiweddarach prynodd y cylchgrawn iddo'i hun, a'i golygu, ac ysgrifennu bob gair ohoni ei hun, er bod yna gyd-olygwyr mewn enw.

'Fel pregethwr', meddai ei gofianydd, 'ni chyrhaeddodd enwogrwydd y Parchn John Williams, Brynsiencyn a John Williams, Dwyran. Nid oedd yn meddianu ar eu doniau mewn llais a thonyddiaeth, nac ar eu huchelgais i ragori fel pregethwr. Eto, roedd llawer o wrandawyr Môn pryd hynny, a'r rhai hynny ymysg y mwyaf addysgol yn yr ynys, yn tystio mai Owen Parry oedd y pregethwr mwyaf yn eu golwg hwy. Ganddo ef oedd un o'r llyfrgelloedd mwyaf ym Môn, prynai lyfr neu ddau yn wythnosol, ac yr oedd yn gyfarwydd iawn a chynnwys y llyfrgell honno.' Bu farw 18 Mawrth, 1925, gan adael ei weddw, ac un ferch, Frances, priod Llewellyn Williams, trydanydd yn Llundain.*

Dros y Don

Dros yr eigion gwyrddlas, tawel,
Syllai Morfydd lawer awr,
Tra y dawnsiai hafaidd awel
Ar fân donnau'r dyfnder mawr;
Anian swynol delynorai
Dan belydrau'r huan llon,
Calon ieuanc a hiraethai –
Ac ochenaid cariad lithrai
     Dros y don.

Er y moethau a'r llawenydd
Yn y castell teg gerllaw,
Crwydrai myfyrdodau Morfydd
Ar y moroedd yma thraw;
Disgwyl mae am ddydd dychweliad
Calon bur, a gwyneb llon,
Ac mae cryfder eu dylanwad
Yn cyfeirio nodwydd cariad
     Dros y don.

Cwyd o'i chalon saeth-weddiau
Ar y llwybr uwch y lli,
Dros y llanc sydd ar y tonnau
Wedi mynd a'i chalon hi;
Crea misoedd absenoldeb
Hiraeth drylliog yn ei bron,
Nes y treigla deigryn purdeb,
Tra cyfeiria'i hannwyl wyneb
        Dros y don.

Ddedwydd ddydd – mae'r llythyr
        gludydd
Acw'n cerdded at y ddôr,
Llythyr cariad yw i Morfydd
Wedi'i anfon dros y môr;
Ni raid holi – beth sydd ynddo?
D'wed y gwir a'r galon lon,
Fod y pryder wedi cilio –
Fod ei chariad wedi glanio
        Dros y don.

Eden amod sy'n blodeuo,
Gwin addewid eto ddaw –
Agosau mae dydd esbonio
Pam mae modrwy ar ei llaw;
Dydd priodas Morfydd ffyddlon
Seren dlos y morwr llon,
Wawriodd gyda'i hyfryd swynion
Daeth cyflawniad addewidion
        Dros y don.

Morio i dragwyddol hafan
Mae y ddau o ddydd i ddydd,
Llithro dros y cefnfor llydan
Beunydd i'r dyfodol cudd;
Heibio creigiau geirwon adfyd,
A thro-byllau'r ddaear hon,
Dan oleuni tragwyddolfyd
Tua hafan bythol wynfyd.
        Dros y don.

Rhydfab, Cemaes, Môn
(*Y Gymraes*, Ebrill, 1899)

DULAS

Ysgol ddyddiol ym Môn drigain mlynedd yn ôl

Tybied y darllenydd ei fod yn gadael Pentre-eiriannell ar y dde, ac yn dilyn y ffordd i gyfeiriad Amlwch. Ni raid iddo gerdded ond am chwech neu saith munud na chaiff ei hun yn Nulas. Hon oedd hen ardal 'Twm Sion Twm', y cidwm cas, – y noted bruiser. Mae gwrhydri'r gŵr 'a'r arddwrn mawr' erbyn hyn yn ddigon di-sôn amdano, ond nid yw yn amhosibl nad oes yn Nulas eto ddisgynyddion teilwng o'r hen arwr. Gweddus fyddai i ddiethriaid arfer pob gochelgarwch wrth fynd trwodd. Gelwir y lle weithiau yn City Dulas. Gallai diethrddyn ddisgwyl rhyw wychder oddi wrth yr enw. Ond yr oll sydd yma ydyw dau neu dri o dai, gweithdy saer, melin ddŵr, a'r Afon Goch sy'n ei throi, ar ei thaith o Fynydd Parys i'r môr ym mae Dulas. Yn y fan yma, ar ochr y brif-ffordd, tua'r lle y saif gweithdy'r saer yn awr, y safai yr ysgol y cyfeiriaf ati yn awr. Yr oedd y felin yn troi ac yn malu drigain mlynedd yn ôl fel y mae yn awr. Pregethwr perthynol i enwad parchus yn ein gwlad oedd y meistr ynddi yr adeg honno, ac y mae sicrwydd ei fod yn hen frawd ffyddlon; ond y mae pregethwr heb *good looks* yn rhwym o fod at *a discount*, medd Wil Bryan. Gallwn feddwl fod yr hen frawd teilwng hwn yn colli tipyn yn y cyfeiriad yma. Ymddengys na fu natur yn garedig wrtho yn ffurfiad y rhan bwysig honno o wynepryd dyn (a dynes) – organ yr arogliad. Ymddengys hefyd y byddai y doll ar yr ŷd a ddeuai i'w falu yn cael ei rhannu yn dair rhan, rhwng y meistr, y cariwr, a'r melinydd. Wedi hynyna o esboniad gall y darllenydd ddeall y llinellau hyn allan o gân boblogaidd ymhlith plant yr ysgol, –

    Y cariwr a'r melinydd yn ymladd am eu rhan,
    Ac yntau, 'rhen drwyn bricsan, yn gwasgu ar y gwan.

    Cyn i ni fyned i mewn i'r ysgol rhaid rhoi gair am yr ysgolfeistres. Ei henw priodol ydoedd Mary Roberts. Ond nid oedd pobl drigain mlynedd yn ôl yn *well up* mewn moesgarwch, ac felly ei theitl cyffredin fyddai 'yr hen Saesnes'. Ymddengys mai gweddw ydoedd i hen filwr. Ar ôl i'w gŵr gael ei gymryd oddiarni, nid oedd gan y weddw ddim i'w wneud ond troi, yn ôl arferiad y dyddiau hynny, i'r plwyf y perthynai ei gŵr iddo, i ymofyn cynhaliaeth iddi hi a'i merch. Gŵyr y darllenydd y byddai raid i bawb yr adeg honno fyned i ymofyn cymorth i'w 'ddinas ei hun'. A gallwn yn hawdd gredu mai ychydig iawn o groeso a gai yr hen a'r anghenus yn aml, gan mor ofalus fyddai pawb rhag i neb gael cymorth ond oedd a hawl gyfreithlon iddo. Ond pa groeso bynnag oedd yn aros Mary Roberts ym mhlwyf Penrhos, ni chafodd, dybygid unrhyw anhawster i brofi ei hawl. Gwelwyd ar unwaith fod yn rhaid ymgymryd a'r cyfrifoldeb o'i chynnal. Ond wrth drafod y mater daeth drychfeddwl hapus i ben rhai o'r plwyfolion. Yr oedd y weddw yn Saesnes, ac ym medru darllen ac ysgrifennu Saesneg; yr oedd hefyd yn gallu rhifyddu rhyw gymaint, – cyrhaeddiadau nad oeddynt i'w dibrisio yn y dyddiau hynny. Oni fyddai yn bosibl iddi agor ysgol ddyddiol, a thrwy hynny wneud daioni i blant yr ardaloedd, ac ar yr un pryd ysgafnhau baich y plwyf? Nid yw'n bosibl penderfynu'n awr pa un o'r ddwy ystyriaeth yma oedd y bwysicaf yn eu golwg. Gobeithio mai'r gyntaf.

Mae'n bryd i ni bellach fyned i mewn i'r ysgol, os nad ydym, fel plant drwg, wedi ymdroi gormod ar y ffordd. Dylai plant y dyddiau hyn ddeall nad oedd, drigain mlynedd yn ôl, fel y mae erbyn hyn ymhob ardal dlawd wledig o'r bron, adeilad hardd, cyfleus, at gyfrannu addysg. Nid oedd yr ysgol y cyfeiriaf ati yn ddim ond y tŷ lle trigai yr ysgolfeistres. Bwthyn bychan to gwellt ydoedd. Tybiwch ein bod yn edrych i mewn trwy'r drws. Gyferbyn a ni y mae talcen y gwely wensgod, ar y chwith y mae'r simddfa fawr, agored, ac y mae'r bwrdd crwn ar ganol y llawr rhwng erchwyn y gwely a'r tân. Rhaid i ni hefyd beidio anghofio meinciau yr ysgolheigion. Mae un o'r rhai hyn wedi ei gosod gyda thalcen y gwely, ac felly yn wynebu at y drws, tra y mae y lleill fwy i mewn yn yr ystafell. Ni raid dweud mai ar y fainc sydd gyda thalcen y gwely yr ymryson pawb am le i eistedd. Mae ei manteision yn amlwg. Yn un peth, byddwch felly ymhellach oddi wrth wialen y feistres; ac hefyd gallwch gael golwg ddirwystr ar bawb a phopeth ar y ffordd oddi allan. Yr oedd un lodes fach ar ddiwrnod neilltuol wedi sicrhau un o'r lleoedd dewisol hyn. Ond nid yw'r melys i'w gael yn y byd hwn heb y chwerw. Fe dorrodd ymladdfa ffyrnig allan rhwng y cwn oedd wedi dilyn eu meistriaid i'r efail oedd dros y ffordd. Bu'n frwydr gyndyn a gwaedlyd, a mawr fwynheid yr olygfa adeiladol gan y gôf a'i gymdeithion. Ond nid felly yr eneth bach y cyfeiriwyd ati. Yr oedd yr olwg ar y creaduriaid truan yn gwaedu yn ormod iddi hi, ac ar gefn merch y feistres yr aeth adref y noswaith honno.

Ar ôl mynd i fewn i'r ysgol, gwelwn fod o 20 i 25 o blant yn bresennol, a'r rhai hynny mor glos i'w gilydd a phenwaig mewn halen. Ar yr ochr i'r bwrdd sydd nesaf i'r tân eistedda'r feistres yn ei chadair freichiau. Os byddai'r plant yn beiddio siarad a'u gilydd, byddai hithau yn arfer curo'r bwrdd a'r wialen sydd wrth law yn wastad, ac mewn llais lled fain a gwichlyd – ond awdurdodol er hynny – gofynnai am ddistawrwydd. Byddai tawelwch mawr yn dilyn – am eiliad neu ddwy. Nid oes yma ddim amcan at wneud y plant yn wahanol ddosbarthiadau. Aiff pob un yn ei dro, fel y buom yn mynd yn yr Ysgol Sul, at yr athrawes am ei wers. Yng nghyfrifon yr alphabet y mae y rhai lleiaf. Mawr fyddai eu llawenydd pan symudid hwy i'r a, b, ab, i bi, ib, &c. Y cam nesaf fyddai i'r *Reading Made Easy*, a'r *Spelling Book*. Pan y byddai un o'r plant wedi dod i fedru spelio rhyw air o hyd anhygoel yn y diweddaf, edrychid i fyny ato gydag edmygedd gan ei gyd-ysgolheigion, a byddai yn dddealledig mai gwastraff oedd gwario ychwaneg yn ei addysgu.

Mae bellach yn tynnu at hanner dydd yn yr ysgol; a chan fod y plant i fewn ers wyth o'r gloch, mae llawer cylla bach yn gweled pryd cinio yn hir yn dod. Beth feddyliai plant yr oes hon o orfod bod yn yr ysgol erbyn wyth, ac o fod ynddi o un hyd pump y prynhawn, ac o orfod myned iddi bob bore Sadwrn? Byddent yn barod i waeddi '*hard lines*', mae'n ddiau. Mae'n amlwg fod y gwŷr da fu'n sefydlu yr ysgol hon am i bob plentyn gael llawn werth ei ddeunaw ceiniog y chwarter ynddi.

Nid yw'r feistres hithau, mwy na'r plant, yn anghofio fod pryd cinio yn agosau. Mae'r hen getlan lawn o datws sydd uwchben y tân, a'i chauad pren arni, yn profi hynny. Yr oedd y lodes fach y cyfeiriwyd ati'n barod yn dipyn o law efo'r hen wreigan. Ac os byddai hwyl lled dda ar bethau, cai daten ganddi i'w bwyta gyda'i brechdan o fara haidd a'i diod o laeth o'r botel. Ond weithiau gallai'r fechan fforddio edrych i lawr ar y daten. Byddai ambell dro, ar ôl hir grefu, yn cael brechdan o fara gwyn i fynd gyda hi. Diwrnod mawr yn ei chyfrif fyddai'r diwrnod hwnnw. Ni byddent yn ei chartref yn pobi and un dorth wen yr wythnos, a hynny yn wastad at ei diwedd. Efallai y byddent yn lletya'r pregethwr, neu yn disgwyl diethriaid i fwr'r Sul gyda hwynt; a rhaid oedd bod yn ofalus o'r dorth wen erbyn adegau pwysig felly.

Ar ôl gorffen eu cinio, ai pawb o'r plant i fwynhau eu hunain orau y medrent am y seibiant byr oedd ganddynt. Yn yr haf, pan y byddai'r hin yn gynnes, gwelid rhai ohonynt yn golchi eu traed a'u pennau yn yr afon. Byddai eraill yn 'gwneud y goes' i goed y Bryniau neu goed y Gell i chwilio am ddyrniad o gnau. Os na byddai y naill na'r llall yn bosibl, byddai drws yr efail yn wastad yn agored, a chaent syllu yno ar y gwreichion yn ehedeg bob tro y disgynnai morthwyl y gôf ar yr haearn gwynias; neu ynteu caent fynd i edrych ar olwyn fawr y felin yn troi yn araf a thrwm, fel pe'n grwgnach fod tynged wedi ei chydio wrth y cerrig sydd o'r tu fewn.

Fel y gall y darllenydd feddwl, y mae braidd yr oll o ddisgyblion yr ysgol hon erbyn hyn wedi gorffen eu gyrfa daearol. Ond mai rhai ohonynt eto'n aros i roi yr hanes i ni. Nid yw yn naturiol meddwl y byddant weithiau yn hiraethu am yr hen amser, ac yn gofidio na fuasai'r manteision y mae eu hwyrion yn gael y dyddiau hyn yn eiddo iddynt hwythau pan yn yr ysgol drigain mlynedd yn ôl.

Richard Matthews, Bryn 'refail, Môn

Ysgol Llandyfrydog

Yn amser 'Brad y Llyfrau Gleision', yn 1847, cafodd y dirprwywyr, hen wreigan, drigain mlwydd oed, yn cadw ysgol yn Llandyfrydog. Yr oedd yno ugain o blant, yn talu o chwe cheiniog i ddau swllt y chwarter. Ni allai yr un ohonynt ysgrifennu ar bapur, a dim ond dau ar lechen. Swm yr adroddiad oedd na wyddai'r plant ddim am ddim.

(*Cymru*, Ionawr, 1896)

LLANALLGO

Os bu treflan ddi-siap erioed, Llanallgo yw honno. Lle i fyned trwyddo ydyw i Foelfre a Phenrhosllugwy. Eto mae'n werth ymweld â'r eglwys yno, a chofio hefyd mai yn rhywle yn Llanallgo yr oedd yr ysgol y bu Goronwy Owen ynddi pan yn blentyn. Dyfalu ym mhle y cynhelid hi. Hwyrach mai yn yr eglwys yn ôl arferiad y cyfnod hwnnw. Ym mynwent yr eglwys gwelais nifer o feddrodau anffodusion llong y *Royal Charter*, a suddodd gerllaw Moelfre, 26 Hydref, 1859. (Ar Grwydr gan W. Llewelyn Jones, 1976)

Eglwys Llanallgo

Y gofeb i'r rhai a suddodd yn y Royal Charter

LLANDRYGARN

Syr John Morris-Jones
(1864-1929)

Ganed John Morris-Jones yn Trefor, Llandrygarn, Môn. Bu ei dad yn athro yn Dwyran, a Gaerwen, cyn mynd i gadw siop i Drefor. Bu ef ei hun yn helpu ei fam yn y siop ar ôl marwolaeth ei dad. Yn 1867 symudodd y teulu i Lanfair Pwllgwyngyll. Addysgwyd ef yn Ysgol Friars ym Mangor, ac wedi hynny yn Ysgol Coleg Crist, Aberhonddu. Enillodd ysgoloriaeth yng Ngholeg yr Iesu, Rhydychen yn 1883, ac wedi iddo raddio mewn Mathemateg yn 1887, bu'n astudio Cymraeg a Gwyddeleg dan Syr John Rhys (1840-1915), y gŵr a wyddai fwyaf yr adeg honno am y Gymraeg.

Yr oedd nifer o Gymry ieuanc eraill yn Rhydychen ar yr un pryd â John Morris-Jones, gan gynnwys Syr O. M. Edwards (1858-1920) Parch. J. Puleston Jones (1862-1925), Syr Edward Anwyl (1866-1914), a William Llewelyn Williams, A.S. (1867-1922). Sefydlont Gymdeithas Gymraeg yn Rhydychen, a'i galw yn Gymdeithas Dafydd ap Gwilym. Yn 1889 penodwyd ef yn ddarlithydd mewn Cymraeg yng Ngholeg Bangor, a sefydlwyd Cadair Gymraeg iddo yn 1895. O hynny ymlaen ymroddodd i wneud y Gymraeg yn bwnc astudiaeth ac ymchwil. O 1896 hyd 1928 bu'n feirniad ar yr awdlau yn yr Eisteddfod Genedlaethol. O gadair y Brifysgol, trwy'r wasg, ac oddi ar lwyfan yr Eisteddfod, bu'n gyfrwng i gychwyn cyfnod newydd yn hanes llenyddiaeth Gymraeg.

Ymhlith y gweithiau â gynhyrchwyd dan ei olygyddiaeth ceir: *Adroddiad Pwyllgor yr Iaith Gymraeg* (1893), *Llyfr yr Ancr* (1894), *Y Bardd Cwsg* (1898); bu'n olygydd *Y Beirniad* (cylchgrawn chwarterol) o 1911 i 1917. Yr oedd hefyd yn awdur nifer o lyfrau gwerthfawr; yn eu plith: *A Welsh Grammar* (1913), *Cerdd Dafod* (1925), a'r *Caniadau* (1907). Roedd hefyd yn fardd, cyfansoddodd lawer o ddarnau adrodd i blant yn ogystal. Un o'i delynegion mwyaf adnabyddus yw '*Cwyn y Gwynt*' (Cwsg ni ddaw i'm hamrant heno, Dagrau ddaw ynghynt...). Yn ogystal a'r cerddi rhydd, yn wreiddiol a chyfieithiadau, y mae ei Ganiadau hefyd yn cynnwys awdlau, englynion, a chywyddau, a cyfieithiad i'r Gymraeg o benillion Omar Khayyam. Anrhydeddwyd ef yn Syr gan y brenin am ei wasanaeth i'w wlad a'i iaith. Bu farw yn 1929 a'i gladdu ym mynwent Eglwys Llanfair, Môn. Dyma gerdd o waith Syr John Morris-Jones:

Toriad y Dydd

'Rwy'n hoffi cofio'r amser,
Ers llawer blwyddyn faith,
Pan oedd pob Cymro'n Gymro gwir
Yn caru'i wlad a'i iaith;
Llefarai dewr arglwyddi
Ein cadarn heniaith ni,
Parablai arglwyddesau heirdd
Ei pheraidd eiriau hi;
Pan glywid yn y neuadd
Y mwynion dannau man,
Mor fwyn yr eiliai gyda hwy
Ragorol iaith y gân,
Ond wedi hyn trychineb
I'r hen Gymraeg a fu,
Ymachlud wnaeth ei disglair haul,
Daeth arni hirnos ddu.

O'r plasau a'r neuaddau
Fe'i gyrrwyd dan ei chlais;
Arglwyddi, arglwyddesau beilch
Sisialodd iaith y Sais;
A phrydferth iaith y delyn
Fu'n crwydro'n wael ei ffawd,
Ond clywid eto'i seiniau hoff
Ym mwth y Cymro tlawd;
Meithrinodd gwerin Cymru
Eu heniaith yn eu chlwy'
Cadd drigo ar eu tafod fyth,
Ac yn eu calon hwy.
Gogoniant mwy gaiff eto,
A pharch yng Nghymru fydd;
Mi welaf ddisglair oleu 'mlaen,
A dyma doriad dydd!

Ffynonellau
Cymru'r Plant (1923)
Cymry Enwog (1944)
Y Bywgraffiadur Cymreig Hyd 1940 (1953)
Y Ford Gron (Mawrth, 1933)

Yr Athro J. Morris Jones M.A.
Darlun gan Wickens, Bangor

LLANDDWYN

Llanddwyn

Os gwelodd rhywun ddarlun o Gymru yn digrif ddangos ein gwlad fel hen wreigen grymedig yn cario siroedd Fflint a Dinbych ar ei chefn, mae yn sicr ei fod wedi sylwi ar Falltraeth, neu aber yr afon Cefni, yn enau agored iddi; ond hwyrach na sylwodd ar orynys fechan Llanddwyn fel dafaden yn hongian wrth ei gwefus isaf. Mewn geiriau eraill, saif Llanddwyn ar y penrhyn mwyaf deheuol i Ynys Môn, sef eithafbwynt y gefnen sydd rhwng afonydd Braint a Chefni. Yn ei sefyllfa bresennol, nid yw y lle ond gorsaf bywydfad, a goleudy, o dan arolygiaeth awdurdodau Porthladd Caernarfon, a lle y mae pedwar o dai i'r un nifer o wylwyr, y rhai a ofalant am y goleuni ac a ffurfiant ran o ddwylaw y bywydfad.

Mae hefyd yn lle bychan poblogaidd iawn fel cyrchfan i bleserwyr i fyned yno yn yr haf ond fel y mae y gwaethaf y modd nid oes yno ddim darpariaeth ar gyfer ymwelwyr ond a wneir gan wragedd y gwylwyr. Er hynny, y mae croeso, fel y mae, a'r adnewyddiad i gorff ac ysbryd a dderbynir o awel y môr a'r golygfeydd i gyfeiriad mynydd ac eigion, yn ddigon o ad-daliad i'r ymwelwyr o ba bellder bynnag y delo.

Cyn i'r goleudy gael ei sefydlu, a chyn i'r oleu-long gael ei gosod megis yn nrws y môr-gilfach peryglus hwn, a phan oedd llong-adeiladwaith yn llai perffaith nag ydyw yn awr, ni fyddai un gaeaf, nac hyd yn oed un ystorm ym myned heibio heb i longddrylliadau gymryd lle ar y banciau tywod sydd oddeutu y penrhyn. Gellid ysgrifennu cyfrol ddiddorol o hanes torcalonnus am drychinebau ddigwyddodd ar y traethau hyn flynyddoedd yn ôl; ond erbyn hyn, oherwydd y rhesymau a nodwyd, anfynych iawn y camgymerir môr-gilfach Caernarfon am y ffordd i Lynlleifiad heibio i Ben Caergybi.

Wedi ysgrifennu ychydig fel hyn am Landdwyn fel y mae, ac fel yr oedd yn ddiweddar cyn adeiladu y goleudy, ceisiaf nodi rhai o hynodion y lle yn y dyddiau gynt, cyn i gynhyrfiadau y môr fwrw tywod i'r lan, ac i wyntoedd cryfion y de a'r gorllewin eu hau, nes gorchuddio plwyf cyfan, a gwneud un o lanerchoedd ffrwythlonaf Môn yn anialwch anhrigiannol.

Pe safai unrhyw ddyn ar derfyn uchel de-orllewinol plwyf Niwbwrch, ychydig i'r gorllewin o eglwys y plwyf hwnnw, ac ar y graig yn ymyl Carreg yr Eithin, yn agos i Lys Rhosyr y cyfeirir ato yn un o gywyddau Dafydd ap Gwilym, fe gai weled ar unwaith hen blwyf Llanddwyn, tua dwy filltir o hyd ac oddeutu yr un faint o led, yn gwneud i fyny y rhan ddeheuol o'r gefnen y cyfeirwyd ati o'r blaen. Y mae'r holl arwynebedd yn orchuddiedig gan fryniau a phonciau o dywod, y rhai yn brin a orchuddir gan forhesg. Heb sôn am yr hynafiaethydd, nid yw'r olygfa'n aniddorol i'r hwn sydd yn ymfoddhau yn unig ar yr hyn a wel y llygad, oblegid ar ei aswy caiff gyfrif copau mynyddoedd a moelydd yr Eryri o Benmaenmawr i Garn Fadryn yn Llŷn, mae môr-gilfach Caernarfon fel llyn mawr o'i flaen, ac ar y dde gwelir Bodorgan, aneddle ardderchog y Meurigiaid, yn ymyl yr hwn y safai yr hen Fodowen gynt, lle y trigai Syr Arthur Owen, Barwniad, yn amser y frenhines Ann. Yr oedd Oweniaid Bodowen ac Orielton, Sir Benfro, o'r un cyff. Fel y sylwyd, yr oedd plwyf Llanddwyn oddeutu dwy filltir o hyd ac o led, gyda gorynys fechan yn ymwthio i'r môr, ar yr hon y mae'n sefyll yr unig dai sydd yn y plwyf, y rhai, gyda'r goleudy, a adeiladwyd yn gynnar yn y ganrif hon. Ar yr orynys hefyd y mae yr hyn sydd weddill o adfeilion yr hen eglwys.

Er chwilio ac ymofyn llawer, braidd y cefais seiliau digonol i'm gallugoi i benderfynu pa un ai eglwys blwyfol oedd yma o dan arolygiaeth Esgob Bangor, ai mynachlog o ryw radd. Gwelais gyfeiriad ati fel Llanddwyn Abbey; awdur arall a'i geilw yn briordy, neu fonachlog o'r ail radd; ond cyfeiria yr hynafiaethydd craff ac ymchwilgar Rowlands at Llanddwyn fel prebendariaeth, yr hon gynt oedd gyfoethog iawn, ac a ddaliwyd gan ddynion enwog yn hanes Cymru, megis Risiart Cyffin, ac Edmwnd Prys.

Pa un bynnag ai plwyf ai tir o dan awdurdod mynachod Benedictaidd a drigai mewn monachdy ar orynys Llanddwyn oedd y llannerch a elwid gynt ar yr enw, ond yn awr â adnabyddir fel y Gwningar Fawr, nid yw mwy o dan awdurdod eglwysig yn y byd, oblegid dywed Rowlands yn y flwyddyn 1710, – 'Am y rhan arall (Hynny yw, y rhan helacthaf sydd ar wahan oddi wrth yr orynys a elwir yn awr Llanddwyn) y mae yn hollol dywodlyd ac aniwylliedig, oddigerth ychydig lanerchau yn agos i Niwbwrch, y rhai nad ydynt yn anghymwys i gynyrchu ŷd, ond oddiar y rhai ni chesglir degwm am nad oes yno un gweinidog plwyfol yn apwyntiedig'.

Mewn rhan arall o'i draethawd, dywed yr un awdur, – 'Yn awr (1710) ni chynhwysa oddiar chwech neu saith o aneddau, a pheth sydd hynod, nid oedd yma ddim mwy nag wyth o drigleoedd ('gwely' megis y gelwid hwy y pryd hynny) yn amser Edward III'.

Oddi wrth yr adroddiadau hyn yr ydym yn casglu fod y tywod dinistriol wedi dechrau difrodi y plwyf er ymhell yn ôl, yn y canol-oesoedd beth bynnag; a bod y tywod dywededig yn ddadwaddolydd effeithiol. Cyfeirir at yr wyth 'gwely' oedd yma yn amser y Brenin Edward III. Gallasai y rhai hynny fod yn dir-ddaliadau neu ffermydd mawrion; oblegid casglwn, oddi wrth ddisgrifiad Rowlands o welyau mewn plwyfi eraill yn y cwmwd, fod 'gwely' yn lle mawr, fel yr oedd dau neu dri yn aml yn gwneud trefgordd.

Am safleoedd y gwelyau hyn nis gellir ond dyfalu, a hynny trwy briodoli yr enwau, a roddir ar y bonciau tywod a llanerchau yma ac acw ar hyd y plwyf, i'r tai neu y ffermydd a orchuddiwyd gan y lluwchfeydd tywod, ac a ffurfiasant y bryniau, y breichiau a'r ponciau a welir heddiw. Gallaf enwi rhai ohonynt, oddiar fy nghof, megis Penrhos, Bryn Ysgawen, Bryn Llwyd, Cerrig Gwladus, Y Fuches, Bryniau Dwynwen, a Cherrig Canhwyllau...

Cyn ei orchuddio gan y tywod yr oedd y plwyf hwn, yn cynnwys y tir gorau ym Môn, a'i boblogaeth yn lluosog. Yma yr oedd Ffynnon y Cariadau, at yr hon y deuai minteioedd o bob cyfeiriad i addunedu ac offrymu ynglyn a'r pwnc pwysig sydd yn cynhyrfu calonnau pobl ieuanc, ac yn agor y boced a'r llaw. Nis gallaf fi ddisgrifio y seremoniau, yn enwedig ar y pumed ar hugain o Ionawr, sef Dydd Gŵyl Dwynwen, a gymrai le wrth y ffynnon, ac ar ben Craig Esyth. Dygai y bobl ofergoelus offrymau lawer, ac ymofynent a'r rhai a broffesai ddarllen y dyfodol yn symudiadau y pysgodyn, i ddeall ffawd carwriaeth, ac i wneud diheubrawfion o ddiweirdeb. Cyn symud ymaith y dywarchen las oddiar ben Craig Esyth, dywedir y byddai y lle bob amser yn llawn o lythrennau i ddangos enwau yr rhai a gyfrifid yn gariadau. Arferid torri llythrennau fel hyn am rhai blynyddoedd i'r ganrif hon... Mae yr holl bethau hyn wedi diflannu ers blynyddau; a Llanddwyn, fel rhyw fan arall, yn lle gwareiddiedig, heb ymhonni bod yn fangre mwy neillduol na lleoedd eraill i gynhyrchu llwyddiant neu aflwyddiant yn amgylchiadau dynion. Ond y mae yn rhaid cydnabod nad oes dim yn fwy poblogaidd ymhlith ieuenctid y parthau hyn yn yr haf na ffurfio mintai lawen i fyned i Landdwyn am ddiwrnod o ddifyrrwch iachus a diniwed.

Mae Oweniaid Bodawen, a changhennau o'r teulu a ymsefydlodd yn Niwbwrch fel meddianwyr Llanddwyn, a mannau eraill wedi darfod yn llwyr.

Owen Williamson, Dwyran

(*Cymru*, O. M. Edwards, 1892)

Yr oedd Owen Williamson (1840-1910) yn ysgolfeistr ac awdur hanesyddol. Ganed yn Niwbwrch, Môn, yn fab i Robert Williamson ('Bardd Du Môn'; 1807-1852) a Jane (Roberts) Williamson. Addysgwyd ef gan ei dad, a bu yng Ngholeg Hyfforddiadol Caernarfon. Bu'n ysgolfeistr yn Llangeinwen, ac yn Nwyran hefyd. Oherwydd iddo ef gael ei boeni gan grydcymalau bu'n rhaid iddo ef roi y gorau i ddysgu. Symudodd o Dwyran i fyw i'r Twnti, Niwbwrch, a bu am beth amser yn byw yn un o'r tai yn perthyn i Sefydliad Pritchard Jones yno. Treuliodd gweddill ei oes yn Angorfa, Dwyran, sef cartref y Parch. Benjamin Jones, Rheithor Penmachno, lle y gofalwyd amdano. Yr oedd yn ŵr di-briod ond bu'n byw gyda'i chwaer, oedd hefyd yn ddi-briod, am gyfnod o amser. Bu farw yn Dwyran, 22 Rhagfyr, 1910, a'i gladdu yn mynwent Niwbwrch. Cyhoeddodd lyfr ar 'Hanes Niwbwrch' (tua 1895), a hefyd rhamant hanesyddol, 'Ceris y Pwll' (1908). Cyfranodd yn helaeth i'r newyddiaduron a'r cylchgronau Cymreig, a gadawodd mewn llawysgrifen 'Hanes Môn', 'Llen Gwerin Môn', 'Morus Llwyd y Dyrnwr' a nifer o bethau eraill mewn rhyddiaeth a chân. Yr oedd yn Gymro cenedlgarol, yn hynafiaethydd campus, ac fel ei daid yn hoff o'r ardd a blodau.

Ffynonellau
Enwogion Môn (1850-1912) gan y Parch. R. Hughes, Fali, 1913
Enwogion Môn (1850-1912) gan R. Môn Williams, 1913.

Eglwys Dwynwen

Eglwys Dwynwen

I'r sawl sydd wedi darllen ysgrifau diddorol Owen Williamson (1840-1910), yr ysgolfeistr ac hanesydd o Niwbwrch, Môn, ar Llanddwynwen, neu Llanddwyn fel yr adnabyddir yn ein dyddiau ni, nid oes angen disgrifio daearyddiaeth y rhan honno o Ynys Môn. Yr hyn ydi Penmon i'r naill eithaf i'r ynys, dyna ydi Llanddwyn i'r eithaf arall. Mae'n ddifyr iawn mordeithio o Gernarfon i Llanddwyn ar hirddydd haf. Mae yno le dymunol i angori, – cilfach a glan yng nghysgod y creigiau. Yno y mae'r goleudy, ac y bu y bywydfad gynt, yno y mae Eglwys Dwynwen, a ffynnon y santes yn byrlymu ei dŵr oer, grisialaidd, ar un adeg, yn ymyl y môr. Ar graig uchel, y mae croes wen, hardd, a godwyd er cof am Dwynwen, a Jiwbili y Frenhines Fictoria gynt. Ond un o'r pethau hynotaf ar y creigle ydi gweddillion Eglwys Dwynwen, nawddsant cariadon ei hoes, a gysegrwyd yn 465 Oed Crist. Merch oedd Dwynwen i Brychan Brycheiniog yn y bumed ganrif, a'i Dydd Gŵyl yn disgyn ar 25ain Ionawr.

Mi orphwysaf ger adfeilion
Eglwys Dwynwen, ar fy hynt,
Gan ymwrandaw â sibrydion
Traddodiadau'r dyddiau gynt;
I'r cynteddau maluriedig
Rhodder imi drwydded bardd;
Hwnt i oesau enciliedig
Gwelaf adail gadarn, hardd.

Clywaf adsain cloch y plygain,
Gyda'r awel doriad gwawr,
Haul y boreu wrida'r dwyrain,
Gweddnewidia'r eigion mawr;
Gwelaf y mynachod llwydion
Yn ymffurfio'n weddus gôr,
Gan gymysgu eu halawon
Gyda murmur dwfn y môr.

Lanerch dawel, gysegredig,
Ar y graig gerllaw y lli,
Cafodd seintiau erlidiedig
Hedd a nodded ynot ti;
Yn yr oesau tywyll, creulon,
Buost yn oleuni gwyn;
Mynych gyrchai pererinion,
I'r cynteddau distaw hyn.

Nid oes heddiw ond adfeilion
Teml fu ogoniant gynt,
Maen ar faen ddatodwyd weithion,
Aeth yr hanes gyda'r gwynt;
Chwyn a glaswellt sydd yn tyfu
Dros y gangell oer, dylawd,
Stormydd gaua sy'n chwibanu
Trwy y muriau ar eu rhawd.

Y mae nerthoedd mawrion Amser
Wedi treulio'r adail gre,
Nid oes mwyach 'gred na phader',
Gair na chyngor, yn y lle;
Ond mae goleu pur gwybodaeth
Wenai yma yn y nos,
Wedi gwasgar dros bob talaeth,
Torodd dydd ar Gymru dlos.

Yn ngoleuni clir yr hafddydd,
Melus gorphwys orig gu,
Ger yr eglwys lwyd a llonydd, –
Cymwynasydd Cymru fu;
Er mwyn cofion oes gyntefig
Na ddoed troed i'r fangre hon,
I halogi'r adfail unig
Ar y graig yn swn y don!

Anthropos (1898)

Goleudy, Llanddwyn

Teiliwr oedd galwedigaeth Robert David Rowlands ('Anthropos') y bardd-weinidog Methodistiaid Calfinaidd yn ddiweddarach, yn yr Amwythig ac yna Rhosymedre. Yn 1873 yr oedd yn ymgeisydd am y weinidogaeth, ond ni chafodd ei ordeinio hyd Sasiwn Llannerchymedd yn 1887. Ond flynyddoedd cyn hynny dechreuodd ysgrifennu i'r Darlunydd, *misolyn a gyhoeddwyd gan Gwmni'r Herald, Caernarfon. Wedi iddo ef symud i Gaernarfon lletyai yn Ffordd Caernarfon, Y Felinheli, a daeth yn aelod o Gyfarfod Misol Arfon. Gwnaeth ei gartref gyda'i dad mabwysiedig, Robert Rowlands (oedd yn weddw ar y pryd), a ddaeth yno i ofalu am geffylau y Parch. Rhys Jones, Felinheli. Symudodd Anthropos i Chapel Street, Caernarfon, ar ôl hynny. Cyn dyfod i Swyddfa'r Herald, Caernarfon, yn 1879, bu'n ddisgybl-athro yng Nghwmtirmynach. Ond byr fu ei dymor gyda'r Herald gan iddo symud at Wasg Y Genedl, lle y cafodd brofiad helaethach a chyfle i ddangos ei fedr a'i ddawn arbennig ei hun.*

Ymdaflodd Anthropos i waith yng Nghapel Seilo, Caernarfon, pan ymaelododd yno ar ôl ymadael o Bethania, y Felinheli. Agorwyd Capel Beulah, 14 Hydref, 1886, a sefydlwyd eglwys yno ym Medi, 1887. Ym Medi, 1889, rhoddwyd galwad i Anthropos i ofalu am yr eglwys, ac atebodd yntau yn gadarnhaol. Rhif yr aelodau pan ddaeth yno oedd 42, erbyn 1927 yr oedd yn 229. Gweinidog gyda'r Methodistiaid Calfinaidd oedd Anthropos, ac o goffrau'r enwad y derbyniai ei gynhaliaeth. Ufuddhaodd i raddau, i reolau a gofynion y Cyfundeb hwnnw, ond ni charodd lawer arnynt, a hwyrach y gellir dweud i'r Cyfndeb fod yn addfwynach tuag ato ef nag y bu ef tuag at y Cyfundeb.

Cyhoeddodd 30 o lyfrau, rhai ohonynt wedi mynd drwy yr ail a'r trydydd argraffiad. Ysgrifennodd bron i bob misolyn a chwarterolyn o bwys yng Nghymru, a bu ei gyfraniadau i newyddiaduron Cymru yn sicr, yn fwy na'r eiddo'r un llenor Cymraeg arall yn ei ddydd, a hynny am tua 72 o flynyddoedd.

Anthropos

Priododd Anthropos â Miss Elizabeth Jones, Stryd Fawr, Caernarfon, 30 Hydref, 1883. Wedi deunaw mlynedd ar hugain o fywyd priodasol bu farw Mrs Rowlands ar 3 Awst, 1921, yn 67 mlwydd oed. Medi, 1923, ail-briododd Anthropos â Miss Mary C. Daniels, oedd yn byw gyda'i modryb, Miss Daniels, yn Stryd Dinorwic, Caernarfon, oedd yn enedigol o Llanddaniel, Môn. Cawsont hwythau un mlynedd ar hugain cwbl hapus hyd nes y bu farw Anthropos ar 21 Tachwedd, 1944, yn ei gartref yng Nghaernarfon, yn 91 mlwydd oed. Claddwyd ef ym mynwent Gyhoeddus, Caernarfon.

LLANDDYFNAN

Llanddyfnan

Eglwys Llanddyfnan, ger Talwrn

'Roedd haf ar weirgloddiau Pentraeth,
A'r deffro yng ngwrid y fro,
Pan glywais felodi hiraeth
Yn galw o'r tawel ro.
Yno am awr fy hunan
Yn nwfn ddistawrwydd prynhawn, –
Neb ym mynwent Llanddyfnan,
A Mynwent Llanddyfnan yn llawn.

Hen enwau'n llwyr wedi gwisgo,
Glaswellt a chwyn yn drwch,
Hen gerrig mwsoglyd ar osgo
Yn plygu eu pen i'r llwch.
Neb i ddweud gair o gysur,
A'r cannoedd mewn daear laith
A fuont fel minnau'n rhy brysur
I feddwl am ben y daith.

Tremiais drwy gornel wydr
Ar allor y sanctaidd fan,
Cyrchodd atgof o'u crwydr
Gynulliad o deulu'r Llan.
Distawrwydd y pnawn yn rhoddi'r
Gorffennol yn ddarlun byw,
Lleisiau'r Foreol Weddi,
Salmau yr Arglwydd Dduw.

Caeais y glwyd a'u gadael
Yn iasoer dyndir eu hedd,
A Llais ar adain yr awel
Yn cerdded o fedd i fedd,
'Henaint ni ddaw ei hunan',
A'i sisial drwy fwynder prynhawn, –
Neb ym mynwent Llanddyfnan,
A mynwent Llanddyfnan yn llawn.

Percy Hughes (1898-1961)

(Ysgrifau a Cherddir gan Percy Hughes, 1966)

Ni fu cerddi neb yn fwy poblogaidd trwy Gymru gyfan ar un adeg na rhai o gerddi Percy Hughes (1898-1961). Ers pan gyhoeddwyd Clychau'r Wlad *yn 1931, gyda Rhagair gan Wil Ifan, bu llawer o fynd ac o ganu ar y* 'Run Rhai' *a* 'Pen Tymor'. *Diogelwyd y ddwy gerdd yn* Awen Môn, *yr ail gyfrol, yn y gyfres Barddoniaeth y Siroedd.*

Bu ei dwf llenyddol, yn ogystal, yn eglur yn ysgrifau Percy Hughes. Yr oedd darllenwyr Môn ac Arfon un amser yn awchu am ddarllen 'Sgribliadau P.H.' *yn y* Clorianydd, *a'r* Herald *Gymraeg.*

Yn Nhalwrn, plwyf Llanddyfnan, Môn, oedd ei wreiddiau ef. Un o gymeriadau ei blentyndod oedd William Thomas, Yr Hen Barc. Mi ddeudodd rhywun wrth yr hen frawd hwnnw, 'D'oes gynnoch chi ddim môr yn y Talwrn, William Thomas?' Atebodd yntau, 'Ddim eto, ond yr yda ni'n hel i gael un.' Magwyd Percy Hughes yn eglwys y plwyf. Troes ar ôl hynny ac ymunodd â'r Annibynwyr yng Nghapel Siloam. Bu'n ymladd yn y ffosydd yn Ffrainc yn ystod y Rhyfel Mawr Byd Cyntaf.

LLANFAES

Mynwent Llanfaes

Eglwys Llanfaes, gyda cofgolofn i John Elias, yr ail o'r chwith

...Felly gadewais y môr a'i donnau o'm hôl a cherddais i fyny allt serth, a chysgodai coed y ffordd rhag gwres yr haul. Er mai byr a thlws yw'r ffordd bu'n edrych yn hir a digysur i aml un ddilynai weddillion cyfaill i fynwent Llanfaes, a meddiannid finnau a theimlad rhyfedd fel yr agoshawn at hundy un o gewri Cymru fu. Mae'r môr yn aml ac nid yw'r mynyddoedd ymhell, ond ni welir yr un ohonynt o fynwent Llanfaes. Mae'n llecyn tawel cysgodol, – yr un mor fanteisiol i'r byw addoli ac yw i'r marw huno. Ar ei ganol saif eglwys brydferth a phinacl tlws iddi. Rhaid esgyn grisiau cerrig i fynd i'r fynwent, – prawf hyn sychter y lle, – ac wedi cerdded ychydig lathenni tyf twmpath ysgaw ar y llaw chwith rhwng dwy gof-gist mewn railings haearn, a than y goeden ysgawen hon yr huna John Elias. Diaddurn iawn yw ei feddfaen ef, yn neilltuol os edrychwn ar gof-feini prydferth Baron Hill sydd gerllaw iddo. Ai rhyw fwdwl o garreg fel yna sydd i fod ar fedd un o gymwynaswyr goreu Cymru? Oes codi cofgolofnau yw hon, ond wrth gofio am Llywelyn, a Glyndŵr, a gwladgarwyr eraill, gawn ni gofio hefyd am Elias o Fôn? Mae ysgrif Cymraeg a Saesneg ar y garreg, ac wrth ochr y Gymraeg nid oes laswellt yn tyfu, – gan ôl traed a dagrau'r saint â yno i'w weld. Ar y garreg lwyd mae darn o garreg wen ac arno'n gerfiedig, –

> Yma y rhoddwyd i orwedd ar ei ddymuniad ei hun weddillion marwol y diweddar Barchedig John Elias, gynt o Langefni, yn y sir hon, yr hwn am y tymor maith o saith mlynedd a deugain a lafuriodd gyda llwyddiant a diwydrwydd anarferol fel gweinidog yr cfengyl yng Nghyfundeb y Trefnyddion Calfinaidd Cymreig. Yr oedd yn Gristion o'r radd uchelaf mewn ffydd, myfyrdod, a gweddi, yn rhodio gyda Duw, yn Israeliad yn wir yn yr hwn nid oedd twyll; yn ei holl sefyllfa'n ostyngiedig, a thuag at ei holl berthynasau a'i gyfeillion yn serchiadol, hynaws, a ffyddlon; wedi ei gynysgaeddu a grasusau a doniau anghyffredinol. Yr oedd ymhlith ei gyd-wladwyr y pregethwr mwyaf poblogaidd yn ei ddydd. Canlynwyd ef trwy ei oes gan dyrfaoedd lluosog, ac yn ei weinidogaeth yn gyson yn gystal ac yn y Gymdeithasfa fawr.

Ei brif destyn oedd: 'Iesu Grist a hwnnw wedi ei groeshoelio'. Sefydliadau cyhoeddus er lledaenu Beiblau ac anfon cenhadon i wledydd tramor; ac er helaethu gwybodaeth, sobrwydd, a chrefydd ym Mhrydain Fawr a'r Iwerddon, a gawsant ynddo ef ddadleuwyr huawdl a nerthol, – ond ei brif ragoriaeth oedd dylanwad sanctaidd ei ysbryd a'i gymeriad pa le bynnai y deuai. Yn selog dros wirionedd mewn athrawiaeth a phurdeb mewn disgyblaeth, efe ymdrechodd hardd-deg ymdrech y ffydd, heb geisio ei anrhydedd ei hun, ond gogoniant Duw ac iachawdriaeth dynion. Dioddefodd gystudd trwm yn amyneddgar; a chan orffwys ei holl obaith ar groes Crist efe a orchfygodd angau, a hunodd yn yr Iesu ar yr 8fed ddydd o Fehefin, 1841, yn 68ain mlwydd oed.

Cyfyng iawn yw maen ei fedd, ond mae'r coed dyf gydag ochr y fynwent yn gysgod iddo, a cheisia y goeden ysgawen a'i blodau claerwynion wneud i fyny am lwydni y garreg sydd arno.

Un o gyfeillion pennaf John Elias oedd Richard Lloyd, Biwmares, a'i ddymuniad oedd cael ei gladdu yn ei ymyl. 'Lle cleddir di y cleddir finnau'. Yn unol a'i ddymuniad cyd hunant hyd ddydd brawd ochr yn ochr. Mae cist-faen ar fedd Richard Lloyd, a railings o'i gylch, – tebyg i fedd Charles o'r Bala.

J. M. Edwards, Llanuwchllyn

LLANFAIR MATHAFARN EITHAF

Goronwy Owen

'Gan ofyn ohonoch pa fath fywoliaeth sydd arnaf, cymrwch fy hanes fel y canlyn. Nid gwiw gennyf son am y rhan gyntaf o'm heinioes; ac yn wir, prin y tal un rhan arall i'w chrybwyll, oblegid nad yw yn cynnwys dim sydd hynod, oddigerth trwstaneiddrwydd a helbulon; a'ch bod chwithau yn gorchymyn yn bendant i mi roi i chwi ryw draws amcan o'm hanes. Tra bum a'm llaw'n rhydd (chwedl pobl Fôn), neu heb briodi, byw yr oeddwn fel gwŷr ieuainc eraill, weithiau wrth fy modd, weithiau'n anfodlon; ond ba wedd bynnag, a digon o arian i'm cyfreidiau fy hun, a pha raid ychwaneg?

Yn y flwyddyn 1745, fe'm hurddwyd yn Ddiacon, yr hyn a eilw'n pobl ni Offeiriad hanner pan; ac yna fe ddigwyddodd fod ar Esgob Bangor eisiau Ciwrad y pryd hynny yn Llanfair Mathafarn Eithaf ym Môn; a chan nad oedd yr Esgob ei hun gartref, ei gaplan ef a gytunodd a mi i fyned yno. Da iawn oedd gennyf gael y fath gyfleustra i fyned i Fôn (oblegid yn Sir Gaernarfon a Sir Ddinbych y buaswn yn bwrw y darn arall o'm hoes er yn un-ar-ddeg oed) ac yn enwedig i'r plwyf lle'm ganesid ac y'm magesid. Ac yno yr euthum, ac yno y bum dair wythnos yn fawr fy mharch a'm cariad gyda phob math o fawr i fach; a'm tad yr amser hwnnw yn fyw ac yn iach, ac yn un o'm plwyfolion. Eithr ni cheir mo'r melys heb y chwerw. Och! o'r Gyfnewid! Dyma lythyr yn dyfod oddi wrth yr Esgob (Dr Hutton) at ei gapelwr neu chaplain, yn dywedyd fod un, Mr John Ellis o Gaernarfon (*a young clergyman of a very great fortune*) wedi bod yn hir daer-grefu ac ymbil ar yr Esgob am ryw le, lle y gwelai ei Arglwyddiaeth yn orau, o fewn ei Esgobaeth ef; ac ateb yr Esgob oedd, os Mr Ellis a welai'n dda wasanaethu Llanfair yr edrychai efe am rywbeth gwell iddo ef ar fyrder. Nid oedd wiw achwyn ar y Capelwr wrth yr Esgob, nag ymryson a neb ohonynt, yn enwedig am beth mor wael, oblegid ni thalai'r Giwradiaeth ond ugain punt y flwyddyn. Gorfu arnaf fyned i Sir Ddinbych yn fy ôl, ac yno y cefais hanes Ciwradiaeth yn ymyl Croesoswallt yn Sir y Mwythig, ac yno y cyfeiriais; ac er hynny hyd y dydd heddiw ni welais ac ni throediais mo ymylon Môn, nac ychwaith un cwr arall o Gymru, onid unwaith, pan orfu i mi fyned i Lanelwy i gael urdd Offeiriad.'

(Llythyrau Goronwy Owen, 1723-1769), cyfiethiad gan John Humphreys Davies (1871-1926). Caerdydd, 1924)

Priododd Goronwy ddwy waith ar ôl croesi'r môr (collodd ei wraig gyntaf ar y fordaith allan).

Am ryw drosedd ddiniwed ddigon, gorfu arno ymddiswyddo o'r coleg (Coleg William a Mary, yn Williamsburgh, Virginia), ond penodwyd ef gan Raglaw y Dalaith i blwyf St George, yn swydd New Brunswick, ac ar fin y fforestydd. Yno y derbyniai gyflog o 18,120 pwys o dybaco, cyfartal a £70 neu £80 y flwyddyn. Felly, mewn ystyr ddaearol, yr oedd yn well ei fyd nag yn Lloegr. Yn y modd hwn y dirwynodd ein gwron mawr ei ddysg a'i drallodion, ei oes flin i ben. Gorwedd ei weddillion ar lechwedd yng nghanol coedwigoedd caeadfrig y Gorllewin Pell (ym Mhlanhigfa Old Trotter tua chwe milltir o dref Lawrenceville, Virginia).

Peth go ryfedd ydyw darllen yn ei ewyllys (ymhlith rhestr o'i feddiannau) am chwech o negroaid, yn wŷr a gwragedd, yn werth o £40 i lawr i £15 yr un yn ôl eu hoedran. Ond cofier fod caeth-wasanaeth, y pryd hynny, yn sefydliad hunan-gynefin a chyffredin, ac nad aeth i feddwl hyd yn oed y bobl fwyaf crefyddol fod ynddo ddim allan o le.'

o 'Rhamant Drist Goronwy' gan Y Parch. Dr G. Hartwell Jones, Rheithor Nutfield, Surry, Ebrill, 1931

Gadawodd Goronwy Owen ddau fab o'i drydedd wraig, sef John a Richard. Aeth John i Carolina, a Richard i Alabama, lle y bu ef farw yn 1825, gan adael wyth o blant. Yr oedd llu o or-ŵyrion Goronwy yn byw yn Alabama, Tennessee, a Missouri. Bu un o'r wyrion yn aelod o'r Cyngres, un yn ymladd dros y Gogledd yn y Rhyfel Gartref, a nifer dros y De.

Yr oedd Whyte Glendower Owen (g. 1858), meddyg, yn hen-wyr i Goronwy. Magwyd yn Louisiana. Graddiodd yng Ngholeg Centenary, La, yn 1876 yn M.A. Bu'n astudio meddygaeth cyn derbyn swydd yn

Dafarn Goch, Rhosfawr, (Brynteg), Môn

Ysbyty Charity, New Orleans. Yn 1880 enillodd radd doethor ym Mhrifysgol Tulane, Louisiana. Gwnaeth ei gartref ar ôl hynny yn White Castle, La, lle bu'n feddyg. Yn 1883 priododd â Jennie, merch Cyrnol James S. Tuttle, plannwr siwgwr o Iberville, La. Ganwyd iddynt ddau o feibion, sef James Tuttle Owen (g. 1887), a Glendower Owen (g. 1890).

Ymhlith yr arbenigwyr gwyddoniaethol yng Nghanolfan Hedfan i'r Gofod George C. Marshall (NASA), yn Huntsville, Alabama, oedd yn trefnu taith gyntaf dyn i'r lleuad yn y 1960au oedd William Norris Owen oedd yn un o'r wythfed genhedlaeth o ddisgynyddion uniongyrchol Goronwy Owen.

Yn 1991 daeth Mr a Mrs Walker Anderson, Severna Park, Maryland, un arall o ddisgynyddion Goronwy Owen, ar ymweliad â Gwynedd. Enw mam Mr Anderson oedd Elizabeth Maury, enw ei mam hi oedd Elizabeth Caroline Owen, hithau'n ferch i Franklin Lewis Owen a oedd yn ŵyr i Goronwy. Wrth deithio Bro Goronwy, Môn, gan gynnwys Eglwys Santes Mair, Llanfair Mathafarn Eithaf, lle y bu Goronwy yn gurad, cawsont gwmniaeth Miss Elizabeth Hughes, yn y tŷ y ganwyd ef sef y Dafarn Goch, hithau hefyd yn un o ddisgynyddion y bardd.

Bro Goronwy

Mae gwynlliw lleuad heno
Ar Fro Goronwy fwyn,
A minnau'n cerdded dano
Yn feddw ar ei swyn;
A rhwng y lloer a'r awel
Sy'n sisial ar y ddôl
Mae swn cerddediad tawel
Goronwy'n dod yn ôl.

Ar bonciau Bro Goronwy
A lleuad Duw yn dlws,
Mae swn y bardd yn tramwy
A'i ysbryd wrth y drws;
Erlidwyr dyddiau'r cyffro
Yn angof dan y ddôl
A'r lleuad llawn yn deffro
Goronwy'n dod yn ôl.

Mae rhai yn gweld ffaeleddau,
Mewn anwybodaeth oer,
Yn fyddar i'r cywyddau
Anfarwol dan y lloer;
Er llid yr erlidigaeth
Am ambell groesffordd ffôl
Ni rwystra phariseaeth
Goronwy'n dod yn ôl.

O win ei ganu tynnaf
Fendith y grisial iach,
Ac yn ei law cwmniaf
Wrth rodio'r lonydd bach;
Hen lwybrau Bro Goronwy
Coedwig a thawel ddôl,
Rwy'n teimlo wrth eu tramwy
Goronwy'n dod yn ôl.

Hiraethodd yn ei ddagrau
Amdani lawer gwaith,
Y lonydd bach a'r ponciau –
Gwn innau'n dda y graith,
Heno a'r lloer yn llonydd
A Duw ar dawel ddôl,
Clywaf yn siffrwd cywydd
Goronwy'n dod yn ôl.

Os af i ffwrdd a thramwy,
Hen swyn y ddinas fawr,
Ymhell o Fro Goronwy
Fel deryn rhydd y wawr;
Bydd llawer argof cynnes
Yn aros am y ddöl,
Lle teimlais dan y lleuad llawn
Goronwy'n dod yn ôl.

Anhysbys

LLANFAIR PWLLGWYNGYLL

Enwogrwydd Llanfair Pwllgwyngyll

Mae sawl hawlfraint yn perthyn i enwogrwydd y pentref hwn ond yr un amlycaf yw iddo gael tocyn platform hiraf yn y byd. Mae'n rhoi estyniad i'w enw cywir megis Llanfair Pwllgwyngyll i Llanfairpwllgwyngyllgogery-chwyrndrobwllllandysiliogogogoch. Mae eglwys y Santes Fair yn y drefgordd a gellir dyfod o hyd i eglwys Sant Tysilio mewn pant dwfn wrth droed lôn serth, ger glannau'r Fenai lle gwelir trobyllau wedi'u creu gan y llanw yn codi a disgyn dros ugain troedfedd, ond ni ellir dod o hyd i'r ogof goch bellach ac y mae'r cyll gwyn wedi ei gyfnewid gan y derw a'r llwyf.

Yn yr Hafoty, Llanfair Pwllgwyngyll y ffurfiwyd Sefydliad y Merched cyntaf ym Mhrydain ar 11 Medi, 1915, gydag aelodau Cymraeg a Saesneg, ar awgrym ymwelydd o Canada (dechreuodd Sefydliad y Merched yn y wlad honno yn 1897).

Cynllunwyd y Tollty yn Llanfair Pwllgwyngyll gan Thomas Telford, a deil o hyd i arddangos rhestr o'r prisiau oedd mewn bodolaeth yn y blynyddoedd cynnar hynny. Yr oedd hen Ffordd Caergybi o dan reolaeth Ymddiriedolaeth Tyrpeg yn hirach nac unrhyw un arall yn holl Brydain, ac ni chafodd y gatiau eu symud hyd 1 Tachwedd, 1895.

Bu Tŷ Coch ar un adeg yn gartref i Syr John Morris-Jones (1864-1929), y bardd a gramadegydd, a cyfiethydd Rubaiat of Omar Khayyam i'r Gymraeg.

Mae Colofn y Marcwis, yn uchel uwchben dyfroedd Afon Menai, wedi'i osod ar fryncyn coediog wrth ochr yr hen A5. Mae'n coffau y Marciws Môn cyntaf (1768-1854), a fu'n ymladd yn y Rhyfel Gorynysol ac yna Waterloo, o dan yr enw Arglwydd Henry William Paget, ac yn ddiweddarach Iarll Uxbridge. Ganed Paget yn Llundain, a'i addysgu yn Ysgol Westminster, ac yna Rhydychen. Etholwyd ef yn Aelod Seneddol dros fwrdeistrefi Arfon yn 1790, a bu'n cynrychioli yr etholaeth honno am gyfnodau rhwng 1790 ac 1812, pryd y dilynodd ei dad i Dŷ'r Arglwyddi fel Arglwydd Uxbridge. Roedd ei gartref ym Mhlas Newydd, Môn. Anrhydeddwyd ef â'r teitl Marciws neu Ardalydd Môn gan Sior y Pedwerydd am ei ran ar faes y frwydr y Waterloo, pryd y collodd ei goes. Ar ôl hynny bu'r bobl leol yn casglu arian tuag at godi cofeb iddo ef.

Mae'r golofn wedi'i hadeiladu o farmor Moelfre yn 1816 ond ni osodwyd cerfddelw'r Marciws, sydd yn 3.5 meter, mewn gwisg Hussar, ar ei ben hyd y flwyddyn 1860. Gellir cyrraedd copa'r golofn drwy ddringo y 115 grisiau. Mae'r arysgrifen ar waelod y gofeb yn nodi dyddiad Brwydr Waterloo fel 16 Mehefin, 1815, pryd y dylai fod yn 18 Mehefin.

O ben y tŵr gellir gweld Pont Britannia – y bont reilffordd a adeiladwyd gan Robert Stephenson rhwng 1845 ac 1850. Bu'r bont honno ar gau am ddwy flynedd o ganlyniad i dân yn 1970. Cauwyd gorsaf Llanfair Pwllgwyngyll yn 1965, ond cafodd ei hailagor yn 1973.

Tocyn platfform

Poster gan Alvin, Y Rhyl

98

Ardalydd Môn

Colofn Ardalydd Môn

99

LLANFAIR-YNG-NGHORNWY

Llosgi nyth y gigfran

Amser yn ôl, byddai aml chwarae creulon, ac arferiad barbaraidd, ym Mhrydain. Yn Llanfair-yng-nghornwy, Môn, sydd ymysg y bryniau a'r creigiau yng nghwr gogledd gorllewin yr ynys, mae yno graig fawr, sef Cader y Mynachdy, yn codi'n serth o'r môr i uchder a wna rhywun yn benysgafn wrth edrych arni.

Cigfran (Corvis corax)

Yn llochesau mynwes y graig yr oedd cannoedd, os nad miloedd, o gigfrain yn nythu (raven, Corvis corax, hyd 25 modfedd). Yr oedd yno ddiogelwch iddynt, oherwydd pwy allai fynd at y nythod? Pwy allai ddringo atynt o'r môr? Pwy allai fynd i lawr atynt o ben y graig, ac ar hyd ei dannedd?

Ond gwnaed ymdrech y gigfran i gadw eu nythod yn ddiogel, a'u rhai bach yn ddianaf, yn foddion mwyniant isel. Ar ddydd penodol, ymdyrrai lluoedd o bobl yr ardaloedd hynny at Gader y Mynachdy, i 'losgi nyth y gigfran', – hen arferiad oedd mewn bod cyn cof neb.

Carriwyd llawer o eithin a grug sych i'r lle. Yna, rhwymid sypynnau ohonynt wrth raffau. Dringai bechgyn mentrus i glogwyni'r graig. Rhoddent dân ar y sypynnau, ac yna gollyngent y tanllwyth i lawr yn araf wrth y rhaff, i ddisgyn ar gywion bach y gigfran, druan. Rhostid y pethau bach, diniwed, yn fyw.

Wedi gorffen y chwarae creulon hwn, ac anrheithio hynny o nythod fedrid ei gyrraedd, treulid gweddill y dydd i gweryla ac ymladd. Yr oedd y rhegfeydd yn arswydus, a'r dyrnodio'n greulon. Ond yr oedd yn hen arferiad, ac ni ddywedai neb air.

Ac ar y Sul y gwneid hyn oll, oherwydd y Sulgwyn oedd dydd penodedig llosgi nyth y gigfran.

Clywodd John Elias, y pregethwr, am y creulondeb barbaraidd hwn, a phenderfynodd na chai fod yn warth i Fôn mwy. Pan ddaeth un Sulgwyn, yr oedd John Elias ymysg y llu oedd wedi ymgasglu 'i losgi nyth y gigfran'. Syrthiodd mudandod ar bawb. Daeth tawelwch Sul dros y dyrfa nwyfus pan welsant John Elias yn esgyn carreg i bregethu yn eu canol. Hawdd dychmygu mai pregeth ofnadwy gafwyd. Hyn a wyddom yn dda, na fu llosgi nyth y gigfran byth mwy ar Gader y Mynachdy. A byth ers hynny cedwir y Sulgwyn yn sanctaidd yn y lle.

(*Cymru'r Plant*, Rhagfyr, 1911)

LLANFIHANGEL TRE'R BEIRDD

Morusiaid Môn

Mynn golofn, Wlad fy Nhadau, – i rymus
Wŷr o dramawr ddoniau;
Bydd i hon ffyddlon goffau
Morusiaid mwya'r oesau.

John T. Job (1867-1938)

Cofeb Morusiaid Môn, ger Bryn 'refail

Mae yn hysbys i bob Cymro, o bosibl, fod mudiad wedi ei gychwyn ymhlith y Monwysion i gael colofn goffa i'r Morusiaid enwog o Gaergybi a Phenrhosllugwy ym Môn.

Mae'r tir, safle, a deg gini wedi eu rhoddi gan Arglwydd Boston, un yn caru ein cenedl ni; a dechreuir gweithio ar fyrder ar un o fryniau Pentre-eiriannell, hen breswylfod y Morusiaid. Disgwylir y bydd y golofn yn cael ei dadorchuddio yn ystod haf eleni. Fe gostia y golofn £10 am bob troedfedd o uchter, ac erys am oesau yn un o'r cofgolofnau sydd yng Nghymru i'w harwyr.

Bu Lewis Morris (Llewelyn Ddu o Fôn; 1701-65) yr hynaf a'r mwyaf athrylithgar o'r tri mab, yn swyddog y Dollfa Frenhinol yng Nghaergybi (1729-43). Yn ystod y cyfnod, prynnodd yr argraffwasg gyntaf yng Ngogledd Cymru, ac argraffodd a'i ddwylaw ei hun y cyhoeddiad Cymreig cyntaf, sef *Tlysau yr Hen Oesoedd* (1735).

Wedi hynny dewiswyd ef gan y Llywodraeth i archwilio arfordir a glannau Cymru (1737, a 1741). Cyflawnodd hyn yn y modd mwyaf gorchestol a chywrain; ac mae yn deilwng o sylw mai charts Lewis Morris, heb i neb allu eu gwella, sydd gan ein morwyr hyd heddiw. Onid ydynt mewn dyled iddo? O Gaergybi symudodd i'r Amermaw (Aberdyfi yn ôl Y Bywgraffiadur Cymreig Hyd 1940), â phriododd (y tro cyntaf yn 1729 gyda Elizabeth Griffiths, Tŷ-wriddyn, Rhoscolyn; ac yna yn 1749 ac Anne Lloyd, aeres stad fechan Penbryn, Dyffryn Melindwr, Goginan). Yn fuan penodwyd ef dan y Llywodraeth i wasanaeth hollol wahanol, sef yn Brif Arolygydd mwngloddiau a thir. Dengys hyn ar unwaith ei fod yn rhagori mewn llawer cangen o wybodaeth. Gallai wneud telyn a'i chanu, codi melin a malu, gwneud llong a'i hwylio.

Dilynwyd Lewis yn y Dollfa yng Nghaergybi gan William ei frawd (1705-63), llythyrwr a llysieuegwr. Heblaw cyflawni ei ddyledswyddau swyddogol, casglodd gannoedd o weithiau hen feirdd Cymru, sef yn Y Delyn Ledr (a fu bron a mynd ar ddifancoll o ddwylaw diofal Goronwy Owen). Enwogodd ei hun fel naturiaethwr; casglai lysiau, cregin, a physgod. Yr oedd ei ardd ar glawdd Mynwent Cybi yn gyrchfa pawb o bwys elai drosodd i'r Iwerddon y bryd hynny. Bu am 22 mlynedd yn arwain y gân a dysgu cerddoriaeth i blant Eglwys Cybi. Hwyrnos haf gwasanaethai fel Band Tref drwy ganu ei French horn i ddifyrru y trigolion. Dosbarthodd y Beibl Cymraeg, argraffiad ei frawd Richard, ymhlith ei gyd-drefwyr ac ym Mhenros Llugwy.

Yr oedd Richard Morris (1703-79), (sylfaenydd Cymdeithas y Cymmrodorion) yn ysgrifennydd a thalwr cyflogau y Llynges Brydeinig.

David Rowlands, Ysgol y Cyngor, Caergybi, 1909

Bedd y rhieni

Ar fedd tad Morusiaid Môn, sef Morus ap Rhisiart Morys, neu Morris Pritchard (g. 1674) yn Tyddyn Melus, Llanfihangel-tre'r beirdd, ym mur Eglwys Llanfihangel-tre'r beirdd, Môn, y mae coflech a'r geiriau canlynol arni, –

Islaw'r man yma y claddwyd Morys ap Rhisiart Morys, gynt o Bentre 'riannell, 28 o Dachwedd, 1763. Ei oedran 89.

Wele fedd annedd union – llawr heddwch
Lle rhoddwyd gŵr ffyddlon;
Anrhydedd ei 'tifeddion,
A'u mawl ni dderfydd ym Môn.

Ac yna ar fedd eu mam, Marged Morus (Margaret Owen, 1671-1752), ym mur Eglwys Penrhosllugwy, ceir y geiriau canlynol:

Gerllaw y gorphwys mewn gobaith, gorph Marged Morys,
gwraig Morys ab Rhisiart Morys o Bentre-eiriannell,
yr hon a fu farw Awst 16eg, 1732. Yn 81. Hi adawodd
i gydalaru ar ei hol, ei gŵr a thri mab a merch, sef
Lewis, Rhisiart, William ag Ellin, a'u heppill.

Dedwydd o enaid ydwyt,
Llaw Duw a'm dycci lle'dd wyt.

Diddorol yw sylwi mai o farwnad dlosgain Goronwy Owen i Marged Morys y cymerwyd y ddwy linell olaf sydd ar fedd Marged Morys.

David Rowlands, 1909

Er Cof am y Morusiaid

Hiraeth am Lanfihangel

Beth yw ffenestri hunan-amlwg
Siopau Llundain, hir a heirdd,
Yn ymyl ffenast fach y Tyddyn
Yn Llanfihangel Tre'r Beirdd,
Lle mae blodau y geranium
Ar y gwydyr fel dafnau gwaed –
Pan ddaw'r hiraeth medrwn redeg
Tuag yno nerth fy nhraed.

Yr holl ffiriliau mwyth dinesig,
Eu newid wnawn am noethni'r wlad;
A chysetlyd oslef swyddog
Am dafodiaith groyw fy nhad.
Sŵn urddasol bws a modur
Fe'i newidiwn, ar fy ngair,
Am sŵn y tractor glas yn pwffian
Wrth yr helm ar ddiwrnod gwair.

Er bod y llanciau sy'n yr offis
Yn y bôn yn ddigon clen,
Ni chlosiais atynt er eu llyfnder
Fel at y llanc o Dyddyn Hen;
Pan ddaw'r hiraeth, gallwn daeru
Ei fod o yno, yno o hyd
Rhyngof fi â'r gorwel melyn
Efo'r beinder yn yr ŷd.

Beth nas rhoddwn o'm holl feddiant
Am gael un olwg ar y Llan,
A throi o'r dyrfa ddigwmniaeth
At y sawl sydd ar fy rhan.
Cuddio hiraeth llwyd fy neurudd
Ni all powdwr, paent na chwyr –
'D oes ond blodau y geranium
A ddaw a'r gwrid yn ôl yn llwyr.

Parch. Huw Llewelyn Williams, M.A. (1958)

Llanfihangel Tre'r Beirdd. Mae'n enw cywrain. Yn ôl
Angharad Llwyd daliwyd y tir yma oherwydd ei swydd yn y
llys gan fardd Tywysog yn Aberffraw, a dyna darddiad yr enw.
Hwn yw plwyf William Jones (1675-1749) hefyd, y
mathemategwr, a thad Syr William Jones (1746-1794),
Llundain. Yr wythnos diwethaf daeth arolygydd ysgolion o
Bacistan i ymweld â'r ysgol acw, a gwenodd wrth gael ei
gyflwyno i gymaint o Jonsiaid ar y staff. 'Rwyf yn gyfarwydd
iawn â'r enw', meddai; 'Syr William Jones yn ein gwlad ni yw'r
person enwocaf yn hanes iaith a chyfraith'. Synnodd pan
ddywedais wrtho ei fod y pryd hwnnw o fewn ychydig o
filltiroedd i gartref tad Syr William. Medrai'r Syr William hwn
lond eigion o ieithoedd; gwyddai'n berffaith Saesneg, Lladin,

Ffrangeg, Eidaleg, Roeg, Arabeg, Perseg, Sanscrit, a gwyddai'n o lew Sbaeneg, Portiwgaleg, Almaeneg, Rwneg, Hebraeg, Bengali, Hindi, Twrceg, Tibeteg, Pali, Phalafi, Deri, Rwsieg, Syrieg, Ethiopeg, Copteg, Swedeg, Sinaeg ac Is-Almaeneg; ond gwan iawn oedd ei Gymraeg, a chyflwynwyd ef unwaith i frenin Ffrainc fel 'gŵr a fedr bob iaith ond ei iaith ei hunan'. Y Merddyn, sef cartref William Jones y mathemategwr, yw'r tyddyn nesaf at y Fferm, lle y ganwyd William a Richard Morus (Morusiaid Môn). (*Crwydro Môn gan Bobi Jones, 1957*)

Brodor o Flaenau Ffestiniog oedd y Parch. Huw Llewelyn Williams, a bu'n gweithio fel clerc mewn chwarel yno cyn mynd i'r weinidogaeth. Cafodd ail gynnig ar addysg yn Ysgol Eben Fardd, Clynnog, ac wedyn aeth i Goleg y Brifysgol, Bangor, cyn symud i'r Coleg Diwinyddol yn Aberystwyth. Yr oedd yn perthyn i Dr Thomas Williams (1871-1942), Gwalchmai, a fu'n weinidog yn Armenia, Caergybi. Ei ofalaeth gyntaf oedd Rowen a Thy'n-y-Groes, Dyffryn Conwy, ar ôl hynny bu'n Adwy'r Clawdd, Coedpoeth. Symudodd i'r Fali, Môn, yn 1952, gan gymryd capeli Rhoscolyn, Hermon, Llanddeusant a Bodedern dan ei ofal.

Bu'n olygydd llen Eisteddfod Môn am naw mlynedd, ac yn Llywydd Cymdeithas yr Eisteddfod. Cyhoeddodd gyfrol o farddoniaeth, a dau lyfr – un ar Thomas Williams, Gwalchmai, a'r llall ar Thomas Charles Williams, Porthaethwy. Ef hefyd oedd awdur cyfrol am Gapel Cymraeg Dulyn sef 'Wrth Angor yn Nulyn'. Bu o fewn trwch blewyn i ennill Coron Eisteddfod Genedlaethol y Barri yn 1968; ond fe enillodd Gadair Eisteddfod Powys, a hefyd y Goron yn Eisteddfodau Môn a Phontrhydfendigaid.

(Cymeriadau Gogledd Cymru, o'r North Wales Chronicle gan Rodney Hughes, Kestor, Llangefni (1946-1994), 13 Rhagfyr, 1973)

LLANFWROG

Y ddau longwr

Bore oer yn Ionawr, 1884, ydoedd, a chychwynodd Betsan Parri ar ei chrwydr cynefin i gasglu broc môr. Yr oedd y llanw wedi troi bellach, a chymrodd ei thaith heibio i Drwyn Clipera i gyfeiriad Porth Delysg, Sir Fôn. Chwythai'r gwynt yn gryf o'r môr, er hynny gostegai ryw gymaint gyda thro'r llanw. Sylwodd Betsan Parri fod y môr wedi golchi'n uchel ar y traeth caregog y dyddiau hynny. Yr oedd sŵn enfawr o wymon cymysg yn drwch ar llinell y penllanw, ac olion cryn ysgytwad ar y cerrig hyd lechwedd y lan. Dechreuodd Betsi Parri hel priciau, a buan y trymhai ei llwyth. Rhaid bod y storm wedi bod yn greulon ei rhuthr y dyddiau blaenorol. Gwelid darnau o goed, lawer ohonynt wedi eu hanner claddu yn y gwymon, draw ac yma hyd y traeth. Tameidiau oeddynt hwy, yn ôl pob golwg, o ysgerbwd ryw hen long a fu'n gorwedd yn hir ar waelod y weilgi, ond wedi gorfod llacio ei gafael o dan ergydion morthwyl drycin y dyfnfor.

Rhedodd Betsan Parri a golwg gynhyrfus arni, i fuarth y Penrhyn Mawr. Stori frawychus a oedd ganddi i'w hadrodd. Yr oedd wedi cael dau

Eglwys Mwrog, Llanfair-yng-Nghornwy

*Beddrod y Ddau Longwr, ar y chwith; ac un y Parch. John Roberts,
Llanfwrog, ar y dde, awdwr yr emynau poblogaidd:* 'Pan wyf yn teimlo'n
unig lawer gwaith' *ac* 'O Tyred i'n gwaredu, Iesu Da', *ym mynwent
Eglwys Mwrog.*

gorff wedi eu golchi i fyny ar y traeth, un ar ganol Porth Delysg a'r llall ar
gwr Porth y Dryw. Yn hwyr, brynhawn yr un diwrnod, gwelwyd trol y
Penrhyn Mawr yn tramwyo o'r traeth yn cael ei dilyn gan blismon a dau neu
dri o ddynion yr ardal. Gosodwyd y cyrff i orwedd ym marwdŷ eglwys y
plwyf. Nid oedd drws yr adeilad diolwg hwnnw wedi ei agor ers tro cyn hyn.
Digwyddodd hynny pan gafwyd corff o'r blaen ar lan y môr. Dyma'r tro
cyntaf yng nghof y trigolion i ddau gorff gael eu golchi i fyny gyda'i gilydd.
Methwyd a gwneud allan pwy oedd yr un o'r ddau forwr dan sylw, er bod
rhyw stori ar led ar y pryd mai Ysbaenwyr oeddynt. Bu'r angladd ym
mynwent eglwys plwyf Llanfwrog, Sir Fôn, ar 10 Ionawr, 1884.
Gwasanaethwyd gan y rheithor ar y pryd, sef y Parch. Thomas Jones-
Williams, M.A. Ysgrifennodd yng nghoflyfr angladdau ei eglwys ar gyfer y
dyddiad hwn y geiriau hyn ddwy waith:

'*Unknown person found on shore, age unknown*'.

Mewn llecyn unig ar wahan i'r gweddill o'r beddau y claddwyd y ddau
longwr anhysbys. Rhoddwyd hwy i orffwys bron wrth fur y marwdŷ yn ymyl
gwrych y ffordd fawr.

Tua diwedd tymor haf, 1891, cynigiodd yr Esgob Lloyd fywoliaeth
Llanfaethlu a Llanfwrog i Mr R. Hughes-Williams, brodor o Lansadwrn, Sir
Fôn. Aeth yntau yno i weld y lle'n gyffredinol, yn dy ac yn eglwysi. Ar ei
ymweliad ag eglwys Llanfwrog, sylwodd fod bedd newydd yn y fynwent

gerllaw, a bu'n destun ymgom rhyngddo a'r clochydd. Arweiniodd hyn y sgwrs at fedd y ddau longwr ar gwr eithaf y fynwent. Penderfynodd Mr Williams yn y fan a'r lle, os derbyniai'r fywoliaeth honno y mynnai osod maen ar y bedd hwnnw, ac yn wir derbyn cynnig yr Esgob a wnaeth. Wedi ymsefydlu yn ei fywoliaeth newydd, cofiodd am ei benderfyniad i roi carreg ar fedd y ddau longwr anhysbys. Rhoddwyd y garreg yn ei lle tua'r flwyddyn 1893.

Bu'r rheithor yn ceisio dyfalu beth tybed a ddylied ei dorri ar y garreg fedd arbennig hon. Pwy a allai ei gynorthwyo gyda'r gwaith hwn? Cofiodd am ei gyfaill y Parch. William Lewis, a oedd ar y pryd yn berson Abergynolwyn yn Sir Feirionydd. Yr oedd wedi ei fagu ym Mhentre-berw, Sir Fôn, ac yn adnabyddus fel bardd wrth yr enw 'Gwilym Berw'. Cofiai Mr Hughes-Williams hefyd am ddiddordeb ei gyfaill yn y môr a'i helyntion. Oni fu ar un adeg yn llythyr-gludydd rhwng Pentre-berw a Niwbwrch, ac wrth gyflawni'r gwaith hwnnw onid ysgrifennodd lythyrau lawer dros rieni yn Niwbwrch i'w meibion a oedd a'u gorchwylion ar y môr? Ie'n siwr, 'Gwilym Berw' oedd yr un i'w helpu i lunio'r beddargraff. Anfonodd ato gan roi iddo'r holl fanylion ynglŷn a darganfod y cyrff ar y traeth yn Llanfwrog.

Ymroes 'Gwilym Berw' yn ddiymdroi i wneud englyn i'r amgylchiad. Gwnaeth baladr ei englyn ar ei union wedi derbyn ohono lythyr ei gyfaill, ond bu am beth amser, yn ôl yr hanes, cyn cael ei fodloni gyda'r esgyll. Fodd bynnag dyma a anfonodd i'w roi ar y garreg fedd...

YMA Y GORWEDD GWEDDILLION
Gwŷr yrrwyd i'n gororau, O yn waelion
Ar elor y tonnau;
Ior ei Hun wyr eu henwau,
Daw ryw ddydd i godi'r ddau.

'Gwilym Berw'

Gydag eithrio'r pennawd (ni thorrwyd mohono ef, am ryw reswm neu'i gilydd) fel yna y ceir y geiriau ar y garreg fedd fflat, sy'n gorwedd yn gydwastad a wyneb y fynwent yn Llanfwrog heddiw. Er y buasai 'o rywle' yn gryfach gair cyrch nag 'yn waelion' yn ôl tyb rhai, teg yw cadw'r englyn fel y daeth o law yr awdwr, ac fel y torrwyd ef ar y garreg fedd. (Deallaf fod yr englyn uchod wedi ei rhoi ar fedd dau longwr anhysbys arall hefyd, dau y golchwyd eu cyrff i'r lan yng ngodre Ceredigion tua'r flwyddyn 1925.)

Gan fy hen ffrind, Mr E. R. Williams, Penrhyn, Llanfwrog, y clywais hanes Betsan Parri a'i darganfyddiad hynod wrth gasglu broc y môr. Mewn sgwrs gyda rheithor presennol Llanfaethlu a Llanfwrog uwchben coflyfrau claddedigaethau ei blwyf y deuthum ar draws dyddiad angladd y ddau longwr anhysbys. Diolchaf yn arbennig i'r Parch. Gwilym Lewis (mab 'Gwilym Berw'), rheithor Abergwyngregyn, ger Bangor, am roddi imi ddefnyddiau i lunio stori cyfansoddi yr englyn.

Dyma'r englyn cyntaf a ddysgais erioed. Prin y gwyddwn a mi'n hogyn ysgol, fy mod yn dysgu englyn beddargraff gyda'r gorau yn yr iaith pan ddarllenwn ef drosodd a throsodd ym mynwent eglwys plwyf fy hen gartref gynt. Caraf innau grwydro heibio i greigiau Clipera a thros draethau Porth Delysg a Phorth y Dryw fel y gwnaeth Betsan Parri ers stalwm. Y mae'n rhyfedd fel y daw englyn 'Gwilym Berw' fel darn o fiwsig o bell, i'm cyffwrdd o hyd ar y crwydradau hyn.

John Roberts
(*Drysorfa*, Tachwedd, 1948)

Awdur yr erthygl 'Y Ddau Longwr' oedd y Parch. John Roberts, (1910-1984), gweinidog ymroddgar, pregethwr amlwg, ac emynwr o fri. Yr oedd y genedl yn ei adnabod fel John Roberts, Llanfwrog. Bu'n weinidog gyda'r Methodistiaid Calfinaidd ym Mhorthmadog. Enillodd Goron Môn am ei farddoniaeth. Y mae wedi ei gladdu ym mynwent Llanfwrog, gyda'i feddrod wrth ymyl 'Y Ddau Longwr'.

> *Dros y traeth mae'r llanw'n dyfod,*
> *Troedia'n hy' ar aur ei dywod;*
> *Cyn ei adael fe rydd iddo*
> *Lun ei donnau'n dawnsio arno.*
>
> *Pan fo'r gwynt yn codi'i wrychyn,*
> *Pan fo'i leisiau oll yn ddychryn,*
> *Fel yr wylan 'does gen innau*
> *Ond cysgodi rhwng y tonnau.*
> *(J.R.)*

LLANGEFNI

John Elias o Fôn

John Elias

Ymysg cewri y pulpud yn y 19eg ganrif deuai enw'r Parch John Elias i'r rheng flaenaf, a hynny ar gyfrif ei alluoedd areithyddol a'i huawdledd aruchel – gwnaeth argraff annileadwy ar ei oes. Nid oes sicrwydd am ddyddiad ei eni ef, ond gwyddom iddo gael ei fedyddio ar y 6ed o Fai, 1774, yn fab i Elias Jones a Jane Joseph o'r Crymllwyn Bach ym mhlwyf Abererch, Eifionydd. Yr oedd ei daid yn byw yn y lle hwnnw o'i flaen lle 'roedd yn dilyn ei grefft fel gwehydd.

Symudodd ei dad i Crymllwyn Bach ar ôl priodi â Jane, merch Joseph Roberts, Maesycwm, Llanaelhaearn. Cafodd John Elias y frech wen yn drwm iawn pan oedd yn saith oed, a chafwyd wythnosau o amheuon ynglŷn a'i adferiad, collodd ei synhwyrau am rhai dyddiau, a bu heb allu gweld am dros bythefnos. Bu'n wael yn hir, ac am tua pedair blynedd ar ôl hynny yn dioddef afiechyd yn aml.

Crymllwyn Bach

Yn ugain oed, ymunodd â'r Seiat yn Ynyspandy, Cwmystradllyn, Eifionydd, a dechreuodd bregethu ymhen ychydig fisoedd ar ôl hynny. Tynnodd sylw iddo'i hun ar unwaith, a daeth y wlad yn awyddus i'w glywed. Bu am dymor byr yn Ysgol y Parch. Evan Richardson yng Nghaernarfon. Ym mis Chwefror, 1799, priododd John Elias ac Elizabeth, merch hynaf Richard Broadhead, Tre'r Gof, Llanbadrig, Môn, un oedd yn cadw siop yn Llanfechell. Ganwyd iddynt bedwar o blant, bu farw y ddau ieuengaf yn fabanod. Fe'i ordeiniwyd yng Nghymanfa y Bala, yn Mehefin, 1811. Bu ei briod farw yn nechrau Ebrill, 1828, ac effeithiodd y golled honno yn ddwys ar ei feddwl, a bu'n dioddef o iselder ysbryd. Yn mis Chwefror, 1830, ail-briododd â'r Fonesig Bulkeley (Ann Williams o Aberffraw), gweddw Syr John Bulkeley, Barwnig, o Bresaddfed, Bodedern. Symudont i Fôn i fyw ger Llangefni, a byth ar ôl hynny cafodd ei adnabod fel John Elias o Fôn.

Y Fron, Llangefni

Ym Mehefin, 1832, ar ei daith mewn cerbyd a J. Davies, Fronheulog, a gŵr bonheddig arall, i'r Bala, ar Ddydd y Gymdeithasfa, lle yr oedd i bregethu am 10 y bore, cyfarfu John Elias â damwain. Aeth yr anifail yn afreolus, neidiodd yntau allan a syrthiodd ar ei ben. Cludwyd ef mewn cyflwr di-deimlad i'r Fronheulog. Daeth llawfeddyg yno ato, gan ei waedu a gweinyddu cyffuriau meddygol iddo. Cymerodd ddyddiau cyn iddo ef ddod at ei hun. Tua diwedd y flwyddyn 1840 yr oedd yn dioddef o boen yn ei droed mewn canlyniad i anwyd a gafodd, a daeth hynny a'i fywyd gwerthfawr a defnyddiol i ben. Caethiwyd ef i'w ystafell am dri mis, a bu farw 8 Mehefin, 1841, yn 67 mlwydd oed. Claddwyd yn ôl ei ddymuniad ym Mynwent Llanfaes, ger Llangoed, Môn, wrth ochr ei gyfaill, y Parch. Richard Lloyd, (1771-1834), Biwmares.

Yn 1896 achubodd tref Llangefni y blaen i adeiladu capel coffadwriaeth i'r Parch. John Elias, gerllaw Y Fron, lle y bu'n byw yn Llangefni, a lle hefyd y bu ef farw.

Dydd Gwener, 8 Mai, 1896, cynhaliwyd Gŵyl gan bobl Llangefni a'r Cylch i osod y sylfaen i'r capel newydd. Costiodd £3,500, gyda'r gost o adeiladu'r Ysgoldy a tŷ capel yn £1,000 yn ychwaneg.

Carregfedd John Elias

Ganed David Elias (1790-1856), brawd John Elias hefyd yn Crymllwyn Bach, Rhosfawr. Symudodd i Gaergybi yn 1817, ac ym Môn y sefydlodd ef am byth wedyn. Yr oedd yn briod ac Elizabeth Roose, wyres i Jonathan Roose, Mill Bank, Amlwch, ers 1819. Buont yn byw ym Mryndu, Môn, cyn symud i Bentraeth i gadw masnach lle y bu farw. Ymunodd â'r Society ym Mhentreuchaf ger Pwllheli, yn 1808, a dechreuodd bregethu yn 1815. Cafodd ei ordeinio yng Nghymdeithasfa'r Bala yn 1835. Yn ôl ei ddyddlyfr pregethodd 6,995 o weithiau. Ef oedd awdur: Yr Arfaeth Dragwyddol (1847). Fe'i claddwyd ym Mynwent Pentraeth, Môn.

Cymdeithas Amaethyddol Môn

Cynhaliwyd Cyfarfod Blynyddol Cymdeithas Amaethyddol Sir Fôn, yn Llangefni, 12fed Medi, 1837. Dangoswyd cryn rifedi o anifeiliaid &c. ar yr achlysur, er mai nid yn gwbl mor gampus ac y gwelwyd ar rhai achlysuron blaenorol, a hynny yn bennaf oherwydd bod amgylchiad galarus (gwaeledd a marwolaeth Lady Williams, o'r Friars, ger Biwmares, gweddw Syr Robert Williams a mam Syr R. B. Williams Bulkeley, Barwnig) yn nheulu Syr Richard Bulkely, wedi atal y bonheddwr hwnnw a'i ddirprwywr i fod yn y cyfarfod yn bersonol, nac i anfon eu hanifeiliaid yno ychwaith; oherwydd hynny cafodd amaethwyr mwy cyffredin gwell cyfle i ymdynnu am y dorch yn eu plith eu hunain, heblaw y bu i rhodd o £10 gael ei anfon oddi wrth Syr Richard i'w dosbarthu yn eu mysg. Arddangoswyd amryw o anifeiliaid rhagorol, yn arbennig cesig, ac ebolion; gwartheg hefyd, a rhai defaid campus; ond 'roedd y moch ddim mor orchestol. Yr oedd rhif mawr o foneddigion yr amgylchoedd wedi ymgynull ynghyd ar yr achlysur, a chawsont giniawa gyda'u gilydd yn y prynhawn, yn ysgoldy'r dref, gyda Capten Hampton, Llywydd y cyfarfod, yn y gadair.

Beirniaid yr anifeiliaid a.y.b. oedd Mr John Williams, Treffos; Mr Owen Roberts, Tŷ Mawr; a Mr David Williams, porthmon.

Rhestr o'r buddugwyr...

Mr Owen Jones, Gwredog, Amlwch, tenant Syr John Stanley, am y tyddyn mwyaf diwygiedig a threfnus, ac o ran gwrychoedd, buarthau a.y.b. £5.

Mr Robert Lewis, Tre Hwfa, Bodedern, tenant y Parch. H. Wynne Jones am hawl cyffelyb. £5.

Mr William Williams, Bodafon, tenant Syr R. Bulkeley, am ddyfrffos (*draining*) uwchlaw 10 cyfar o dir yn y dull mwyaf celfyddgar. £4.

Mr Nathaniel Atkinson, Mona, tenant W. W. Sparrow, Ysw., am blannu a meithrin yn y dull gorau, uwchlaw 80 rhwd o wrych drain gwynion. £4.

Mr Hugh Roberts, Pen-y-bol, tenant Ardalydd Môn, am blannu a meithrin yn y dull gorau, uwchlaw 60 rhwd o wrych cyffelyb. £2.

Mr N. Atkinson, Mona, am y cnwd gorau o ffacbys (*vetches*) gwanwyn. £3.

Mr Owen Jones, Gwredog, am y cnwd gorau o faip Swedaidd, uwchlaw saith gyfar. £5.

Mr Robert Lewis, Llanllibio, tenant Syr R. Bulkeley, am y cnwd gorau o faip, uwchlaw pedwar cyfar. £3.

Mr John Moulsdale, Gwyndy, tenant W. W. Sparrow, Ysw., am y tarw gorau rhwng dwy a phedair blwydd oed. £5.

Mrs Mary Pierce, Tai-hirion, tenantes i'r Arglwydd Boston, am y tarw ail orau. £2.

Mr H. E. Boggie, Trefarthin, tenant T. A. Smith, Ysw., am yr anner (*heifer*) deirblwydd orau, wedi ei magu ym Môn. £3.

Mr John Foulkes, tenant i Ardalydd Môn, am yr anner deirblwydd ail orau. £2.

Mr John Boggie, Cae Mawr, tenant Syr R. Bulkeley, am yr anner ddwyflwydd orau, wedi ei magu ym Môn. £3.

Mr Rice Roberts, Plas, Llangefni, tenant Syr R. Bulkeley, am yr anner ddwyflwydd ail orau. £2.

Mr John Foulkes, tenant i Ardalydd Môn, am yr anner flwydd orau. £3.

Mr Humphrey Owen, Rhyddgar, am yr anner flwydd ail orau. £2.

Mr Robert Lewis, Llanllibio, tenant i Syr R. Bulkeley, am y ddau eidion teirblwydd gorau, o rywogaeth Môn. £10 (anrheg gan Syr Richard).

Mr John Griffith, Clynnog, tenant i T. Peers Williams, Ysw. A.S., am y gaseg dynnu orau. £2.

Mr William Jones, Trogwy, Llangwyllog, tenant i Syr R. Bulkeley, am y gaseg dynnu, ail orau. £2.

Mr John Owen, Pen-yr-orsedd, tenant i J. H. Hampton Lewis, Ysw., am y gaseg amaethyddol orau. £4.

Mr Owen Jones, Gwredog, tenant Syr John Stanley, Barwnig, am y gaseg amaethyddol ail orau. £2.

Mr Charles Bicknel, Biwmares, tenant i Syr R. Bulkeley, am yr hwrdd hir-wlan orau. £3.

Yr un gŵr hefyd am y pum dafad hir-wlan orau. £3.

Charles H. Evans, Ysw., o'r Henblas, am y gorlanaid orau o ddefaid gwlan-byr. £3.

Yr un gŵr hefyd am yr hwrdd gwlan-byr orau. £3.

Owen Owens, bwthynwr, o plwyf Llanfaes, am ddwyn i fyny mewn arferiad o ddiwydrwydd, un ar ddeg o blant cyfreithlon, uwchlaw deg oed, heb gymorth plwyfol. £3.

William Jones, Tyn Mynydd, bwthynwr, o plwyf Llanfechell, am ddwyn i fyny yn yr un modd wyth o blant cyfreithlon, uwchlaw deg oed, heb gymorth plwyfol. £2.

John Roberts, bwthynwr, yr hwn a fu'n weithiwr fferm ffyddlon ym Melin-y-bont, Llanfaelog, am 48 o flynyddoedd. £3.

Hugh Williams, bwthynwr, gweithiwr ffarm ffyddlon yn y Cwrtiau am 41 o flynyddoedd. £2.

Jane Hughes, a wasanaethodd yn ffyddlon yn Baron Hill, Biwmares, fel llaeth-ferch, dros 22 o flynyddoedd. £2.

Jane Williams, am wasanaeth cyffelyb yn Tyddyn-serri, Llanfwrog, dros 21 o flynyddoedd. £1.

Etholwyd Thomas Williams, Ysw., Tros-yr-afon, yn Llywydd am y flwyddyn 1838, a Thomas Peers Williams, Ysw. A.S. yn Is-Lywydd.

(Y Gwladgarwr, Tachwedd, 1837)

Capel Cildwrn

I'r Wesla selog sy'n byw yn Llangefni, Ebenezer yw ei gapel ef yn Heol y Bont (cauwyd yn 2009), a chyda balchder dywed mai ef yw'r unig gapel yn y dref ac adnod uwchben ei ddrws.

I'r Annibynwr gwybodus, Ebenezer yw capel cyntaf ei enwad â godwyd yn y sir, a hynny yn Rhosmeirch, nepell o Langefni. Ym mynwent y capel mae cofgolofn William Pritchard (1702-1773), Clwchdernog (plwyf Llanddeusant), tad Annibynwyr Môn. Ar y mur, tu ôl i'w bulpud, mae plat pres yn adrodd hynt a helynt ei weinidogion a'r gyfathrach a fu rhyngddynt â John Wesley, ac Ann Griffith.

Ond i'r Bedyddiwr brwd nid oes ond un Ebenezer. Saif hwnnw ar y llaw dde ar y ffordd o'r dref i Fodffordd, a rhaid dringo Gallt Forwyllt i fynd ato.

Ei enw ar lafar gwlad, a ddisodlodd yr enw Beiblaidd yw Cildwrn, a gweddus yw'r enw anwes ar adeilad a hoffwyd gan fwy nag un genhedlaeth.

Perthyn iddo fynwent lle rhoddwyd i orwedd flaen-ffrwyth Bedyddwyr Môn. Yr olaf i gael ei gladdu ynddi oedd Mr John Roberts, neu Johnny Vaults

Capel Cildwrn

fel y galwem ef. Dymunodd am gael ei gladdu gyda'i fam, a gofalodd y Parch. William Jenkins am wneud hynny pan fu farw Mr Roberts ym Mai, 1949.

Nid oes heddiw (1975) wasanaethau yng Nghildwrn. Erys seddau'r oriel a'r llawr ym mud ddisgwyl yr hen wrandawyr. Gwag yw'r pulpud. Gwag yw'r ffynnon. Gwag yw'r Tŷ Capel, lle y bu Mr a Mrs L. H. Jones am dros bum mlynedd a thrigain yn aml eu croeso. Ond deil ymwelwyr i gyrchu'r fan, ac un o'r rhai olaf oedd y Parch. Ian Paisley o Ogledd yr Iwerddon.

Cildwrn yw mam eglwys Bedyddwyr Môn, a chorffolwyd hi yn 1799. Yn yr un flwyddyn, yn afon Cefni, bedyddiwyd Robert Williams, Cae Garw, Rhostrehwfa, a oedd yn wrandawr yn Rhosmeirch ac Eglwys y Plwyf, a'i gyfaill, William Edwards (gan y Parch. David Evans, 1740-90, Dolau, Maesyfed). Bu'r Cefni yn ffynnon lawer tro wedi hynny.

Yng Nghae Garw (cartref Robert Williams) y cynhaliwyd yr achos Bedyddiedig gyntaf, ac wedi iddo symud i Cildwrn (bwthyn to gwellt), cafodd yr achos gartref newydd sef yn y tŷ hwnnw, rhwng Llangefni a Rhostrehwfa. Claddwyd Robert ac Eleanor Williams ym mynwent Cildwrn.

Codwyd y tŷ cwrdd cyntaf yn 1782 (yn 1781 yn ôl 'Capeli Cymru' gan Penri Jones, 1980), yr ail yn 1815, a'r trydydd yn 1846, a bu Cildwrn yn gyrchfan Bedyddwyr Môn trwy'r blynyddoedd hyn.

'Adnewyddwyd ef yn llwyr yn 1841 gan osod galeri ynddo ac yn y blynyddoedd 1846-49 adnewyddwyd ef drachefn. Codwyd nenfwd y capel fel bod lle i ymestyn ar y llofft a gorchuddiwyd y trawstiau. Ail drefnwyd y seddau hefyd. Dyna ffurf bresennol y capel. Saif ar gyrion y dref (Llangefni) a hawdd ei adnabod oddi wrth y fynwent sydd o'i flaen. Mae iddo gynllun nodweddiadol o gapeli'r ddeunawfed ganrif gyda dau ddrws yn y mur lletaf. Rhwng y drysau mae'r ffenestri gyda'r pulpud a'i gefn at y ffenestri. Mae'n gapel eitha sgwar yn mesur 30' wrth 33'. Mae'r llofft yn cylchynu tair ochr ac mae'n gapel o faintioli gweddol. Y peth mwyaf trawiadol ynddo yw'r pulpud uchel sydd a dwy goes lydan yn ei ddal i fyny...'

Capeli Cymru gan Penri Jones, 1980

Yn 1942 daeth Cildwrn yn eiddo rhydd ddaliadol Cymanfa Bedyddwyr Môn, ac yn ebrwydd aed ati i'w dwtio a'i lanhau, ac ymatebodd holl Fedyddwyr Cymru yn hael i bob apel a wnaed i gyflawn'r gwaith.

Sul tyngedfennol oedd Sul, 23 Medi, 1894, yn hanes Cildwrn. Tan law y gweinidog, y Parch. T. Frimston ('Tudur Clwyd', 1854-1930), gweinidog Llangefni (1879-82) a thrachen (1893-1904), rhoddwyd cyfle i'r holl aelodau bleidleisio a oeddynt am ail-adeiladu Cildwrn neu am godi capel

Plant Ysgol Sul Cildwrn, Llangefni, gan Mr T. H. Hughes, Llangefni, rhywbryd tua 1908

newydd i lawr yn y dref. Cafwyd mwyafrif llethol dros adeiladu yn y dref, ac yna bleidlais unfrydol tros wneud hynny. Llwyddwyd i gael hanner erw o dir am £150 gan Syr Richard Bulkeley a chodwyd Capel Coffadwriaethol y Parch. Christmas Evans mewn man manteisiol a elwid Y Gerddi, a galwyd y cysegr newydd yn Penuel...

Megis y mae enw'r Parch. John Elias (1774-1841) wedi'i glymu'n annatod a hen Gapel Dinas, Llangefni, felly hefyd y mae enw'r Parch. Christmas Evans (1766-1838) ynghlwm wrth Gildwrn. Od, yn wir, oedd i'r ddau fyw yr un pryd yn yr un dref. Gallai John Elias weld Capel Dinas, tros afon Cefni, o'i lawnt o flaen y Fron, ei drigfan. Ond nid oedd raid i Christmas Evans symud dwy lath o'i gegin nad oedd yn ei gapel.

Diaddurn ac isel ei tho oedd y gegin a'i croesawodd ddydd Nadolig, 1791, ar 'ddiwrnod garw dros ben o rew ac eira' wedi marchogaeth o Lŷn a Chatrin ei wraig wrth ei sgil. Diaddurn y capel y daeth yn drydydd gweinidog iddo. Serch hynny, arhosodd y seraff bregethwr unllygeidiog, na wyddai air ar lyfr yn ddeunaw oed, yma hyd 1826. Y flwyddyn honno, ymadawodd am Gaerffili, a hebryngwyd ef mewn dagrau gan daid Mr Owen Williams y Crydd (a adwaenwn yn dda) hyd at Foel y Don.

Ni allaf lai nag edmygu Christmas Evans. Nid oedd iddo'r ddawn o drefnu fel Wesley wrth godi achosion newydd, ond parod ydoedd i deithio Cymru ben baladr i gasglu £1,800 tuag at ddyledion capeli, a hynny ar gyflog blynyddol o £17, a chyhoeddi a gwerthu ugain o lyfrau chwe cheiniog yn help at fyw. Iddo ef, Cildwrn oedd y dderwen braff a ledodd ei

Christmas Evans gan William Roos. Amgueddfa Cenedlaethol Cymru

changhennau tros Fôn. Mentrodd brigyn neu ddau tros Fenai, a rhaid oedd i Esgob Môn ofalu am dwf y mes wedi iddynt ddisgyn ar dir da. Tyfodd y mes, yn eu tro, yn dderi, ac yna anghofio'r garddwr fu'n eu dyfrhau. Bu hyn yn loes a gofid iddo... Frank Grundy, Llangefni.
(Cylchgrawn Sir MÔN, Gaeaf, 1975)

* Ers yr 1980au y mae Cildwrn yn cael ei hadnabod fel Eglwys Efengylaidd Gymraeg Llangefni a'r Cylch, ac mae'n adeilad rhestredig Gradd 2 gan CADW.

LLANGOED

Richard Bulkeley

Un a fu'n dilyn yr Ysgol Sul yng Nghapel Tŷ Rhys, Llangoed, oedd y diweddar Mr Richard Bulkeley. Dechreuodd fynychu pan oedd yn bedair mlwydd oed, ac yr oedd yn dal i fynychu pan oedd yn 88 mlwydd oed, yn 1910. Er bod ganddo ef ffordd o'i gartref Neuadd Gam i'w gapel, byddai'n bresennol yn y cyfarfod gweddi, a'r seiat, yn ogystal a'r Ysgol Sul. Bu'n athro yn yr ysgol am o leiaf 68 o flynyddoedd. Yr oedd ei daid, sef Richard Bulkeley, Hendy*, yn un o flaenoriaid cyntaf eglwys Llangoed. Yr oedd yn perthyn i'r Arglwydd Bulkeley, Baron Hill, Biwmares, ac oherwydd hynny cafodd ffarm ganddo am hanner coron o rent y flwyddyn. 'Roedd Richard Bulkeley sydd a'i lun isod, yn un o'r brodyr â benodwyd gan ei eglwys i arolygu Ysgoldy Llanfihangel, un o dair ysgoldai oedd yn perthyn i'r capel, â godwyd yn 1887.

(* Tyddyn ar dir Fargen Wen.)

'Roedd Richard Bulkeley yn fab i Thomas Bulkeley, Hafotty. Arferai yr Hybarch Richard Lloyd, Beaumaris, ei anfon i wastadau anghydwelediad mewn Eglwysi. Un tro anfonwyd ef i eglwys lle'r oedd anghydwelediad ym mysg y chwiorydd. Wedi clywed y ddwy ochr dywedodd yr hen flaenor, "Mae yn Llanfihangel acw anifeiliaid yn meddu ar gyrn hirion a chorff bychan bach a'r rheswm am hyn yw eu bod yn pori ar dir gwael, y peth goreu maent yn medru ydyw cornio ei gilydd. Fel chwithau, mae yn amlwg bod eich cyrn yn hynod o

Mr Richard Bulkeley

hirion, mae yn amlwg eich bod yn pori ar dir gwael. Pe byddech yn pori mwy ym meysydd y Gair Sanctaidd fe fyddai eich cyrn yn llawer byrach a llawer gwell gwedd ar eich ysbryd".'

(Rhan o lythyr a ysgrifennodd David G. Hughes, Ty'n Giat at

Ysgoldy Llanfihangel M.C., Llangoed

Hugh Williams, Bwlch, Llanddona, dyddiedig 8 Mai, 1926)

Dengys llun Richard Bulkeley ef yn gwisgo ei Fedal Gee â enillodd am ei ffyddlondeb i'r Ysgol Sul.

Enillodd brawd arall o'r un ysgol y fedal, sef Mr Richard Williams, Penhwnllys Uchaf, am ei wasanaeth yntau o tua 80 mlynedd. Bu fyw dros ei 90 oed, ac yr oedd yntau'n hanu o hen deulu Plas Penhwnllys, sef llys pennaf i drafod achosion cyfreithiol Tywysogion Aberffraw, yng nghwmwd Tindaethwy, Môn.

LLANGRISTIOLUS

Plwyfi Cymru
IX Llangristiolus

Gorwedd y plwyf hwn ym Môn, ei ben gogleddol yn ymgyrraedd o fewn oddeutu chwarter milltir i'r pentref adnabyddus a elwir Llangefni, pen tref marchnad Môn, lle y cyrcha trigolion y plwyf bob wythnos ar ddydd Iau gyda ffrwyth cynnyrch eu tir a'r fuches.

Mae y plwyf oddeutu pum milltir o hyd, wrth o ddwy i dair o led, a'r arwynebedd oddeutu 6,000 o erwau, a'i boblogaeth yn amrywio o ddwy fil i ddwy fil a hanner.

Mae Llangristiolus yn cael ei derfynu ar y dde gan blwyf Trefdraeth, ar y gorllewin gan blwyf Cerrig Ceinwen, ar y dwyrain gan yr afon Cefni, ac ar y gogledd gan blwyf Llangefni. Wrth gwrs, amaethyddiaeth yw yr hyn y telir mwyaf o sylw iddo gan y trigolion. Mae safle ddaearyddol y lle yn fanteisiol iawn i hynny, gan fod y rhan fwyaf o'r tir yn sefyll ar lethr bryn, megis yn llygad haul cyntaf y boreu. Mae ei waelodion yn cael ei wneud i fyny o'r Morfa, a Chors Ddygan, a'r afon Cefni yn rhedeg trwy ei ganol i Falltraeth. Y mae y morfa hwn yn bur fanteisiol at dyfu ydau a thatws.

Cawn yn y Morfa aml i hen domen o garreg glai, yr hyn a ddengys yn glir fod y gwaith glo wedi bod yn enwog yma yn yr amser a aeth heibio, ond yn awr y mae yr oll wedi sefyll, a'r glowyr oll wedi dod i fyny o'r pwll. Gwelir yn y rhan ogleddol o'r plwyf, ar gyfer Llangefni, y calch yn cael ei godi a'i drin, ond nid oes rhyw olwg lewyrchus arno yntau; ac yr wyf bron yn sicr pe bawn yn dweud hanes Llangristiolus ymhen dwy flynedd neu dair, y buasai gorfod i mi ddweud yr un peth amdano ag a ddywedais am y gwaith glo. Ond peidier meddwl mai i lawr y mae pob galwedigaeth yn mynd yma; na mae ein hamaethyddiaeth yn gystal ag amaethyddiaeth un ardal yng Nghymru, mae yma dir y gellid ei gymharu a Dyffryn Clwyd yng Nghymru, ac a dyffryn y Tafwys yn Lloegr. Mae yn wir, os yw y plwyf yn gorwedd ar lethr bryn megis, y gall fod yn lle sych; ond y mae sôn am y fath beth a 'bryn tra ffrwythlon'. Ac felly y gallwn ddweud am hwn, er y cawn aml i erw o'r 'Rhos Garegog'. Mae y Morfa yn hynod ffafriol at dyfu ŷd, ond, fel mewn llawer lle, mae y tywydd gwlyb eleni wedi effeithio yn ddirfawr ar y cnydau

Capel Horeb M.C., Llangristiolus

toreithiog oedd ynddo. Efallai fod aml i ffermwr, wrth weled y cnwd ardderchog oedd yn ei gae ŷd, wedi gwneud fel y gwnaeth y gŵr hwnnw gynt, sef 'tynnu i lawr ei hen ysguboriau, ac wedi adeiladu rhai mwy'. Ond och, wele yr ŷd yn pydru ar y maes. Rhai o brif ffermydd y plwyf yw Lledwigan, Nant Newydd, Llanfawr, a Bryn y Gors, – rhai yn terfynu ar eu gilydd, ac yn amrywio mewn maintioli o 200 i 600 o erwau. Os wyf yn cofio yn iawn, yn Lledwigan y bu'r Morus Llwyd hwnw yn ymladd a deg ar hugain o'r Gwyddelod, ac y lladdodd gyda'i ffust ddyrnu yn unig naw ar hugain o'r deg ar hugain.

Barn y rhai sydd yn deall yw, mai Llanfawr yw y fferm oreu yn yr holl blwyf. Mae eglwys Llangristiolus yn gorwedd ar dir y fferm hon, ac o fewn hanner canllath i'r tŷ. Gellir dweud wrth fynd heibio, mai eiddo Syr R. Williams-Bulkeley, Barwnig, Biwmares yw y pedair fferm hyn, – meistr tir rhagorol.

Mae yn ddrwg gennyf nas gallaf roddi fawr o hanes gwŷr mawr y plwyf hwn; yr achos o hynny yw, am na fu, ac nad oes yma, ond ychydig iawn ohonynt. Y mae i'r plwyf, fel plwyfi eraill, ei yswain, – un wedi gweld brwydrau poethlyd y Crimea. Mae yn debyg mai teulu yr Henblas hwn yw y rhai enwocaf fu yn y plwyf erioed, ond y maent yn mynd yn rhy bell yn ôl i mi eu olrhain. Canfyddir yn awr olion tra hynafol o amgylch ac yn y plas;

heb fod nepell oddi wrth y tŷ ceir tair o gerrig mawrion anferth a elwir gan y trigolion bob amser yn gromlechau...

Dylwn ddweud hefyd am lawer o draddodiadau sydd yn bod ymhlith y trigolion, sydd wedi disgyn i lawr o dad hyd fab am oesau. Mae yma hen ogofeydd a adwaenir wrth yr enw Cefn Cwmwd, Trefeilir, Tŷ Calch, a.y.b. Sonnie hefyd am ryw gerddor tanddaearol sydd yn trigiannu yn yr ogofeydd hyn.

Mae yr enw Llangristiolus, fe ddywedir, wedi ei roddi ar y plwyf oddi wrth ryw hen sant Cymreig, o'r enw Cristiolus; ac iddo ef y mae eglwys y plwyf wedi ei chysegru.

Mae y golygfeydd a welir o rai mannau yn y plwyf yn bur darawiadol. Cawn, wrth edrych i'r gorllewin, Fynydd Twr yng Nghaergybi a'r môr fel yn ei amgylchu, a gwelir y llongau buan sydd yn tramwyo rhwng New York a Lerpwl hefyd yn y cyfeiriad yma yn mynd a dod ar y cefnfor. Edrycher i'r gogledd a gwelir Mynydd y Llwydiarth, a bron o'r golwg y tu ôl iddo gwelir Mynydd Parys, hynod am ei gopr. Taflwn ein golygon i'r dwyrain, a gwelwn fynyddoedd Eryri, o'r Penmaen Mawr i'r Eifl, a'r Wyddfa fel brenhines yn eu canol. Gwelir hefyd, pan yn glir, dref Caernarfon a'i hen gastell hynafol. Gwelir y Fenai ar adegau yn ymgodi rhwng Môn ac Arfon, a'i dyfroedd yn disgleirio fel arian.

Nis gallaf gofio am ychwaneg; ond efallai eich bod wedi eich synnu fy ngweld wedi ysgrifennu am le mor hynod o ddinod.

Samuel Roberts
(*Cymru'r Plant*, Tachwedd, 1893)

Llangristiolus

Ysgrifennwyd y dôn 29 Awst, 1869, ac ymddangosodd gyntaf yn Ychwanegiad 1870 i Lyfr Tonau Cynulleidfaol (Ieuan Gwyllt). Yn ôl tudalen 81 o'i gofiant, gan E. Keri Evans, daeth yr alaw i fod pan oedd ei hawdur, y Dr Joseph Parry, mewn gardd yn Llangristiolus, Môn. Prin bod llannerch yng Nghymru nad ysgrifennodd Parry dôn ynddi! Dywedir yr arferai ag ysgrifennu tôn bob Sul, onid yn wir yn amlach na hynny, a barnu oddi wrth y dyddiadau a argraffwyd ar gyfer ei gynhyrchion. Ei bennaf ymffrost oedd bod ei gynhyrchion cysegredig yn fwy niferus na'r eiddo'r Sais, J.B. Dykes!

Huw Williams: *Tônau a'u Hawduron*, 1967

372 LLANGRISTIOLUS. (88.88.D.)

Lah G. Doh B♭.

JOSEPH PARRY, 1841–1903.

666   *Cofio Angau'r Groes*

O ! RUKAF Orfoledd pob oes,
  Dy angau yw bywyd ein cân :
Wrth gofio am aberth y Groes
  Enynnodd ein calon yn dân.
Mae'n hênaid, yn llawnder y wledd,
  Yn gorffwys mewn hedd arnat Ti ;
O ! Geidwad, pan welwn dy wedd
  Daw llesmair o wynfyd i ni.

Dy gariad angerddol at fyd,
  A'th ddug Di i Galfari fryn,
Dry'n fywyd eneidiau o hyd,
  Dry'n aberth drwy'r oesoedd fel hyn.
Cael ynom dy fywyd dy Hun
  Yn angau, ein Brenin, fo'n braint ;
Trwy farw o gariad at ddyn,
  Cei fyw mewn myrddiynau o saint.

GWILI

667   *Hiraeth am y Nef*

WRTH gofio'r Jeriwsalem fry,
  Y ddinas, preswylfa fy Nuw,
Y saint a'r angylion y sy
  Yn canu caniadau bob rhyw :
Yn honno mae 'nhrysor i gyd,
  Cyfeillion a brodyr o'r bron,
Hiraetha fy nghalon o hyd
  Am fyned yn fuan i hon.

Er gofid a blinder o hyd,
  A rhwystrau bob munud o'r awr,
Gelynion echryslon i gyd
  Sy'n curo fy ysbryd i lawr ;
Fy enaid lluddedig a ddaw
  Drwy stormydd, drwy donnau, drwy dân.
Er gwaethaf pob dychryn a braw,
  I'w gartref tragwyddol yn lân.

W.W.

[318]

Llyfr Emynau a Tônau y Methodistiaid Calfinaidd a Wesleaidd (1929)

127

LLANNERCH-Y-MEDD

Molawd Môn

Os oes paradwys yn y byd,
A gwir ddedwyddyd ynddi,
Mae'n rhaid mai Môn, o bob rhyw lan,
Yw cyntaf fan gaf enwi
Sy'n para'n lle o fwyniant llon
I ddynion am ddaioni.

Pan fyddai prinder gynt mewn gwlad,
Pob galwad yno'n gwaelu,
Ni fyddai raid ond troi i Fôn
Yn union rhag newynu;
Pa ryfedd oedd mewn boreu son
Ei galw'n 'Fôn Fam Cymru'?

Yr awen chwery ar bob bryn,
A'r delyn, drwy'i hardaloedd,
O glod i'w chyfoeth sy'n parhau,
Ei chnydau, a'i marchnadoedd;
Mor ddiogel ydyw'r fan i fyw,
Ei muriau yw y moroedd!

Mae'i thir yn cynyrch ŷd yn faeth
Na bu'r fath doraeth dirion;
Pa le mae praidd mewn corlan gaid
Yn ail i'w defaid dofion?
A phle ceir da o gymaint pris
A'i dewis wartheg duon?

Y mae haelioni yn y sir,
A ddorir yn ddiareb,
Dwg fara a chaws, neu fir a chig
I'w gynnig i bob gwyneb,
Fel na bydd angen neb yn hir
Ar randir ei thiriondeb.

Pa le caiff y diethr ar ei dro,
Byth weld fath groeso tirion?
P'le caiff y gwan, heb ffrind na châr,
Mor gynnar wrando'i gwynion,
Neu forwr, dafler ar y traeth,
Ymgeledd maeth i'w galon?

Pa le ceir gweithwyr gwell ar ddôl,
Na'i gwrol, ddoniol ddynion?
Pa le ceir tecach merched, braidd,
Na'i rhiain gwylaidd galon? –
Anrhydedd roddir i barhau
Ar raddau'r hen Dderwyddon.

Dyrchafu clod ei wlad ei hun
Wna pob rhyw ddyn a'i ddoniau;
Ar fesur llon, â cherddi'n hir
Y tuwnir gyda'r tannau;
Ond pe ba'i pawb yn tewi a son,
Am Fon y canaf innau.

Ar ol ymweld â phob bro,
'Rwy'n blino heb lawenydd;
Hiraetha 'nghalon am fy ngwlad,
O gariad i'w magwyrydd;
Rhowch imi 'nghlog, – i Fôn yr âf,
Nid oedaf, am le dedwydd.

Gwalchmai

*(Enwogion Môn; Henafol a Diweddar, Mewn Cofnodau Hanesol
gan Richard Parry, Gwalchmai, 1877)*

*Gweinidog gyda'r Annibynwyr oedd y Parch. Richard Parry,
('Gwalchmai') (1803-1897). Ganed ef yn Llannerch-y-medd, Môn. Yr
oedd yn perthyn o ochr ei dad i Gweirydd ap Rhys Goch, pennaeth ar
Gwmwd Talybolion, Môn, oedd yn
byw tua'r ddeuddegfed ganrif; a'i fam
o linach Hwfa ap Cynddelw,
arglwydd Llys Llifon, Môn. Roedd
'Gwalchmai' yn un o ddeuddeg o
blant. Cyn ei fod yn ddeuddeg oed
prentisiwyd ef yn gyfrwywr
(saddler). Cychwynodd ei yrfa
grefyddol gyda'r Methodistiaid ond
troes at yr Annibynwyr yn
ddiweddarach, ac yn fuan wedyn
dechreuodd bregethu. Yn 1836
cafodd ei ordeinio yn weinidog ym
Mryngwran. Wedi hynny bu'n
gweinidogaethu yng Nghonwy (1838-
48), Llanymddyfri (1848-50),
Ffestiniog (1850-54), ac yna
Llandudno (1854-81), lle y treuliodd
ddeugain mlynedd ei oes.*

Roedd yn ŵr talentog, yn   Gwalchmai pan yn 90 mlwydd oed

bregethwr grymus, yn fardd o chwaeth uchel, yn hynafiaethydd ymchwilgar, yn feirniad craff, yn llenor ysgolheigaidd. Enillodd o leiaf saith o gadeiriau, 16 o dlysau arian, 2 dlws aur, a nifer o wobrwyon mewn arian. Bu'n eisteddfodwr brwd am 60 o flynyddoedd a chyfrannodd erthyglau i'r Gwyddoniadur, a Cymru (Owen Jones, 1875) a thros fil o erthyglau i gylchgronau Cymraeg a Saesneg gwahanol. Ef oedd golygydd Y Dysgedydd, cylchgrawn yr Annibynwyr o 1853 i 1864. Bu farw 7 Chwefror, 1897, a'i gladdu ym Mynwent Llanrhos, ger Llandudno.

Bedd Gwalchmai yn Llandudno

Telynores Menai

Telynores Menai

Hyd yn oed yn Llanerch-y-medd – Athen Môn – ni chododd trymach a chyfoethocach cnwd o lenorion a beirdd nag o dŷ a thylwyth y diweddar Mr John Hughes ('Ieuan Alaw', 1808-93), a Mrs Mary Hughes ('Mair Alaw', 1813-94), ei wraig. Hogia'r stamp office oedd 'Tregerin' (William Hughes, 1845-1879), 'Carwad' (John Hughes, 1836-80), 'Tubal' (George Hughes,

1850-91), 'Cynfarwy' (Owen Hughes, 1839-65) – bechgyn ardderchog; a dyma eto James E. Hughes (1852-1908), bachgen boddlon, braf, cyfarwydd, a galluog, ac hefyd Thomas Hughes, yn aros i gadw atgof byw am y staff cyflawn, am y tyaid talentog, fel yr oeddynt ugain mlynedd yn ôl. Bardd go wael, mi gredaf, yw yr olaf, sef tad 'Telynores Menai' (Mrs S. Adams, Warwick); ond gwnaeth natur gerddor da ohono, ond cerddor braidd yn ddiog. Eto,

> Mewn pur gerddoriaeth chwyddawl gref,
> Dyrchefir ei ysbrydoedd ef,
> Nes teimla bron wrth byrth y nef.

Dylanwad hyn, ynghyd a chariad angerddol at yr hen offeryn cenedlaethol, a'i cymhellodd, mae'n ddiamau, i ddechrau tywys ei ferch fach i faes mor gydnaws a'i hanianawd hi ac yntau; yn yr hwn hefyd, erbyn hyn, y gwna hi farc mor amlwg.

Y lle cyntaf y cawn ei hanes yn cymryd rhan gyhoeddus ydyw yn Eisteddfod Pentraeth, yn Mawrth, 1889, a hi namyn 12 oed. Bu y gymeradwyaeth gafodd yno yn foddion i ledaenu ei henw a'i chlod, fel, erbyn Gorffennaf yr un flwyddyn, gwelwn ei bod yn gwasanaethu yng Nghyngherddau Riviers, ym Mhafilion Pier Llandudno. Dyma ddywed y *Liverpool Mercury* ar y pryd amdani yno:

'*Amongst the artistes at the Welsh Festival was Miss Hughes of Menai Bridge, a promising harpist of some dozen summers, whose playing evoked much approval from the crowded audience'*. Rhywbeth yn debyg oedd barn y Genedl, pan ddywedai fod 'y babell enfawr wedi ei gorlenwi'; bernir nad oedd dim llai na 5,000 yn bresennol. Er mor rhagorol y gwnaeth y lleill eu rhan, rhaid addef fod Telynores Menai, yr enethig o Borthaethwy, wedi tynnu mwy o sylw ac edmygedd na neb arall. Sicr yw fod dyfodol disglair i'r eneth dalentog hon.'

Cymerwyd mantais ar ei llwyddiant, a chyflwynwyd hi i'r cyngerddau hyn eilwaith a thrachefn. Ym Mangor, yn Awst, ar gyhoeddiad yr Eisteddfod Genedlaethol, hi oedd Telynores yr Orsedd, ac ar gynhaliad yr eisteddfod honno y flwyddyn dilynol (1890), dewiswyd hi yn Delynores yr Eisteddfod. Yn yr Eisteddfod Frenhinol Genedlaethol hon, yr oedd y llenores a'r farddones Frenhines dalentog, Carmen Sylva, o Roumania. Gwnaeth hithau gryn sylw o'r Delynores fach. Fel hyn y cofnodai y *Liverpool Courier* am yr amgylchiad: '*A very young lady, dressed in Welsh costume... made her appearance on the platform, and was introduced to the Queen who took a special delight in her brilliant performance upon the National instrument, and expressed herself highly pleased with the talent displayed by this wonderful phenomenon in the musical world.*' Hoff offeryn y Frenhines yw y delyn, ac y mae yn feistres drylwyr ar ei chyfrinion, yr hyn rydd bris arbennig ar y sylw a wnaeth. Agoriad oedd hyn i Telynores Menai i ffafr yr hil brenhinol, oblegid ar ymweliad Tywysog a Thywysoges Cymru ag Eisteddfod Caernarfon, yn 1894, cafodd yr anrhydedd o'u diddanu hwythau; ac yng Nghastell Penrhyn, yr un dyddiau, galwyd amdani i chwarae drachefn o flaen y naill a'r llall o'r urddasolion hyn, ynghyd ag eraill o'r had brenhinol. Yn y flwyddyn hon, tra'i henwi'n amlhau a'i chlod yn ymddyrchafu, symudodd i'r Royal College of Music, a'r flwyddyn ddilynol enillodd yr Erard Harp Scholarship gwerth £120 yn y Coleg Brenhinol. Gan mai dyma'r ysgoloriaeth gyntaf yn y Coleg hwn ynglyn a'r delyn, purion peth oedd iddi gael ei chipio gan Delynores Gymreig. Y flwyddyn ddilynol enillodd y Bronze Medal, a'r flwyddyn ddiweddaf oll enillodd y Silver Medal yn yr un coleg. Gweddus crybwyll, mai un o'r rhai cyntaf i ddarganfod a phrisio y dalent hon oedd yr hybarch dad o Cadnant, Mr John Morgan. Urddodd hi yn gynnar gyda'r ffugenw 'Telynores Menai'.

Edmygydd
Y Gymraes, Mehefin, 1898

LLANRHUDDLAD

Y Goleudy

Goleudy Ynys Lawd, Caergybi

Mae'r nos yn drom, a'r gwynt yn gryf,
A rhuo'n groch mae'r môr yn hyf,
A'r tonnau'n hedeg megys plyf,
i'r glanau gan ewynu;
Mae traethell fawr beryglus draw,
A chraig ysgythrog sydd gerllaw,
Ac arnynt y teyrnasa braw,
A'i wyneb fel y fagddu:
Ond edrych ar y noswaith ddu,
Y storm, a'i dwfn angeuol ru,
A gwyneb siriol, dysglaer, cu,
A llawen, mae'r Goleudy.

Mae llongau ar y tonnau draw,
Yn crynu fel mewn ingawl fraw,
A'r nos a'r storm sydd llaw yn llaw
Yn paratoi i'w llyngcu:
Mae'r porthladd oll yn llaw y nos,
Fel ddeilen grin yng ngwaelod ffos,
Ac angau'n nghlust y storm dd'wed,
                                    'dos',
Cawn heno gyd-orchfygu;
Ond rhwygo y tywyllwch cudd,
A chreu tanbeidiol siriol ddydd,
Yn ngheudod dwfr y noson brudd,
A'i wên, y mae'r Goleudy.

Pob traethell ddofn, pob craig sydd draw,
A'r holl beryglon ar bob llaw,
Fel bryniau'r byd i'r golwg ddaw,
O fynwes hyll y fagddu:
Y ffordd i'r porthladd geir yn glir,
Heb ofni'r gwynt, y môr, na'r tir,
I'r lan, i'r lan, i'r lan cyn hir,
Daw'r morwyr oll dan ganu.
Angori gânt y noswaith hon,
Heb ofnau i gyffroi eu bron
O dan belydrau gwyneb llon
A dysglaer y Goleudy.

Rhyw borthladd cul peryglus yw
Y byd yr ydym ynddo'n byw;
Peryglon mawrion o bob rhyw
Sydd yn ein hamgylchynu.
Mae traethell fawr temtasiwn draw,
A chreigiau pechod ar bob llaw,
A nos o d'wllwch megys braw
Sydd drostynt yn teyrnasu;
Ond Iawn y groes er hyn i gyd,
Sydd yn pelydru ar ein byd,
Mab Duw a'i ddwyfol angeu drud,
Efe yw ein Goleudy.

O dan belydrau'r dwyfol Iawn,
Ein ffordd yn glir trwy'r porthladd gawn,
Angori yn y nef a wnawn;
Wrth edrych ar yr Iesu:
Ei fywyd pur a'i eiriau ef,
Ei aberth a'i eiriolaeth gref,
Ei fywyd trosom yn y nef,
A wnaiff ein llwyr waredu:
Er fod y nos yn ddofn a phrudd,
Mae'r Iesu'n gwneud y nos yn ddydd,
Edrychwn arno ef trwy ffydd,
Efe yw ein Goleudy.

Caergybi

Buddug
Golud yr Oes, Gorffennaf, 1863

Ganed Catherine Pritchard ('Buddug') (1842-1909), yn Cae Crin Llanrhuddlad, Môn, yn ferch i Robert John Pryse (1807-1889), sef 'Gweirydd ap Rhys', y llenor galluog, a Grace (Williams) Pryse, gynt o Ynys y Gwyddyl, Llanfflewyn, Môn; ac yn chwaer i John Robert Pryse ('Golyddan') (1841-1863). Yn 1863 priododd ac Owen Pritchard ('Cybi

Felyn'), Bodawen, Caergybi, bardd, cerddor ac arlunydd, mab i Owen (m. 1871), ac Anne Pritchard, Clock House, Caergybi. Bu 'Cybi Felyn' fel ei dad o'i flaen ef yn flaenor yn Eglwys Armenia (M.C.), Caergybi.

Dechreuodd 'Buddug' rigymu pan yn ddeg oed, ac yn ddeunaw oed cyfansoddodd draethawd ar Y Wenynen ar gyfer cyfarfod cystadleuol, ac enillodd y wobr. Ymddangosodd cyfres o ysgrifau ar Ffoledd Ffasiwn yn Udgorn y Bobl. Cafodd ei hurddo yn Eisteddfod Dinbych, 1860 gan 'Clwydfardd', sef yr un â urddodd ei thad yn Eisteddfod Aberffraw yn 1849.

Ysgrifennodd lawer o farddoniaeth a cyhoeddywd casgliad ohonynt yn ei llyfr Gweithiau Buddug. Ymysg rhai o'i chaneuon oedd: O na byddai'n haf o hyd, Neges y blodeuyn, Cennad y don, ac Yng nghanol hirddydd haf. Pan fu farw y Dywysoges Alice anfonodd 'Buddug' ddarn o farddoniaeth Saesneg o'i gwaith i'r Frenhines, a chafodd air o ddiolchgarwch yn atebiad gan ei Mawrhydi. Yr oedd hithau yn aelod gyda'i gŵr yn Armenia, ac yn athrawes Ysgol Sul. Buont yn byw yn Crewe o 1864 i 1871. Dychwelont i Gaergybi yn 1871 gan ymaelodi yn Armenia, ac yna symud i London Road yn yr un dref cyn dychwelyd i Armenia drachefn ymhen blynyddoedd wedyn. Bu Owen Pritchard yn Llywydd Cyfarfod Misol Môn yn rhan olaf o'r flwyddyn 1911, ac yn dilyn ei alwedigaeth fel fforman ffitiwr am 30 mlynedd. Cawsont 46 o flynyddoedd priodasol. Bu farw 'Buddug' ar 29 Mawrth, 1909, ac fe'i claddwyd ym Mynwent Maeshyfryd, Caergybi.

Neges ei bywyd oedd canu
Canu i'r prydferth a'r pur.

Fy mam

Ganed Ellen Ellis, gweddw Evan Hugh Ellis, Bryniau Alma, Bethesda, yn Cae Crin, Llanrhuddlad, Môn, yn hynaf o naw o blant, yn ferch i Robert John Pryse ('Gweirydd ap Rhys, 1807-1889), y llenor ac awdur, a Grace Williams, merch William Edwards, Ynys y Gwyddyl, Llanfflewyn, Môn. Bu ei mam farw Chwefror, 1887, a'i thad Tachwedd, 1889, y ddau wedi cyrraedd 83 mlwydd oed, a 60 mlynedd o fywyd priodasol. Bu dau o'u plant farw yn ifanc, gan adael pedair o chwiorydd a dau o frodyr, arwahan iddi hi ei hun. Yr oedd un ohonynt sef Jane, yn

Mrs Ellen Ellis a'i hwyr

briod ac R. Ll. Jones ('Llystyn'), y bardd o Fethesda, bu hi farw yn 1906; Margaret, yn weddw i Owen Seth Jones, Swyddfa Argraffu Meistri Eyre a Spottiswoode, bu hithau farw yn yr un flwyddyn, sef 1906; Robert oedd un o'r brodyr, a fu farw yn yr America yn 1885, fferyllydd; John, ('Golyddan' 1841-1863), meddyg a bardd, awdur *Iesu*, ac *Angau*; Catherine ('Buddug', 1842-1909), barddones, a priod i Owen Pritchard ('Cybi Felyn', 1836-1915), awdur: *O na byddai'n haf o hyd*, a *Neges y Blodeuyn*; a Grace, priod Meshach Thomas, Abergele, gynt o Lanerchymedd, a fu farw yn 1907.

Felly, cafodd Ellen, yr hynaf, fyw am saith mlynedd ar ôl i'r olaf, sef 'Buddug', ei rhagflaenu, a 54 mlynedd ar ôl 'Golyddan'. Cafodd ei dwyn i fyny fel Annibynwraig, ond adeg Diwygiad 1859 ymunodd â'r Methodistiaid Calfinaidd gyda'i phriod, ac ymaelododd yn Jerusalem, Bethesda.

Ganwyd iddi saith o blant, chwech o feibion ac un ferch. Bu un mab farw yn faban, bu un arall farw yn Milwaukee, Wisconsin, yn 1887, yn 23 mlwydd oed, sef John Richard Ellis; codwyd beddfaen iddo gan ei frawd Ellis Morgan ym mynwent Jerusalem, Waukesha, Wisconsin. Dyrnod chwerw iddi hi a'i phriod oedd colli John, pan fu farw ymhen tri mis ar ôl cyrraedd yr America.

Cymdeithasodd Ellen Ellis â beirdd a llenorion. Ni ysgrifennodd lawer fel 'Buddug' ei chwaer, ac ni feddianwyd hi gan yr awen, ond gallai glecian llinellau cynghaneddol os tynnid hi allan gan rhai tebyg i 'Gaerwenydd' (John Pritchard, Gaerwen, 1837-98), tad i gantores enwog.

Soniai lawer am ei hen sir genedigol, sef Sir Fôn, er iddi adael Môn am Arfon 65 o flynyddoedd cyn ei marw. Llithrai yn ei hymddiddanion i ardal Llanrhuddlad gynt, a'i hatgofion am Bethel Hen (M.C.), ac am nain a taid capel, hen ewythr a modryb iddi oedd yn byw yn y Tŷ Capel.

Hoffai sôn am gyfnod ei mebyd, adeg wasgedig mewn llawer ystyr cyn rhyddhau Deddfau'r Ŷd, pan oeddynt adref yn Cae Crin, neu Siop Llanrhuddlad fel y gelwid hi ar lafer gwlad, yn deulu lluosog a'r rhieni mewn dygn ymdrech i gael y ddau ben llinyn ynghyd. Bu farw fy mam, yn gynnar bore Gwener, 22 Rhagfyr, 1916, yn 87 mlwydd oed. Claddwyd hi y dydd Mercher canlynol ym mynwent St. Ann's, Cilgeraint, ger Bethesda, Bangor.

Hugh Ellis (mab),
Maentwrog, 1917

Capel Bethel Hen, M.C., Llanrhuddlad, Môn

LLIFON

Yr hen Shon Jôs

Yng nghwmwd Llifon ym Môn yr oedd dau dŷ, tua mil o lathenni y naill oddi wrth y llall. Enw un, yr hwn oedd dŷ ffarm, ydoedd Tyddyn Llywelyn, ac enw y llall oedd Tŷ Gwyn, yn yr hwn, y rhan fynychaf, y trigai person y plwyf; ond y mae yr enwau wedi newid erbyn hyn fel nad adweinir yr un o'r ddau wrth yr hen enwau, oddigerth yr olaf yn unig gan ambell un o'r rhai hynaf yn y gymdogaeth. Efallai na wnaeth heb grybwyll yr enwau diweddar sydd ar y lleoedd, gan bod dilyn ffeithiau yn ddigon i hyn o bwrpas ac ar hyn o bryd.

Yn agos i ddau can mlynedd yn ôl yr oedd gwraig weddw, oddeutu deugain oed, yn byw yn Nhyddyn Llywelyn, ac yn etifeddes y lle, a chanddi gyda hynny un neu ddau o dyddynod dipyn llai na Thyddyn Llywelyn. Ar y pryd yr oedd person y plwyf yn digwydd bod yn byw yn y Tŷ Gwyn. Yr oedd Elsbeth Hughes, Tyddyn Llywelyn, yn well allan na chyffredinolion y gymdogaeth, ac yr oedd tipyn o gyfeillach rhwng y ddau deulu. Byddai cryn lawer o ddiethriaid yn ymweld a'r Tŷ Gwyn yr adeg honno; a bob amser elai teulu y Tŷ Gwyn gyda'u hymwelwyr i ymweld ag Elsbeth Hughes, Tyddyn Llywelyn. Ac un tro yr oedd ymwelwyr wedi dyfod ar ymweliad a'r person yn y Tŷ Gwyn, a chyda hwy yr oedd gwas o'r enw William Watkin, dyn ieuanc o olwg boneddigaidd o Sais, ac o dair i bum mlwydd ar hugain oed: a digwyddiad ynglyn a hanes William Watkin ac Elsbeth Hughes fu dechre ymgyfeillachu mewn cariad, a diweddu mewn priodi. Canlyniad y briodas hon oedd cael etifedd, yr hwn a alwyd yn Owen ac adnabyddid ef ar hyd ei oes wrth ei enwau yn gyflawn – Owen William Watkin. Yng nghwrs amser, bu Elsbeth Hughes farw, a bu y gŵr farw hefyd, gan adael eu hunig blentyn Owen i ymdrafod a chwrs y byd.

Yr oedd y mab hwn yn byw yn Nhyddyn Llywelyn ac yn etifedd holl etifeddiaeth ei fam. Priododd hwn eto yn ei adeg ei hun, ac yr wyf yn tybied mai Elsbeth Hughes a gafodd yntau yn wraig, ac o'r briodas hon eto daeth un mab, ac enw hwn ydoedd Shon, ac adnabyddid ef yn y gymdogaeth, ac ymhob man yr adweinid ef, wrth yr enw hir o Shon Owen William Watkin. Ar yr enw hwn yr arferid ei alw gan bawb bob amser, ac nid wrth ddarn o'r enw.

Priododd hwn eto yn ei bryd ag un Beti Jones, a chawsant un mab, ac yn hwn dechreuwyd newid oddi wrth y Watkin fel cyfenw. Galwyd y mab yn William Jones, yn ôl enw cyntaf ei dad. Priododd y William Jones hwn un o'r enw Beti Jones, ac o'r briodas hon yr hannodd pedwar o feibion a thair o ferched. Enwau y meibion oedd Shon, William, Hugh ac Owen, ac enwau y merched Nani, Beti a Mari. Yr etifedd o'r briodas hon oedd Shon; ac yr oedd yr etifeddiaeth yn awr yn naw o dyddynod; rhai go fawr. Yr oedd y rhestr uchod o wrywiaid wedi trigiannu agos yn ddifwlch yn Nhyddyn Llywelyn, o'r cyntaf a nodir yn nechreu fy ysgrif hyd yn awr.

Dyma y Shon Jôs sydd yn bennawd i hyn o ysgrif. Priododd Shon Jôs ag un o'r enw Catrin Williams oedd yn byw mewn ffarm o dan les, ac felly yn hynod o rad. Yr oedd hon yn briodas hynod o hapus a dedwydd, ond ni pharhaes ond ychydig o flynyddoedd. Bu farw Catrin Williams yn ddiblant. Ymhen ysbaid o amser priododd Shon Jôs eilwaith, gyda dynes oedd lawer ieuengach na'r wraig gyntaf, ac hefyd yn ieuengach nag yntau ei hun. Yr oedd hon yn ferch ieuanc hynod o ddel a hudolus, ond nid oedd yn ditotal. Enw hon oedd Betsan Owen, a'r hon y cafodd wyth neu naw o blant. Yn fuan ar ôl ymbriodi dechreuodd Betsan yfed mwy na digon, a buasai bwyta mwy ac yfed llai, efallai, yn llawn cystal iddi hi a'i thylwyth. Wrth ddilyn y ffordd hon dechreuodd amgylchiadau y teulu newid mewn gwahanol ffyrdd. Yn fuan dechreuodd angen ddangos ei drwyn, ac yn fuan daeth tlodi i ysgyrnygu ei ddannedd ymhob twll a chornel. Er fod rhenti – ugeiniau neu gannoedd o bunau – yn dyfod i mewn bob blwyddyn, yr oedd tlodi fel gŵr arfog, yn dilyn eu camrau ymhob man. Ymhen ychydig flynyddoedd yr oedd yr holl ystad wedi ei gwystlo, ac ymhen oddeutu ugain mlynedd daeth y gwystlwr ymlaen, a gwerthwyd yr holl etifeddiaeth trwy arwerthiant cyhoeddus. Yr oedd Shon Jôs yn ddyn tawel a mwyn, a phan yn ei ogoniant a'i lwyddiant yr oedd yn werth cael ei farn ar bynciau o gyfraith a gwleidyddiaeth, ond pan aeth yn dlawd ac i fyw mewn dyled nid oedd cymaint o ofyn am ei farn. Nid anfynych y gwelid hanner dwsin o hen ferchetos yn talu ymweliad a Betsan Jôs, – canys dyna oedd enw hon ar ôl priodi, – a phob un a'i photel gyda hi i dderbyn croeso. Wedi dilyn y llwybr hwn am gyfnod o ugain mlynedd prin y gallod Shon Jôs gadw yn ei feddiant ddeng erw, pan yr oedd yr holl etifeddiaeth o dan forthwyl yr arwerthwr; ac er ymgais i gadw hynny mewn gafael, yr oedd wedi ei wystlo i'w lawn werth, a buan y cymrwyd meddiant ohono gan y gwystlwr, fel cyn marw yr hen Shon Jôs, yr oedd yr eiddo i gyd wedi mynd.

Mae ystad yr hen Shon Jôs heddiw yn werth £300 y flwyddyn; er, mae yn wir, nad oedd lawn gwerth hynny flynyddoedd yn ôl. Ond y mae y ffeithiau er hynny yn profi fod dilyn meddwdod a diota yn arwain i dlodi yn anocheladwy. Bu yr hen Shon Jôs farw mewn canlyniad i'r arferiad o'r cyfryw mewn cyflwr go druenus, fel llawer un a arweiniwyd i'r un llwybrau o'i flaen. Nid oes na rhad na mad o arfer a llwybrau meddwod. Cafodd weld hir ddyddiau gwynfyd, a chafodd hefyd weld dyddiau blin cyn marw, yr hyn a gymerodd le pan oedd yn 95 mlwydd oed. A chafodd farw, er y cyfan, yn Nhyddyn Llywelyn.

J. W. Huws
Cymru gan O. M. Edwards, Mai, 1894.

MARIAN-GLAS

Cariad

Bu'r sêr imi'n sêr am flynyddoedd
A'r lloer, ddim ond pelen o dân
A blodau fy ngardd, ddim ond blodau,
A chân deryn bach ddim ond cân;
Bu'r haul yn ei gwrs drwy'r cymylau
A'r ddaear, boed werdd neu boed wen,
Ddim ond mesur ar hynt y tymhorau
Yn dirwyn fy einioes i ben.

Pa beth roddodd nwyd yn fy mynwes
A gwres yn fy nghalon oer,
Beth roddodd swyn miwsig a hanes
A rhamant yng ngolau y lloer,
Pa beth roddodd fywyd mewn seren
A llais i ruadau y gwynt,
Beth roddodd yng nghân yr aderyn
Ryw nodyn nas clywais ef gynt?

Beth wnaeth imi golli pob cyfrif
O amser a thymor a lle
Ac agor holl ddrysau y ffrydlif
O gariad fel heulwen y de,
Beth wnaeth im fyfyrio dros flodau
A'u dyfrio â'm dagrau yn hallt? –
Dim ond glesni nefolaidd dy lygaid
Ac atgo am eurlliw dy wallt.

J. Williams Hughes, Marian-glas, Môn (1935)

142

Un a gafodd y cyfle o deithio ar hyd a lled y byd oedd John Williams Hughes. Bu'n ddarlithydd yn yr Unol Daleithiau ers 1938. Ar ôl iddo ef adael yr ysgol treuliodd gyfnod yn gweithio mewn banc, yna fe dderbyniodd swydd yn y Swyddfa Addysg, Llangefni, cyn symud i weithio fel newyddiadurwr ar Y Genedl. Dechreuodd yr awydd i grwydro'r byd ynddo adeg Rhyfel Cartref Sbaen, lle bu'n darlledu o Madrid i Brydain, America a Chanada. Yn y cyfnod hwnnw daeth i adnabod Ernest Hemingway (1899-1961), y nofelydd, a threfnodd y gŵr hwnnw iddo fynd i Ganada i draddodi darlith ynglyn â'r hyn â welodd yn Sbaen. Bu o leiaf un ar ddeg o weithiau o amgylch y byd. Yn ddiweddarach bu'n darlithio i wŷr busnes a seneddwyr America. Ychydig cyn yr Ail Ryfel Byd, cyhoeddwyd llyfr ganddo yn Efrog Newydd dan y teitl: They Shall Not Perish. *Yn ddiweddarach, cyhoeddwyd llyfr arall â ysgrifennodd gan Lyfrau'r Dryw,* Troi yn Alltud, *ac ar ôl hynny cyhoeddwyd:* Angel's Tears, *casgliad o storïau byr, ac yna* Brief Innocence. *Bu farw yn 1977, yn 71 mlwydd oed.*

MOELFRE

Hafan Hyfryd Anturiaethwyr

Moelfre

Pentref bychan hardd yw Moelfre, nyth o dai ger tonnau prydferthaf Ynys Môn. Rhaid teithio saith milltir o Amlwch i gyrraedd Moelfre, ond taith bleserus a diddorol ydyw.

Cred diethriaid fod gwastadedd ac undonedd Môn yn anhyfryd, ond ar y dde wrth adael Amlwch gwelwn Fynydd Parys a'i foelni'n llawn atgofion a fu. Trysorir enw Bodafon, y mynydd nesaf, hefyd, efallai, mewn marwnad a geir yn Llyfr Taliesin. Awgrymwyd mai hen ffurf Bodafon oedd Bod Addon, neu Aeddon, uchelwr a arferai fyw gerllaw'r mynydd gynt.

Tawelwch yr ardal a garodd Goronwy Owen, ac yn wir pentref tawel yw Moelfre. Wrth wrando ar ddistawrwydd y gaeaf yma, anodd yw credu fod cymaint o hanes i'r lle.

Ceir tystiolaeth yng ngwaith 'Gwalchmai' i frwydr enbyd ddeffro Moelfre flynyddoedd yn ôl. Mawr oedd dewrder Owain Gwynedd ffyrnig oedd casineb ei elynion yn y drychineb. Yn ôl disgrifiad y bardd nid oedd llanw yn afon Menai am fod cymaint o waed ynddi ac yr oedd bloeddiadau rhyfel erchyll ym Moelfre.

'Ac am dal moelure mil vanyeri...

A menei heb drei o drallanw gwaedryar'.

Pwysleisir y môr yn y frwydr hon, ac yn wir y môr yw calon y pentref. Yn ôl straeon a glywir yma, arferai trigolion tlawd y lle ers llawer dydd ddenu llongau i ddinistr mewn tywydd garw trwy olau coelcerthi anferth ar y creigiau. Arferent wedyn ddwyn y cargo.

Y mae hen stori ym Moelfre fod llong driog wedi suddo yn y bae un tro, ac ar ôl hynny yr oedd y trigolion yn byw ar driog am wythnosau. Suddodd llong arall yn llawn defnydd gwlaned goch yma, ac am fisoedd wedyn cerddai'r pentrefwyr yn eu crandrwydd coch. Pan aeth llong lo i lawr ger y pentref, mawr oedd y llawenydd, wrth gwrs. Ond pan glywodd yr awdurdodau yr oedd cuddio prysur. Dyma un hen gymeriad yn dweud wrth ei gyfaill: 'Dwi am 'i gladdu o yn yr ardd 'was'. Gwaneth hynny ac ar ôl i'r perygl fynd, chwiliodd amdano. Palodd ar hyd y dydd ond yr oedd wedi anghofio ymhle yr oedd wedi ei guddio!

Ni ellir bod yn hollol sicr a yw'r storïau hyn yn wir, ond y mae tystiolaeth fod lladrata o'r fath o'r môr yn gyffredin hyd glannau Môn, mor ddiweddar a'r ddeunawfed ganrif. Ym Mrawdlys Biwmares, er enghraifft, yn 1741, cynhaliwyd prawf 'Môr ladron Crigyll' am ysbeilio llong o Lerpwl. Dyma ddisgrifiad Lewis Morris o'r lladron digywilydd hynny:

'Pan ddoed a'r gwylliaid at y bar
Ni wnaethant hwy myn Mair
Ond cellwair gyda'u cyfaill'.

Yr oedd smyglo ym Moelfre gynt hefyd. Er mwyn cael rhyddid i weithredu ar y traethau fin nos arferent ledaenu storïau fod bwganod yno, er mwyn dychryn y trigolion ofergoelus. Uwch drws y 'Crown' hyd heddiw ceir ysgrifen yn gwahardd smyglo.

Er i bobl Moelfre gipio o'r môr yn y dyddiau a fu, y maen't wedi achub bywydau hefyd. Noson fythgofiadwy yn hanes y pentref oedd 26ain Hydref, 1859, pan suddodd y '*Royal Charter*'. Teithio adref yr oedd y llong i Lerpwl o Awstralia gyda chargo o aur. Yn ôl storïau yr oedd llawenydd perffaith arni, cyn i'r môr lyncu'r holl ogoniant. Gwelwyd y trychineb gan ddyn ger y traeth, pan aeth i chwilio am do ei dŷ a chwythwyd gan y gwynt nerthol.

Felly gwelir fod hanes ystormus i Foelfre gynt. Efallai y dylid dweud fod lleoedd diddorol yn agos i'r pentref hefyd, y pentref, a'r Gromlech a'r Hen Gapel yn Llugwy, er enghraifft. Ym Mharciau hefyd gellir gweld colomendy a adeiladwyd gan Syr John Bodwel, a gynrychiolodd yr ynys yn Nhŷ'r Cyffredin yn nyddiau Siarl y Cyntaf (1625-1649)

Anodd dychmygu fod hen drigolion Moelfre yn gwybod am hanes cyfoethog y lle, oherwydd yr oeddynt yn geidwadol iawn. Cyn adeiladu'r lôn fawr o Llanallgo i Foelfre, yr oedd yn lle fel ynys ar ynys. Yr unig symud ohono oedd yr hogiau yn mynd i'r môr, ac i gwffio hogiau Penysarn ar nos Sadwrn.

Ac y mae stori mai un fodrwy briodas yn unig a oedd ym Moelfre ers stalwm, a bod honno ynghadw gan y teulu cyfoethocaf. Boed hyn yn wir ai peidio llwyddodd y fodrwy honno i uno Moelfre a'r bobl dan un llysenw hapus. 'Moelfre herrings'.

Valmai Hughes
Rhwng Môr a Mynydd: Lloffion o Hanes Amlwch, 1950au

Arwyr Bae Moelfre

Pentref bychan o bysgodwyr a morwyr ar fin Môr Iwerddon yn Ynys Môn yw Moelfre, ac ar y creigiau creulon gerllaw y drylliwyd y 'Royal Charter' lawer blwyddyn yn ôl.

'Onid yw hi'n fore braf?' ebe'r pentrefwyr wrth ei gilydd ar yr 28ain o Hydref, 1927.

'Ie', ebe hen gychwr, gan edrych ar y cymylau yn gyrru 'ond y mae'n wynt i fyny acw, ac i lawr y daw yn y man'.

Ac felly y bu. Dechreuodd y môr anesmwytho, ac ymhen ychydig amser yr oedd yn gynnwrf ac yn ferw drwyddo. Cychwynnodd cwch bach allan i ddanfon dau forwr i long wrth ei hangor yn y bae, a bu'n rhaid iddo droi'n ôl. Ond ni phryderai neb.

'Gwynt dros y tir yw', meddai un wrth y llall, ac ai'r pysgodwyr ymlaen i drwsio eu rhwydi ar y traeth.

Ond dri o'r gloch y prynhawn daeth gair o Bwynt Leinws: 'Llong mewn

Moelfre

perygl chwe milltir i'r gogledd ac yn galw am gymorth'.

Aeth y newydd fel tân gwyllt drwy'r pentref. Gadawodd pawb ei waith yn ebrwydd, a rhedeg am y cyntaf tua chwt y bad. Onid y rhai cyntaf a gawsai'r fraint o wynebu'r perygl?

Ymhen ychydig funudau yr oedd y bad yn y ddrycin, pymtheg o ddewrion y pentref ynddo, a Chapten Jones wrth y llyw.

Wedi hywlio at y fan nid oedd y llong i'w gweld yn unlle, ond ar hyn daeth arwydd o Bwynt Leinws: 'Dwy filltir eto i'r gogledd'.

Erbyn hyn yr oedd y storm yn ei hanterth; codai'r tonnau fel bryniau; chwipiai'r gwynt eu brigau a'u dryllio'n llwch gwyn.

Cyrhaeddodd y bad at ymyl yr *'Excel'* – llong fechan o Iwerddon – ar suddo a bwlch llydan yn ei hochr.

Paratowyd y rhaff a'r bach wrthi, a llywiwyd y cwch heibio iddi. Wrth basio taflwyd y rhaff; cydiodd yntau, ond llamai'r llong fel bwystfil clwyfedig, gan dynnu'r bad ati a bygwth disgyn arno a'i falurio. Nid oedd dim i'w wneud ond torri'r rhaff â bwyell a rhoi cynnig arall arni. Ond bellach nid oedd ganddynt na rhaff na bach, a lluchiai'r tonnau'r bad i fyny ac i lawr draw ac yma. Erbyn hyn yr oedd y llong yn is yn y dŵr ac ar fin suddo. Unwaith yn rhagor trowyd trwyn y bad ati ac anelwyd ef yn union at y bwlch yn ei hochr. Cipiodd ton ef gan ei ysgubo drwy'r bwlch, ac uwch rhu'r ddrycin clywid sŵn coed yn hollti ac yn malurio. Cododd breichiau'r bechgyn y criw i'r cwch, a'r funud nesaf daeth ton arall a chodi'r bad oddi ar fwrdd y llong a'i fwrw'n ôl i'r dwfn.

'Diolch i Dduw ac i chwithau, fechgyn', ebe'r Capten. 'Ymhen deg munud arall buasai ar ben arnom'.

Yr oedd bellach yn nos dywyll fel y fagddu, golau'r bad wedi diffoddi, ac ni allai'r morwyr ddarllen y cwmpawd. A gwaeth na'r cwbl, nid atebai'r bad i'r llyw, ac yr oedd dau dwll ynddo, a'r criw at eu hanner mewn dŵr. Ofer oedd ceisio troi adref. Yr oeddynt yn hollol ar drugaredd y storm. Hyrddiai'r corwynt y tonnau arnynt a thrawent hwy gyda'r fath rym nes eu codi dros ymyl y cwch er eu bod wedi eu rhwymo eu hunain ac yn dal eu gafael am eu bywyd. Gan heli'r môr llosgai eu llygaid fel fflamau tân. Mawr oedd pryder trigolion Moelfre. Nid oedd dim golwg na hanes o'r bad ag yntau allan yn y ddyrcin erwin ers saith awr. Yr oedd gwifrau'r teliffon wedi eu chwalu, ond ymhen amser llwyddwyd i anfon neges i Fiwmares, a throes bywydfab y Friars allan i chwilio'r môr am gwch Moelfre.

Ddau o'r gloch y bore daethant o hyd iddo, ond yn y storm a'r tywyllwch bu iddynt gamddeall ei gilydd, a throes cychwyr Biwmares yn ôl gan dybio bod popeth yn iawn.

Bwriwyd angor. Yr oedd cyflwr y dewrion yn un gresynus, yn wlyb, yn anafus, yn hanner dall, wedi fferru yn yr oerni, a dau ohonynt yn ymyl marw. Ni allai neb wneud dim iddynt ond dal eu pennau uwch y dŵr a gweddio am y bore.

O'r diwedd torrodd y wawr a gwelodd cychwyr Biwmares eu cyfyngder. Cyrchasant hwy i'r lan yn ddiymdroi – un ar bymtheg yn fyw a dau yn farw.

Parch. J. Pierce
Llyfrau Darllen Prifysgol Cymru – Y Pedwerydd Llyfr, 1933

MYNYDD BODAFON

Mynydd Bodafon

Llyn Archaeddon

Hyd y lleiniau dillynion o Dre Wyn
Am dro af yn hoywlon;
Mêl yr haf a mawl yr Iôn,
Mae deufyd ym Modafon.

Pan lywia'r ha' gopaon Eryri
Draw ar orwel Arfon,
Hardded ŷnt dros wyrdd y don!
Mwy difyr yw Modafon.

Trwy'r banadl af yn rhadlon heb anair
I boeni fy nghalon:
Ni fedd riw rydd friw i'r fron;
Diofid yw Bodafon.

Ar fy nhaith clywaf weithion
                    glychau'r glaw
Uwch aur glog y meillion,
A thrwy y tarth euraid dôn,
Dyfais o hud Bodafon.

Rhwng ei irwydd derwyddon dan y
                    lloer
Fu'n dwyn llw i Wydion,
A'r sêr fry yn croesi'r fron
I'w defod ar Fodafon.

Daw eilwaith lef hudolion yn annog
Cynnau'r goelcerth dalgron,
A'r mwg ar uchelgar Môn
Yn deifio grug Bodafon.

149

Arwydd gadr rhag môr-ladron fu
                unwaith
Difwynai'r gelynion;
Treiswyr dig tros war y don,
Fe'u dofwyd ar Fodafon.

Trwy'r hafddydd newydd ganeuon,
                mawrhant
Fy mro wen a'i swynion,
A myn mawl emynau Môn
Mai dwyfol yw Modafon.

Eithr heddiw llestr yr estron ni welir
Mwy o'r tyle gleision;
Eurllais tirf sy'n arllwys tôn
Bywyd ifanc Bodafon.

Elis Aethwy Jones, 1908-81

Ganed Elis Aethwy Jones yn 1908 yn Lerpwl, yn fab hynaf i'r Parch. Richard Aethwy (1867-1940) a Gwladys Jones (1879-1939); ac yn ŵyr i'r Parch. Griffith Ellis (1844-1913) un a fu'n weinidog yn Eglwys Stanley Road (M.C.), Lerpwl, awdwr Hanes Methodistiaeth Corris a'r Amgylchoedd (1885), a cofiant i'r Prif Weinidog W. E. Gladstone (1898). Brodor o Borthaethwy, Môn, oedd ei dad, a bu yntau yn weinidog ar Eglwys Newsham Park, Lerpwl am 43 o flynyddoedd.

Addysgwyd Elis Aethwy yn Institiwt Lerpwl, Prifysgol Lerpwl (lle y graddiodd yn y clasuron), a Cholegau Diwinyddol Aberystwyth a'r Bala. Llwybr y Weinidogaeth a ddewisodd ef hefyd. Bu'n gweinidogaethu eglwysi Mynydd Isa, Yr Wyddgrug, a Llanerchymedd. Yn 1945 fe'i penodwyd yn Bennaeth

Chwith: Parch. Griffith Ellis, M.A.
Canol: Parch. Elis Aethwy Jones
Dde: Parch. Aethwy Jones, M.A.
(Tynnwyd y llun yn 1910)

Addysg Grefyddol Ysgol Ramadeg Barnsley, a bu'n dal swyddi cyffelyb yn Ysgol Ramadeg Alun, Y Wyddgrug; a Woodberry Down, Llundain. Ymddeolodd yn 1972 a symud i fyw i Fethesda.

Enillodd lu mawr o wobrwyon am farddoniaeth, gan gynnwys Cadair Eisteddfod y Cymdeithasau (Llundain) bedair gwaith, a Chadeiriau Eisteddfod Môn 1963, Llandderfel 1978, a Glannau Merswy 1979. Enillodd hefyd ar y Cywydd yn Eisteddfod Genedlaethol y Fflint 1969, ac ar y Delyneg yn Rhuthun 1975.

Cyhoeddodd o leiaf ddwy gyfrol o farddoniaeth sef Y Bryniau a Cherddi Eraill *yn 1968, a* Menai a Cherddi Eraill *yn 1979. Bu farw yn y flwyddyn 1981.*

MYNYDD PARYS

Mynydd Parys

Mynydd Parys

Gorwedd y mwnglawdd enwog hwn ym mhlwyf Amlwch, ryw filltir a chwarter i gyfeiriad deheuol o Eglwys Sant Eleth. O'r gogledd-ddwyrain i'r de-orllewin, o odreu i odreu, y mae ei hyd oddeutu milltir a chwarter neu filltir a hanner, efallai. O'r gogledd i'r dehau ar ei draws mesura tua milltir. Ei uchder yw 494 troedfedd.

Fe ddywed traddodiad i Rodri Mawr, brenin Cymru o 843 i 877, syrthio mewn brwydr â'r Saeson a'r Daniaid rywle yn y daran yma. Pe digwyddasai iddo syrthio ar ei ffordd o hen Lys Caswallon Law Hir ar Fynydd Eilian trwy Ros Sarn yr Offeiriad Du i'w lys ei hun yn yr Aberffraw, buasai ei gelain yn wasanaethgar iawn fel ffugyr i ddangos i ddiethrddyn wahanol rannau y mynydd. Am y tro benthycwn ef i bwrpas felly, bid a fynno. Dyna Rodri fawrdrwst ar ei wyneb ar y ddaear, ei ben i gyfeiriad deheu-orllewinol, a'i draed yn ymestyn i gyfeiriad gogledd-ddwyreiniol. Wrth ei glust ddeheu saif Morfa Du, ar ei iâd Ysgoldy Penmynydd, hollt ei Q.P. yw Allt Fawr Rhwnc sy'n arwain i Ros y Bol. Ar gyfer y glust aswy ceir swrn o anedd-dai a ffordd oddi wrthynt yn cyfeirio heibio amaethdy Pen Nant i lawr i odreu y mynydd i gyfeiriad dwyreiniol. Ar dwll y gwegil y mae Llyn Mines, lle cysegredig gan y brodyr y Bedyddwyr oherwydd cysylltiad yr eglwysi yn Salem, Bethel, Carmel, a Glanrafon, ag ef yn yr hen amser fel trochle. Ar y gwddf ceir creithiau siafftydd Hughes, Coronation, a Dinorben. Ar y gwar gorwedd yard a swyddfeydd y rhan honno o'r gwaith a elwir Parys Mine. Deugant neu lai i'r gogledd deuir i Byllau Heiyrn Gorllewin, a deugant neu ychwaneg wedyn i'r un cyfeiriad saif Siafft Gwen a Siafft Dyer, a Siafft Mariah ychydig oddi wrthynt i'r dwyrain. Odanynt wrth y godreu gogleddol y mae Parys Farm, Carreg Cwrnach, a Phen Rhyd Lastra.

Yn uchel o dan y gesail aswy ymwthia eithafbwynt gorllewinol yr Open Cast mawr, ac i'r de-ddwyrain iddo yntau y mae yard o swyddfeydd y rhan arall o'r gwaith a elwir Mona Mine. Yn amgylchynu y llannerch hon eto y mae y Domen Fawr a'r Dyffryn Coch; a'r ffermdai Trysglwyn Isaf, Plas Newydd, a Trysglwyn Fawr i lawr y tu ôl iddynt.

Tua chanol yr asenau yr ochr chwith cychwyna y llinell derfyn rhwng y Parys a'r Mona, gan groesi gwaelod yr Open Cast, i fyny drachefn i'w grib ac ar hyd-draws gan adael Siafft Terfyn ar y dde, a Siafft yr Ogof ynghyd ag eraill i'r aswy, heibio yr Yard Frwmstan, a Phyllau heiyrn Merica, yna dros drum y mynydd i'r godreu yr ochr arall yn ffordd Llaethdy Bach ac Amlwch.

O Yard y Mona, neu yn hytrach o'r Dyffryn Coch, y mae y ffordd yn croesi cefn Rhodri yn gyfochrog a'r llinell derfyn, ond ychydig yn fwy i'r dwyrain, a'r ffordd hon sy'n gwahanu yr Open Cast Mawr a'r Open Cast Llai a elwir Hill Side oddi wrth eu gilydd. Ar lafn yr ysgwydd ddeheu y mae Siafft Henry, ar ganol y cefn Siafft Garnedd yr Engine Newydd, ynghyd a'r Felin Wynt; Siafftydd Sydney a Saunderson yn eu hymyl, ond yn ochri braidd i'r chwith uwchben Hill Side; a Siafft Charlotte eto ychydig oddi wrthynt i gyfeiriad gogleddol; Lemin, Bier, a'r Tiddy yn rhedeg oddi yma drachefn mewn llinell bron unionsyth i lawr ystlys yr ochr ddeheu i'r gwaelod neu'r godreu. Tua chanol asennau yr ochr aswy, neu efallai ychydig yn is i lawr, saif Carreg Doll, yr Engine a'r Siafft, ac oddi tanynt hwythau siafftydd Black Rock, Glan Felin, Siafft Glai (dwy) a'r Calciner. Ar y lwyn y mae Siafft Job, yr hon hefyd ynghyd a'r siafft fas sydd yn arwain iddi, a elwir Golden Venture (Fentar Aur), Siafft Garreg Las, ac amryw fan siafftydd ereill.

Y prif siafftydd yng ngwaelod isaf y cefn ac ar draws y crimogau ydyw

Evans, Treweek, Pearl, a Marquis. Wrth y traed llecha yn ddigyffro bentref bychan adfeiliedig Cerrig y Bleiddiau.

Tra yn gwerthfawrogi gwasanaeth ffugyrol Rhodri hyd yma, gollyngwn ef bellach, a cheisiwn ymlwybro ymlaen hebddo. Am allanolion y lle yn gyffredinol, gellir dweud gyda graddau helaeth o briodoldeb fod yr holl fynydd-dir mor frychddu, croen-llwm, maelolwg, a mingefn morgrwban. Yn wir, y mae mor ddiffaeth yr olwg fel na faidd tywysogion y diffaethwch ei hunan, sef drain a mieri, anturio arno. Priodolir yr hagrwch hwn i effeithiau mwg sylphur o'r tomennau mwn llosgedig fyddai yn britho a difwyno arwynebedd y lle flynyddoedd yn ôl.

Eto, er trymed dwndwr y mwg, ac er noethlymed yr agwedd credaf fod gelyn olaf y llysiau a'r gwelltglas wedi ei drosglwyddo i'r Chemical Works i'r daran islaw ym min y môr, ac felly fod gobaith y gwelir eto rywbryd lus a mefus gwylltion yn enhuddo'r lle...

Beth ynte am ragoriaethau? Fel tremynfa (observatory) gellir defnydd rhagorol ohono am fod ei gopa yn un o'r mannau uchaf ym Môn. Y mae'n ddiamheuol sicr fod y golygfeydd o ben Mynydd Parys yn eithriadol brydferth a rhamantus, ac oni bai fy mod yn ofni llenwi yr ystafelloedd yn rhy fuan, buaswn yn tynnu tipyn o bictiwrs, pictiwrs o'r 'golygfeydd dihafal', chwedl y beirdd, megis 'llethrau meillionog', 'creigiau briglwydion', 'mawnogydd eangfawr', 'aberoedd porfforaidd', 'moelni a hacrwch', 'ogofau a thwnelau', 'Gwyrddlwyni a gwigoedd', 'dyfnlynnoedd rhuddgochion', a.y.b. ac yn olaf, ond nid y lleiaf, orielau cyfoethog a pherlysiawg rhandir unig Coed y Gell, rhai, ymhlith llu eraill, ganfyddir ar un olwg. Mewn awyr mor glir ac arogl mor esmwyth nid rhyfedd fod y byd yn mynd yn ei flaen, fel y dywedir, gyda chyflymdra emygol gylch ei odreu...

o *Mynydd Parys* gan Owen Griffith, 1897

Mab i Robert a Sydney Griffith, Letroed, Pensarn, ger Amlwch, oedd Owen Griffith, 'Eos Eilian', (1851-1899). Yn naw mlwydd oed dechreuodd weithio ym Mynydd Parys 'am y swm o rot y dydd, dydd o 12 awr'. Ymhen pedwar mis yn ddiweddarach cafodd waith yn nyfnderau isaf y gwaith hwnnw. Daeth yn is-oruchwyliwr yn ddeunaw oed, ymhen dwy flynedd wedyn yn ysgrifennydd, yna'n brif ysgrifennydd, ac yn arolygwr yn y Gwaith Toddi cyn iddo ef ymddiswyddo. Prin nad oedd yna neb a wyddai cymaint am hanes y gwaith yn Mynyddd Parys nac ef, a does ryfedd yn y byd iddo ef gyhoeddi llyfr ar Mynydd Parys ychydig cyn ei farw. Yr oedd yn frawd i William Griffith, 'Gwilym Lerpwl', (1849-1890), a adnabyddid hefyd fel 'Gwilym Eilian'. Yr oedd ei fam yn chwaer i 'Llew Llwyfo', ac yr oedd llawer o athrylith yr ewythr yn y nai.

Cadwai Owen Griffith fasnach llwyddianus ym Mhensarn. Bu'n flaenor ac yn arweinydd y gân yng Nghapel Bosra (M.C.). Bu'n aelod o Gyngor y Sir, Bwrdd Ysgol, Bwrdd y Gwarcheidwaid, Cyngor Plwyf, a'r Cyngor Dosbarth. Yr oedd yn cael ei gydnabod fel bardd, cerddor, llenor, ac arweinydd eisteddfodol. Yr oedd yn ddatganwr rhagorol, ac yn siaradwr huawdl a ffraeth. Cyhoeddwyd ffrwyth ei lyfr ar Mynydd Parys yn y Cymru *(O. M. Edwards) fesul pennod rhwng blynyddoedd 1895 ac 1897 – cyfraniad gwerthfawr i bawb a fynnai wybod hanes y mynydd enwog hwnnw oedd yn cynnwys un o'r mwngloddiau efydd cyfoethocaf ym Mhrydain ar un adeg; ynghyd a'i allu anghyffredin i bortreadu golygfeydd a hen gymeriadau rhyfedd ei fro genedigol. Bu farw 11 Awst, 1897, a'i gladdu ym mynwent Llanwenllwyfo, Môn.*

Roedd Mynydd Parys yn ei anterth yn niwedd y 18fed ganrif pryd y cyflogwyd tua 1,200 o ddynion, merched a phlant yn niwydiant copr Amlwch. Erbyn y ganrif nesaf gwelwyd dulliau newydd o fwyngloddio yno, ac yn ail hanner y 19fed ganrif dirwyiodd y mwynfeydd oherwydd cystadleuaeth copr o wledydd tramor ac ansawdd wael y mwyn â gynhyrchid ar y pryd yn Amlwch.

Atlas Môn, 1972

Mynydd Parys

Cerddais lwybrau troellog culion,
Troediais ffyrdd y mwynwyr cu,
Gweld y felin a'i hadfeilion,
Meddwl am y dyddiau fu.

Mae'r olygfa yn anhygoel,
Tawel yw y llethrau i gyd,
Cerrig lliwgar, cochlyd lynnoedd,
Enfawr gafn a muriau mud.

Mantell goch dros ddŵr yr afon,
Lithra'n ysgafn tua'r lli,
Dyffryn Adda a'r pyllau haearn
Yn gorffwys heno heb un si.

Ddoe roedd lleisiau ym mhob llecyn,
Dwylo'n naddu'r graig â chŷn,
Heddiw nid oes lais i'w glywed
Ple bu chwys a llafur dyn.

Ond daw eto dro i'r olwyn
Yn y gwaith o boptu'r lôn,
Lleisiau mwynwyr Mynydd Trysglwyn,
Dwylo medrus hogia Môn.

Margaret E. Hughes
Yr Arwydd, Rhagfyr, 1989

NIWBWRCH

Diwrnod yn Niwbwrch

Pentref Niwbwrch tua 1890-1900

Ar ddiwrnod hyfryd hafaidd yn mis Awst, a'r haul melynwawr fel cawr yn rhedeg gyrfa yn entrych ffurfafen, gan wasgar ei lachar belydrau dros wyneb anian dlos, gwelid ni yn mordwyo llif y Fenai lasdeg, gan lanio ar finion tawel yr 'ynys dywell', neu yn hytrach yr 'ardd wen'. Ar ôl cael ein traed ar ddaear

    'Môn, mam Cymru, gwlad gu gain,
    Paradwys Ynys Prydain',

ys dywed Iolo, hwyliasom ein camrau ar frys gwyllt tua hen dreflan freiniol Niwbwrch, yr hon a saif mal gweddw unig ar freichdir tywodlyd a dymunol yn eithaf cwr gorllewinol yr ynys. Rhyw olwg bur lwydaidd, ond glanwaith, sydd ar y dref; ac nid rhaid aros yno cyn deall ei bod wedi gweled dyddiau gwell. Y mae ôl llaw ddiarbed yr hen dad Amser yn drom arni, a'r gogoniant wedi llwyr ymadael ohoni ers dyddiau lawer. Yn y fan lle unwaith y preswyliai penau coronog, nid oes yn awr ond dyrniad o boblach dylodion yn ennill eu bara beunyddiol drwy ddygu lafur a chwys gwyneb. Lle unwaith

157

aneddai tywysogion, ni thrig heddyw ond y dosparth hwnw o gymdeithas am y rhai y dywedir 'na ddarfyddant o'r tir!' Mor frau a darfodedig yw rhwysg a gogoniant daearfyd! Poblogaeth y plwyf a'r dref hon, yn ôl y cyfrifiad diweddaf, yw meibion 416, merched 502, cyfranrif 918, yr hyn sydd leihad o 114 ar census 1851. – Ond nid diffyg iachusrwydd y lle a bâr hyn. Prif orchwylion y trigolion yw pysgota, amaetha, a gwau amrafael fath ar fatiau o fôr-hesg. Ceir ymlaen y gorchwyl olaf gan mwyaf gan yr ystlen deg, a mawr bleser a gawsom wrth syllu ar eu meinion fysedd yn gwibio can gynted a'r gwynt. Ofnwn nad ydyw moddion addysg mor flodeuog yn y plwyf poblogaidd hwn ag y gallai fod. 'Nid da lle gellir gwell'. Ond yn ngwyneb yr anfantais orfawr hon, magodd Niwbwrch amrai enwogion dihafal, a maethodd ar ei bronau hesp a sychlyd rai sêr dysglaer fu ac sy'n llewyrchu yn ffurfafen llenyddiaeth Gwyllt Walia; ac nid y lleiaf ohonynt o ran dawn a dysg yw 'Myfyr Môn' awdwr *Swyddogaeth Barn a Darfelydd*, a ffyddlawn noddwr i'n Heisteddfodau Cenedlaethol. 'Bo ond ei grybwyll', cynhaliwyd Eisteddfod nid anenwog yma ar yr 20fed o Fedi, yn y flwyddyn 1842, pryd yr oedd 'Bardd Du Môn' a 'Glan Dinam' yn gyd-fuddugwyr ar y prif destyn, sef Awdl Marwnad i'r Parch. H. Rowlands G.C. diweddar beriglor y plwyf, yr hwn oedd hynod am ei elusengarwch, ac yn tra rhagori mewn gweithredoedd da. Ar ôl y cyfarfod cyhoeddus ar yr heol, ciniawodd y beirdd a'r llenorion yn hen westy hybarch y White Lion. Yn Niwbwrch y ganwyd ac y trigodd John Morgan, y crythor dall, i'r hwn y mae y cerddorion yn ddyledus am gadwraeth y crwth. Yn y dreflan anhygyrch hon, mewn bwthyn bychan, ynghanol pob anfantais a dygn dylodi, y cyfansoddodd 'Bardd Du Môn' ei farddoniaeth felusber. Ond i derfynu ein nodiadau ar Niwbwrch fel y mae, gyda dywedyd mai tref hynodol ydyw – heb faer na chorfforaeth, na ffair na marchnad!

Wrth chwilio a chwalu cofiannau'r 'dyddiau fu' cawn nad yr hyn yw yn awr oedd 'yr hen amser gynt'. Ar y cyntaf gelwid y fro yn Rhosfair, oddi wrth eglwys fechan gyflwynedig i'r Forwyn Fair a adeiladwyd ar y rhosdir gerllaw. Myn amrai hynafiaethwyr trylen mai Rhoshir yw yr enw gwreiddiol. Bid a fo, gwelsom yn rhywle yn argraffedig?

> 'Mae'r llys yn Rhosfair, mae'r llyn? – mae'r eurgylch?
> Mae'r arglwydd, Llywelyn?
> A'r gŵyr tal fu'n ei ganlyn?
> Mil fyrdd yn eu gwyrdd a gwyn.'

Yr ydoedd (mal y gwelir) gan dywysogion Gwynedd balas brenhinol yn y fangre hon, mewn cysylltiad a'r llys yn Aberffraw, Dywed Rowlands (yn y 'Mona Antiqua Restaurata') i'r Tywysog Llywelyn ap Iorwerth wneuthur rhodd o faenorydd y Cwirt, yn mhlwyf Llangeinwen, a'r Cwirtau yn Aberffraw, sef ŷd-diroedd tref freiniol Rhosfair, i fynachod Aberconwy.

Yn 'Cambrian Guide', argraffiad 1813, cawn y sylwadau a ganlyn:

'Newborough. – Yr enw Cymraeg yw Rhos Vair. Yr oedd yma lys neu drigle freiniol, perthynol i dywysogion Gwynedd. Bu unwaith yn eisteddle barn dros gwmwd Menai, a pharhaodd felly am hir amser ar ôl ei darostyngiad i goron Lloegr. Cynysgaethodd Iorwerth y Cyntaf hi a breiniau Tywysog Cymru, ac a'i ffurfiodd yn fwrdeistref, oherwydd paham fe'i galwyd yn New-borough (bwrdeistref newydd – Niwbwrch yn llygriad o'r unrhyw air). Anfonai gynrychiolwr i'r Senedd, a dyry yn bresenol y teitl o farwn i deulu y Wynniaid.'

Dyrchafwyd Syr Thomas Wynne, Barwnig, o Boduan a Glynllifon, ac aelod seneddol dros swydd Gaerynarfon, i'r bendefigaeth Wyddelig (Gorph. 23, 1776) wrth yr urdd-enwad o Farwn Newborough, ar gyfrif ei wasanaeth i'w wlad, fel Milwriad Gwirfoddolwyr sir Gaerynarfon. Bu ei Arglwyddiaeth farw 12 Hydref, 1807. Gwisgir y teitl yn bresenol gan yr ail fab, a'r trydydd barwn, sef y Gwir Anrhydeddus Spencer Bulkeley Wyn, o barc Glynllifon. Hir oes iddo!

Gresyn na chrynhoid yn nghyd, gan rai o'i meib uchelglodus, hanes hen brifdref Ynys Môn, canys ni allai amlinelliad o Niwbwrch fel yr oedd fod yn annyddorol i'r darllenydd Cymreig. Y mae'r brawd 'Cyfylchyw' wedi gweithio yn ardderchog gyda hanesiaeth tref dywysogol Aberffraw. Yn iach i'r dreflan dawel, a'i holl breswylwyr – byddwch wych, doeth a difyr, ys dywed Tal.

Yn Mynwent Niwbwrch
'Come, then, put off the world awhile, and tread,
With serious feet, the city of the dead!'

Amser a ballai i ddysgrifio yr oludawg gain olygfa a geir o'r llanerch gysegredig hon, ac y mae'r dydd wedi rhedeg weithian yn mhell, fel na allwn hebgor munudyn i fyned i ymofyn y gŵr a geidw yr agoriadau, er caffael mynediad i gôr y sant; gan hynny rhaid ymfoddloni ar sylldrem amherffaith drwy y ffenestr ddrylliedig ar y meingciau cadarn-gryf o dderw du canmlwydd a leinw yr adail hynafol, a chipdrem ar y tablet hardd sydd ar y mur deheuol, codwyd i goffau y diweddar Barch. Henry Rowlands, G.C., periglor y lle, gan ei blwyfolion haeddglodus a'i gyfeillion lluosog. Adeiladwyd eglwys yma yn foreu iawn, ac y mae wedi ei chyflwyno i'r Wyryf Fendigaid a'r apostol Sant Pedr. Dyga ar ei grudd nod amlwg o hynafiaeth mawr, a gwelodd ddyddiau gwell: ond y mae rhyw fodau dichwaeth wedi anharddu ei hybarch wedd yn erwin, drwy 'wyn-galchu beddau y proffwydi.'....

D. Griffiths, Capel Curig
Golud yr Oes, Chwefror, 1864

Plant Ysgol Niwbwrch, 1909
Ar y dde: y prifathro, Mr D. Pryse Jones
Ar y chwith: Mrs E. Williams, athrawes
Cyfanswm y plant yn 1909: 170

Niwbwrch

Lle rhyfedd yw cwr Sir Fôn, y cwr sydd i'r de ddwyrain. Y mae tywod melyn fel ymyl aur iddo, – Traeth Melynog ar ochr y Fenai, Tywod Malldraeth yr ochr arall, a thywod prysur a symudol y môr o'i flaen. Yn y môr hwnnw y mae dinas wedi suddo, sef Caer Aranrhod; ac y mae rhai pobl, a llawer o bysgod, wedi ei gweld. Ai llwch aur y ddinas goll, wedi ei dwyn i fyny gan y tonnau a'r gwynt, yw'r tywod?

Nage, onide buasai pobl Sir Fôn wedi ei gludo ymhellach i'r tir. Nid hoff gan neb mohono, er melyned ei liw. Mae wedi llifo dros Ffynnon Dwynwen, hen ffynnon duwies cariad y Cymry; mae wedi llifo dros eglwys Llanddwyn; mae wedi lladd y glaswellt ar lawer dôl a bryn.

Ar fryncyn uwchlaw'r tywod saif tref Niwbwrch. Y mae'n hen iawn, a bu'n enwog iawn gynt. Rhosyr oedd ei hen enw, ac y mae Dafydd ab Gwilym (fl. 1340-70) wedi bod ynddi, a chanu ei chlod, – 'Cyfnither nef yw'r dref draw'.

Safle archeolegol Llys Rhosyr, Niwbwrch, 2010

Yr oedd Rhosyr cyn y bedwaredd ganrif ar ddeg, yn un o bum stad frenhinol ym Môn, a phob un a llys neu balas yn ganolbwynt iddi. Gwyddom fod Llywelyn Fawr wedi cyhoeddi siarter yn Rhosyr ym 1237. Yng Nghymru'r canol oesoedd y traddodiad oedd bod y brenhinoedd a'r Tywysogion yn mynd ar gylchdaith o amgylch eu teyrnas, gan aros yn y llys ble byddent yn delio a gweinyddiaeth leol ac anghydfodau cyfreithiol. Yr oedd llawer o ddeiliaid y Tywysog yn gaeth fel taeogion ynghlwm wrth y tir. Byddent yn byw mewn pentref yn agos i'r llys a elwir yn Faerdref – tref y maes. Yno, casglwyd rhenti a dyledion eraill, nid mewn arian parod ond ar ffurf llafur ar dir y Tywysog. Yr oedd dyletswyddau'n cynnwys atgyweirio a chynnal a chadw adeiladau'r llys, a chyfrannu bwyd.

Hyd nes y cafodd y safle ei ailddarganfod gan archeolegwyr, dim ond yr eglwys cyfagos oedd ar ôl fel arwydd o bwysigrwydd blaenorol yr ardal.

Pan fyddai dinas am lwyddo, cai siarter gan y brenin, a'i breintiau i gyd wedi eu rhoi i lawr yn y siarter – hawl marchnad, hawl llys, a.y.b. Yr oedd yn ffafr tywysogion Cymru; yr oedd eu llys yn y golwg, yr ochr arall i'r afon. Pan gwympodd Llywelyn, rhoddodd Edward y Cyntaf siarter i'r dref, a chafodd wên llawer brenin wedyn. A phan ddaeth Harri'r seithfed i'r orsedd, – ac un o Sir Fôn oedd ef, – gwnaeth Niwbwrch yn brif dref y sir yn lle Biwmares; a rhoddodd Harri'r Wythfed hawl iddi hi a Biwmares anfon aelod i'r Senedd.

Yr oedd Niwbwrch yn enwog iawn, felly, yr adeg honno. Yr oedd caeau ffrwythlon o'i hamgylch; yr oedd pysgod ddigon ar ei glennydd; yr oedd llafwyn ym Malltraeth, ddigonedd, i'w plethu'n bob math o offer defnyddiol.

Ond yr oedd y tywod yn cael ei chwythu o'r môr, ac yn dechrau ennill tir. A daeth cwmwl dros ogoniant Niwbwrch. Erbyn teyrnasiad Edward y Chweched, yr oedd yn dref dlawd. Methai dalu treuliau ei haelod seneddol; gwneid hynny yr adeg honno. Daeth Biwmares, ei chydymgeisydd, yn brif dref y sir yn ei hol. A thua dechrau'r ddeunawfed ganrif, collodd ei hawl i anfon aelod i'r Senedd gyda Biwmares, ni fynnai tref falchaf Môn gyd-anfon â thref dlotaf Môn.

Er hynny, yr oedd gan Niwbwrch lawer o arwyddion ei hen ogoniant.

Golygfa o Eryri o ucheldir Niwbwrch

Yr oedd ganddi faer a chofiedydd, a etholid gan rydd-freinwyr y dref; a dau faili, y cyntaf i'w ethol gan y maer, a'r ail gan y baili etholid gyntaf. Yr oedd ôl golud yn yr hen ystrydoedd hefyd – cynhelid marchnad bob wythnos. Ac yr oedd yn ymyl ddwy ystorfa ddiysbydd o gyfoeth, – y môr a hesg yr afonydd. O'r hesg gwneid matiau, rhwydi pysgota, rhaffau, cewyll, basgedi, a llawer math o offer amaethyddol. Yr oedd gan y trefwyr i gyd hawl i fynd i gynhaeaf llafurus yr hesg yn yr haf, ac i'w plethu a'u trin â bysedd diwyd yn y gaeaf.

Ond yn 1814, trwy ryw anhap, diffoddodd y gorfforaeth; ac ni welwyd na maer na chofiedydd byth wedyn. Yr un pryd, caewyd y cytiroedd, ac aethant yn eiddo i feistri tir. Collodd y trefwr le i'w fuwch bori, a lle i gael hesg am ddim ond eu cynhaeafu.

Yn yr adegau hynny, yr oedd digon o bethau i siarad amdanynt ar aelwydydd Niwbwrch, Ffynnon Ddwynwen, lle yr elai cariadon i aberthu er hen oesau paganiaeth; Ffynnon Fair a'i rhin; y cwch yn suddo yn nhywod Abermenai; y tywod wedi ennill cae newydd; llong wedi ei churo'n ddrylliau ar y glannau perygl.

Y mae i Niwbwrch fywyd a hanes heddiw hefyd, a meibion hoff ohoni. Cawn adrodd yr hanes hwn hefyd, hwyrach, ryw dro.

Cymru'r Plant, Chwefror, 1909

O.N. *Un o'r adeiladau harddaf yn Niwbwrch yw y Prichard Jones Institiwt, a roddwyd yn anrheg i'w bentref genedigol gan Syr J. Pritchard Jones, Llundain. Roedd yn cynnwys llyfrgell a darllenfa eang, gyda chwech o dai i hen bobl. Costiodd y cyfan tua £20,000. Gerllaw i'r Institiwt y mae Ysgol y Cyngor lle y bu yr Athro D. Pryse Jones (wŷr i Robert John Pryse, neu Gweirydd ap Rhys fel y gelwid, 1807-89, y llenor a hanesydd o Beudy Clegyrog, Llanbadrig, Môn) yn athro.*

Yr oedd poblogaeth Niwbwrch yn 1907 yn 900.

PENMON

Castell Lleiniog

Saif adfeilion y castell hynafol hwn ar dir fferm o'r enw Lleiniog, ym mhlwyf Penmon, Môn, tua thair milltir o dref Biwmaris. Adeiladwyd ef yn y flwyddyn 1096 gan Hugh Lupus, Iarll Caer; a Hugh de Montgomery, Iarll Amwythig; â adnabyddid hefyd wrth yr enwau Huw Fras o Gaer, a Huw Goch o'r Amwythig. Aeth y ddau, ynghyd ac amryw bendefigion eraill, yn fradwyr i'r brenin Gruffydd ap Cynan (c. 1055-1137). Cododd terfysg rhwng y pendefigion a'r brenin, gorfodwyd iddo ef ynghyd â Cadwgan ap Bleiddyn (m. 1111), ffoi i'r Iwerddon, ac aros yno am ddwy flynedd.

Yn ystod eu habsenoldeb daeth y ddau iarll â nodwyd i Fôn, ac ymddwyn tuag at drigolion yr ynys yn y modd mwyaf barbaraidd; y mae hanes y driniaeth a gafodd un Candred, offeiriad, ganddynt yn ddigon i greu teimlad o ddigofaint tuag atynt, ac yn rhy wrthun i'w goffáu.

Roedd y castell yn bedair-congl, gweddol fach, gyda thŵr crwn ar bob congl iddo. Safai ar dwmpath tua 40 troedfedd o uchder, a 150 oddiamgylch, gyda ffos ugain troedfedd o led o'i amgylch. Yn 1097 gyrrwyd llynges Magnus, brenin Llychlyn (Norwy) i fyny Afon Menai gan wynt croes, ac angorodd o dan y castell. Diben ei ddyfodiad i Gymru oedd i ddial ar

Gruffydd ap Cynan. Yn union wedi angori ceisiodd milwyr Magnus dirio, i wneud ymdrech i gymryd yr amddiffynfa. Safai gwarchodlu'r castell ar lan y môr i'w gwrthwynebu, a bu brwydr ofnadwy rhwng y ddwy ochr. Llywyddai Huw Goch o'r Amwythig ei filwyr ar gefn ei farch, wedi ei orchuddio i gyd, oddigerth ei lygaid, gan arfwisg ddur. Safai Magnus ar fwrdd un o'i longau ar y pryd, a gan anelu ato, saethodd ef yn ei lygad, a syrthiodd yn farw. Digalonodd ei gyfaill Iarll Caerllion, ffodd i Lŷn, ac oddi yno i Gaerllion.

Yn nechrau 1174 roedd Dafydd ap Owain, Tywysog Gwynedd (m.1203), yn ymosod ar rhai o filwyr ei frawd Maelgwyn, oedd yn gwarchod Castell Lleiniog. Roedd Maelgwyn wedi cymryd meddiant o Ynys Môn oddi ar Dafydd ei frawd heb unrhyw hawl. Bu'n rhaid i Dafydd anfon milwyr dros y Fenai, a gyrru cefnogwyr ei frawd ar ffo drosodd i'r Iwerddon.

Ychydig iawn o hanes sydd i'r castell ar ôl hynny hyd deyrnasiad Siarl y Cyntaf pryd yr amddiffynwyd ef dros y Senedd gan Syr Thomas Cheedle, ond yn 1645 fe'i cymrwyd ef gan y Cadlywydd Robinson.

Gelwir y castell yn Porth Lleiniog, am y bu yno am rhai canrifoedd, borthladd bychan i longau angori. Yn y môr ger Aberlleiniog, yn 1831 y drylliwyd y *Rothsay Castle* ar ôl iddi adael Lerpwl.

Creigiau Penmon

Mi af oddiyma i Ynys Môn
Cyn delo'r gaeaf eto;
Mae yno fiwsig dan bob llwyn
Fel tannau mwyn yn tiwnio,
A meindon leddf ar lawer traeth,
A hiraeth lond ei chalon
Am ysgafn droed y wylan wiw
Sy'n byw ar greigiau Penmon

Caf wylio'r haf yn Ynys Môn
Yn huno tros y meusydd,
A gofid hen freuddwydion dan
Fwyth sidan ei adenydd;
A chof am yr awelig fach
Roes iddo lanach calon
Yw unig obaith blodyn gwyw
Sy'n byw ar greigiau Penmon

W. J. Gruffydd
Cymru, Hydref, 1904

Creigiau Penmon

Ganed William John Gruffydd (1881-1954) yng Ngorffwysfa, Bethel,
Arfon. Addysgwyd yn ysgol elfennol Bethel, Ysgol Sir Caernarfon, a
Coleg Iesu, Rhydychen. Yn 1906 penodwyd ef yn ddarlithydd yn yr
adran Gelteg yng Ngholeg y Brifysgol, Caerdydd. Safodd fel ymgeisydd
am sedd Prifysgol Cymru yn y Senedd dan nawdd y Rhyddfrydwyr yn
1943 yn erbyn Saunders Lewis (1983-1985). Cafodd ei ail ethol yn 1945,
a pharhaodd yn aelod nes diddymu seddau'r prifysgolion yn 1950.

   Ymddiddorai'n gynnar mewn barddoniaeth Gymraeg. Y mae ei
gerddi gorau yn gyfraniad cyfoethog i'r maes hwnnw gan gynnwys ei
gerdd hir 'Ynys yr Hud'. Cyhoeddodd nifer o lyfrau megis: Telynegion
(1900), Caneuon a Cherddi *(1906),* Ynys yr hud, a Chaneuon eraill
(1923), a Caniadau *(1932). Ef oedd golygydd* Y Flodeugerdd Newydd
(1909), Blodeuglwm o Englynion *(1920), a hefyd* Y Flodeugerdd
Gymraeg *(1931).*

   Yn 1909 priododd â Gwenda, merch y Parch. John Evans, Aber-
carn. Ymwahanasant rai blynyddoedd cyn diwedd ei hoes.

Y Bywgraffiadur Cymreig 1951-1970

PENMYNYDD

Alaw – Dydd Trwy'r Ffenestr

Penmynydd, Môn

Ychydig o'n cydwladwyr sydd yn gwybod fod caethion, neu yn hytrach gaethddeiliaid, yng Nghymru hyd amser Harri y Seithfed. Gwnaeth y brenin hwnnw, yr hwn oedd yn fab i Owen Tudur, lawer o gymwynasau i'w genedl, ac ymysg y rhai hynny, y mae siarter a roddodd i ryddhau y caethddeiliaid Cymreig yn un o'r cymwynasau pennaf. Ystyrir yn y gân ganlynol fod y caethion Cymreig yn edrych am belydriad cyntaf o haul gogoneddus y bore hwnnw, yn tywynu trwy eu ffenestri, ac yn edrych am yr olwg gyntaf ar bensil y goleuni yn ysgrifenu 'Rhyddid' ar dudalen dywyll y ffurfafen.

    Mae rhyddid i wylan y môr gael ymgodi,
    Ac hedeg i'r mynydd uchelaf ei big:
    Mae rhyddid i 'dderyn ar greigiau'r Eryri
    Ehedeg i waered i weled y wig.
    O rhowch i ni delyn, gadewch i ni dalu
    Croesawiad i ryddid ar doriad y dydd,
    A fory gyda'r wawr, byddwn ninnau'n rhydd,
    Byddwn yn rhydd!

Yfory pan welir yr haul yn cyfodi,
Caf deimlo llawenydd na theimlais erioed:
Ac fel yr aderyn yng ngwlad yr Eryri,
Yn ysgafn fy nghalon ac ysgafn fy nhroed.
Pan welom oleuni yn gwynu'r ffenestri,
Rhown garol i ryddid ar doriad y dydd,
Yfory gyda'r wawr, byddwn ninnau'n rhydd,
Byddwn yn rhydd!

John Ceiriog Hughes
Trysorfa y Plant, Gorffennaf, 1863

Ganed John Ceiriog Hughes yn y flwyddyn 1832, yn Pen-y-bryn, Llanarmon-yn-Ial, Dinbych. Cymerodd ei enw barddol, 'Ceiriog', oddi wrth yr afon a redai drwy ei hen ardal – Glyn Ceiriog. Pan oedd yn ifanc iawn aeth i Fanceinion i weithio fel clerc yng ngorsaf nwyddau London Road. Wedi un mlynedd ar bymtheg yn Lloegr dychwelodd 'Ceiriog' i Gymru, i Lanidloes lle bu'n orsaf-feistr i Rheilffordd y

Ceiriog

Cambrian, ac yna yn Nhywyn yn 1870. Y flwyddyn canlynol penodwyd ef yn arolygydd ar y rheilffordd.

Bu'n casglu ceinciau a hen alawon drwy gydol ei oes. Cyhoeddodd gyfres o alawon Cymreig, 'Cant o Ganeuon: Yn Cynnwys, Y Gyfres Gyntaf o Eiriau ar Alawon Cymreig', a rhestrwyd 1,195 ohonynt yn 'Y Bardd a'r Cerddor'. Nid oedd yn deall rhyw lawer ar dechneg cerddoriaeth, eto yn ôl ei gyfaill, John Jones (Idris Fychan) yr oedd ganddo'r ddawn i ddal anianawd yr alaw, a'r ddawn i roi ysbryd y gainc mewn corff o eiriau. Ymysg ei farddoniaeth mwyaf poblogaidd oedd: Nant y Mynydd, *ac* Alun Mabon. *Bu farw 23 Ebrill, 1887, yn 55 mlwydd oed, sef yr un flwyddyn y bu farw 'Idris Fychan'. Fe'i claddwyd ef yn Llanwnnog, ym Mhowys.*

Plas Penmynydd

Bu llawer o ramant ynghylch Plas Penmynydd – cartref tybiedig Owain ap Meredudd ap Tudur, y gŵr ieuanc tlawd o Fôn a aeth i Lundain, i lys y brenin, syrthiodd Catherine de Valois, merch brenin Ffrainc a gweddw Harri'r Pumed, mewn cariad ag ef. (Mam Frenhines bump ar hugain oed oedd hi) Ŵyr i Owain a Catherine oedd Harri'r Seithfed.

Hyd rhyfel Owain Glyndŵr bu hynafiaid Owain Tudur am genedlaethau yn bwerus yng Ngwynedd, yn gwasanaethu Tywysogion Cymru hyd 1282 ac yna brenhinoedd Lloegr. Yr oeddynt hefyd yn noddwyr hael i'r beirdd. Ewythr Owain Tudur, sef Goronwy ap Tudur a drigai ym Mhenmynydd. Ymladdodd gyda'r Tywysog Du yn Ffrainc a phenodwyd ef yn Gwnstabl Castell Biwmares yn 1382. Bu Goronwy farw cyn dechrau ar ei swydd ac felly yn 1400 ni fu'n rhaid iddo ddewis rhwng glynu wrth frenin Lloegr ynteu gwrthryfela ochr yn ochr â'i gefnder Glyndŵr. Ymuno â'u cefnder a wnaeth ei frodyr Gwilym, Rhys a Maredudd a fforffedu eu tiroedd, – nid oes sicrwydd ym mha le yr oedd tiroedd Maredudd.

Darfu am bwysigrwydd disgynyddion Goronwy ym Mhenmynydd ond croesewid y beirdd yno o hyd. Heddiw mae perchennog newydd Plas Penmynydd wrthi'n adfer y tŷ. Y dyddiad hynaf y cafwyd hyd iddo hyd yn hyn yw 1546, – dyna gyfnod yr ail Richard Owen (Theodore). Gelwid yr aer yn Richard bob amser a bu chwech ohonynt.

Gellir profi i'r trydydd Richard (a oedd yn Gofiadur bwrdeistref Biwmares) godi tŷ sylweddol yno yn 1576. Ei aer oedd ei frawd Dafydd a fu yng ngwasanaeth yr Iarlles Hardwicke ac ar ddiwedd oes Elisabeth drwgdybid ef o gynllwynio i roddi Arbella Stuart ar yr orsedd. Priododd eu chwaer Catrin a'r bardd Dafydd Llwyd o Henblas, Llangristiolus. Yr oedd hithau'n fardd.

Ar ôl marw'r chweched Risiart a'i chwaer, aeth Plas Penmynydd yn eiddo i'w modryb, gwraig Rowland Bulkeley, Porthamal, a'u mab hwy, Francis Bulkeley oedd yr aer olaf. Aeth ef i drafferthion ariannol dybryd a saethodd ei hun yn 1714. Aeth Plas Penmynydd i feddiant Bwlcleaid Biwmares.

Helen Ramage (1990)

Un o Waenfawr, Arfon, oedd Helen Ramage, un o deulu talentog a fagwyd ym Mron Eryri. Rhoddodd yr enw Pant y Celyn ar ei chartref ym Mhorthaethwy, i gofio am gartref ei thad. Bu'n briod â'r Canon Eric Ramage, Rheithor Biwmares. Yn dilyn tymor ym Mhrifysgol Cymru Bangor enillodd ysgoloriaeth D. Lloyd George i ymchwilio i hanes Cymru. Cafodd radd M.A. am ei gwaith ymchwil i hanes y Cymrodorion a Chymru Llundain. Bu'n ddarlithydd yn adran allanol Prifysgol Bangor am nifer o flynyddoedd, a mynych y clywid ei llais ar y radio a'r teledu. Golygodd y gyfres 'Studies in Anglesey History' o dan nawdd Cymdeithas Hynafiaethwyr Môn. Hi oedd awdur y seithfed yn y gyfres honno sef 'Portraits of an Island – Eighteenth Century Anglesey'. Bu hi farw yn 1992.

PENTRAETH

William Williams (1839-1915), Arloeswr o Fôn

Mab ydoedd William Williams i Thomas ac Elizabeth Williams, Pen y Parc, Pentraeth. Ef oedd yr ieuengaf o bedwar o feibion a phrin oedd y rhagolygon am waith buddiol ym Môn i fachgen yn ei safle yng nghanol y bedwaredd ganrif ar bymtheg. Ganed ef ar y pumed o Ionawr, 1839, a phan oedd yn ddeuddeg oed aeth i'r môr fel llawer o'i gyfoeswyr o Fôn. Ychydig iawn a wyddys amdano fel morwr ond ei fod pan yn bedair ar ddeg yn A.B. ar long hwylio.

Cafodd yr awydd i fyned i Awstralia yn fuan wedi'r newyddion cyntaf am y darganfyddiadau aur yno yn 1851... Wedi darllen a chlywed ymhellach am y darganfyddiadau eraill yn Awstralia penderfynodd fynd yno, ac ym mis Awst 1857, hwyliodd o Lerpwl yn y llong *Abab Bray*. Glaniodd ym Melbourne yn nechrau Rhagfyr wedi cant a deuddeg o ddiwrnodiau ar y môr... Ni fentrodd i'r meysydd aur yn union wedi glanio, ond gweithiodd am wyth mis yn rhoddi balast mewn llongau ym mhorthladd Williamstown, tuag wyth milltir o Melbourne. Enillodd fwy na £3 mewn un diwrnod da ac ar gyfartaledd enillodd rhwng £24 a £30 y mis, gan fod cyflogau wedi codi gymaint yng nghysgod y ffyniant a ddaeth gyda'r darganfyddiadau mawr o aur.

Wedi clywed newyddion fod aur i'w gael yn hawdd gan unrhyw un yn Canoona, Queensland, hwyliodd o Melbourne i Rockampton, mordaith o saith diwrnod. Pan gyrhaeddodd, gwelodd yn fuan fod pethau yn hollol i'r gwrthwyneb i'r hyn a ddisgwyliodd.

Er iddo gael llawer o hanesion am y lle, y prinder bwyd ac aur, a'r anghyfraith ac anrhefn yno, penderfynodd fynd yn ei flaen, fel un o gwmni o bedwar. Cyrhaeddodd maes aur Canoona wedi tridiau o gerdded. Arhosasant yno, yn rhannol gan fod y llywodraeth yn cynnig gwobr am ddarganfyddiadau mawr o aur. Ond ni chawsant lwc o gwbl, ac ar ôl rhyw saith wythnos, roedd y cwmni wedi rhedeg allan o arian.

Aeth William Williams yn ôl i Felbourne yn dlotach, wedi bedydd gweddol anfoddhaol i'w ymdrech i wneud ei ffortiwn. Ni allasai fod wedi bod yn fwy anffortunus yn ei ymgyrch gyntaf am aur ond gwelodd William Williams ochr arall i'r anturiaeth hon.

Bu yn gweithio yn Williamstown eto am ychydig amser, digon i gasglu ychydig o arian a dillad. Wedyn ymunodd a thri Cymro ieuanc a chychwynasant ar daith galed o 100 milltir am y mwyngloddiau aur yn ardal Bendigo. Ond nid oedd ei lwc wedi newid, er iddo gloddio'n ddyfn (tua chan troedfedd) i lawr ac yn dreifio i'r cyfeiriad tebygol (weithiau dros 100 troedfedd) mewn tri gwahanol man dros gyfnod o chwe mis, ni chawsant ond ychydig o aur.

Ymadawsant a'i gilydd wedi hyn, ac mae'n sicr fod y newyddion fod rhai wedi cael aur yn dda wedyn yn agos i lle y buont yn cloddio, ddim yn gysur iddo. Aeth oddi yno i le o'r enw Inglewood, tua hanner can milltir i ffwrdd, ond er fod rhai wedi gwneud yn dda iawn yno (rhai wedi cael aur werth £70,000 mewn ychydig amser) ni chafodd unrhyw lwc ac aeth oddi yno drachefn ar ôl rhyw bump i chwe mis...

Yn ystod y tir neu bedwar mis nesaf bu yn Dunolly ond ychydig iawn o aur a gafodd a bu'n rhaid iddo 'adael y lle hyn eto heb fod fawr trymach ei fogad'. Daeth gobaith newydd gyda'r newyddion fod aur wedi ei ddarganfod yn Mountain Creek, taith diwrnod i ffwrdd. Unodd a dau Sais, cymerasant dir yn ymyl ac yn llawn hyder aethant ati bron ddydd a nos.. Eto ni chawsant ddigon i dalu eu costau...

Newidiodd ei lwc yn fuan. Aeth dros rhyw fynydd a chafodd ei berswadio gan rhyw Gymry i gymryd darn o dir yn eu hymyl. Cafodd bartner newydd ac aeth ati i dyllu. Ei bryder yn awr oedd fod ei hawlfraint i fwyngloddio dros flwydd 'oed ac nid oedd ganddo arian i brynu un arall. Ymhen tri mis cawsant werth £300 o aur yr un allan o'r mwynglawdd hwnnw.

Calonogodd hyn ef i feddwl mynd i Seland Newydd, ac aeth i lawr i'r brifddinas, Melbourne, gyda'r bwriad o fynd yno ond 'fe ddaeth newyddion hynod o ddrwg iddo yno a darfu i minnau goilio y newyddion hynny, a throi yn ôl. Ac euthum i le o'r enw Back Creek, dyma y lle y gwnaeth y Cymru a foddodd yn y *Royal Charter* ei harian'. Er iddo beidio a mynd i Seland Newydd yn niwedd 1861 bu i'r darganfyddiadau newydd yn ystod 1862 a dechrau 1863 ei berswadio eilwaith i fynd yno. Cafodd fordaith o saith niwrnod mewn stemar cyn iddo gyrraedd Dunedin, tua mis Ebrill, 1863... Yr oedd taith o 100 milltir o'i flaen cyn cyrraedd y meysydd aur o gwmpas Dunstan, neu Alexandria fel y'i gelwir heddiw... Wedi pythefnos o lafurio'n ofer am aur, aeth yn ôl i Dunstant ac oddi yno ymlaen i le yn dwyn yr enw

'Foxes' gan William Williams, tua hanner can milltir i ffwrdd yng nghanol y mynyddoedd... Yn ystod yr wythnos gyntaf yng Ngorffennaf, 1863, bu stormydd mawr yn y mynyddoedd, gyda glaw trwm yn parhau am chwe niwrnod heb beidio o gwbl. Y canlyniad fu i donnau mawr o ddŵr, i fyny i ugain troedfedd, lifo drwy'r nentydd culion, gan gludo pob peth i lawr. Lladdwyd llawer, a bu eraill golli pob peth o'u heiddo... Wedi pum mis o lafur caled yn agor ac yn ail-agor ffosydd cafwyd siomedigaeth fawr – nid oedd aur o gwbl yn y pwll.

Aeth oddi yno i Dunstan Creek, darganfyddiad newydd mewn dyffryn arall. Yr oedd llawer o Gymry yno, tua phedwar ugain yn ei dyb ef. Bu'n cynorthwyo gydag adeiladu'r capel ac wedi blwyddyn weddol lwyddiannus, aeth yn ôl i Awstralia.

Yn 1868 teithiodd mewn stemar o Melbourne i Hokatiki, un o brif borthladdoedd meysydd aur gorllewin ynys ddeheuol Seland Newydd, lle roedd Owen ei frawd ers wyth mis ynghynt. Mewn nant fechan o'r enw Eight Mile Creek cafodd aur gwerth £2,000 i'w rannu rhwng pump. Dychwelodd i Awstralia gan obeithio casglu mwy o aur at yr hyn a enillodd yn Seland Newydd, ond ni ddaliodd ei lwc. Gyda'r newyddion fod darganfyddiad mawr wedi ei wneud yn Gympie, Queensland, yn 1867 treuliodd William Williams bron i dair blynedd yno, o 1868 i 1871, ond nid yw yn rhoddi unrhyw fanylion am ei anturiaethau yno, ond y ffaith iddo gychwyn yno gyda £700 yn ei boced a dychwel gyda £10. Roedd wedi bod wrthi am dros ddeuddeng mlynedd erbyn hyn yn cloddio am ei ffortiwn heb ddim i ddangos am ei ymdrechion. Aeth pethau'n waeth yn ystod yr wythnosau nesaf, pan fu yn crwydro o un lle i'r llall heb ddim lwc. Aeth i Gulgong, maes aur newydd yn New South Wales gyda dim ond 6 cheiniog yn ei boced, a benthycodd ddeg swllt gan ffrind iddo er mwyn cael rhan mewn darn newydd o dir i'w weithio. O'r diwedd bu newid mawr yn ei lwc. Cafodd y ddau, mewn cyfnod o naw wythnos, aur gwerth £1,100 yr un, a thalodd yn ôl i'w ffrind trwy roddi darn o'r tir gwerthfawr iddo. Mae'n sicr mai dyma a wnaeth iddo benderfynu dychwel gartref. Rhoddodd yr arian i'w gadw yn y Bank of New South Wales ym Melbourne a gwnaeth drefniadau am y fordaith.

Hwyliodd y *True Briton* o Melbourne ar 14eg Rhagfyr, 1871, ac yr oedd adref ym Mhentraeth, Môn, ar y trydydd o Ebrill, 1872, bron i bymtheg mlynedd ers iddo adael Lerpwl ar ei anturiaethau. Yr oedd erbyn hyn wedi cychwyn ar y gwaith o ddysgu ei hun i ysgrifennu Saesneg... rhai o'r gwersi gan William Owen, Wigedd Bach. Mynychai gapeli Pengarnedd a Phentraeth yn gyson ac hefyd yr Ysgol Sul ym Mhenrhos... Symudodd i Lerpwl yn 1875 neu 1876, ac ar 4ydd Chwefror, 1876, yng Nghapel Princes Road, Toxteth Park, priododd â Mary Lewis, merch Griffith ac Eleanor Lewis o Rhydydelyn, Pentraeth, a disgrifir ei alwedigaeth ef ar y dystysgrif fel 'Railway porter'. Erbyn 1877 yr oedd Wm. Williams wedi cychwyn ar yrfa newydd. Gyda'r arian a ddaeth gydag ef o Awstralia, a thrwy fenthyca arian yn Lerpwl prynodd les ar dir yn Parliament Fields a dechreuodd adeiladu tai i'w gosod ar rent. Roedd y tai yn strydoedd Roseberry, Hatherley ac Eversley yn arbennig, a bu yn byw ei hun yn 3 Eversley Street am weddill ei oes. Helaethodd ei fusnes wedyn ac erbyn ei farwolaeth ar 22ain Mehefin, 1915, roedd ei ystad yn werth miloedd o bunnau...

Bryn Ellis, Llangefni
Trafodion Cymdeithas Hynafiaethwyr a Naturiaethwyr Môn 1971-72

Broydd Pentraeth

Nid oes un man o dan y nen
I mi yn Eden dlysach,
O eistedd o dan wyrddlas bren
Ni cheir un lle dedwyddach;
Cael edrych ar y dyffryn gwyrdd
Lle can y gog ei heniaith
A'r fan ymgynnull adar fyrdd
I foli broydd Pentraeth

Ceir gweld y goedwig ger y Plas
Paradwys yr aderyn,
Y meysydd gwyrdd a'r borfa fras,
Y mynydd, grug a'r rhedyn;
A chofiwn fel y rhodiwn gynt
Trwy lwybrau tiroedd diffaith,
Yng nghwmni meinwen awn ar hynt
Trwy brydferth froydd Pentraeth.

Mi welaf ffrydli loyw draw
Yn troelli trwy'r dyffrynnoedd,
A Mair a minnau law yn llaw
Yn cerdded glan y dyfroedd;
A chlywir swn anniddig don
Yn torri ar y Coch-Draeth
A nodyn clir y wylan lon
Yn cyfarch broydd Pentraeth.

Disgynna'r nos mewn mantell ddu,
Gorchuddia'r niwl y nentydd,
Distawa lleisiau adar lu
Yng nghysgod brigau'r coedydd;
A hen ysbrydion teulu'r fro,
A rodiant y gymdogaeth,
A roed i orffwys dan y gro
A garodd froydd Pentraeth.

Os ewch yn araf ganol nos
Ar bont hen afon Nodwydd
Ac aros ennyd ar y rhos
Rhwng tawel gwsg y nentydd,
Cewch glywed ar yr awel fwyn
Y llwyn yn llawn cerddoriaeth
Ac yno'n canu gyda swyn
Mae eos broydd Pentraeth.

Fe dyrr y wawr, dihuna'r côr
A gwisg y Nant ogoniant
Ac uno wnant i foli'r Iôr
Am lawnder ei ogoniant;
Ond cysgu'n dawel a wnawn ni,
Yn fud i'r bêr gerddoriaeth
A ddug y wawr a'r awel ffri
I swyno broydd Pentraeth.

John Richard Roberts, 'Ioan Geraint', Pentraeth
Yr Arwydd, Ionawr, 1990

Doedd neb yn adnabod John Richard Roberts wrth ei enw bedydd, dim ond fel 'Ioan Geraint' y bardd, neu yn fwy poblogaidd wrth ei enw cerddorol sef 'Basso Profundo'. Yr oedd yn ŵr tal, cadarn ei gerddediad a'i osgo... O'i gyfarfod am y tro cyntaf ni ellid peidio meddwl amdano fel dyn dawnus, – roedd ganddo ben urddasol ag iddo wallt hir fel cerddor neu arlunydd. Arwahan iddo ef fod yn fardd ac yn gerddor, yr oedd hefyd yn dipyn o arlunydd. Bu'n aelod o Gôr Meibion Pentraeth ar hyd ei oes. Bu'n warden ac arweinydd Côr Eglwys Llanfair Betws Geraint, sef enw ei gartref sydd ar yr ochr chwith wrth gychwyn o Lawr Llan am Langefni. 'Dyn gonest, diddrwg, digynllwyn, a diniwed fel colomen, ac yn gadarn ei safiad ym mhob argyfwng' yn ôl un o'i gofiannydd yn un o bapurau bro Môn. Enillodd gadair Eisteddfod Eglwys Llanddyfnan ddwywaith ac ef fyddai'n beirniadu'r adran arlunio gyda manylder a gonestrwydd. Cymrai yr un gofal a manylder pan fyddai'n paentio ei hun. Cerddai'n ôl a blaen a chraffu er mwyn cynhyrchu gorchestwaith. Bu ganddo ddarlun arbennig wedi ei baentio o'r Crist gyda chysgod y groes yn disgyn ar ei wyneb. Bu hefyd yn ddarllenwr llithoedd yn yr Eglwys am flynyddoedd.

Yr Arwydd, Mawrth, 1996

PENTREBERW

Berw

Yn nhref Caernarfon y ganed Robert Arthur Williams, ('Berw'), ar Sul y Pasg, 8 Ebrill, 1855. Morwr oedd ei dad, John Williams. Symudodd i Fôn ar ôl marwolaeth ei fam, ac yntau ond chwech oed. Bu dau o'i frodyr farw'n ifanc. Hanai ei fam o hen deulu parchus Lala Las, ger y dref, ac maent wedi eu claddu ym mynwent Llanfair-is-gaer, Caernarfon. Yr oedd Capten Thomas, perchennog a chapten y Napoleon, yn gefnder i'w fam; a bu

Berw

mab y capten yn fasnachwr cyfrifol yn Castle House, Caernarfon. Gŵr o Fôn oedd ei dad; a gyda'i fodryb Ann, chwaer ei dad, y magwyd 'Berw' ym Mount Pleasant, Pentreberw, Môn, ar ôl colli ei fam. Yr oedd ei daid, Owen Williams, Penygroes, Trefdraeth, Môn, yn fardd a llenor; a mam 'Hwfa Môn' (1823-1905) yn gyfnither i daid 'Berw'.

Prentisiwyd ef yn siopwr yng Ngaerwen. Ei ysgol gyntaf am flynyddoedd oedd Ysgol Wladwriaethol Gaerwen. Wedi hynny bu ym Mangor am ddwy flynedd dan ddylanwad Deon H. T. Edwards, a'r Parch. O. Evans, M.A., (Prifathro Coleg Llanymddyfri, ac Archddiacon Caerfyrddin yn ddiweddarach). Yn 1880 aeth i Goleg St Aidan, Penbedw i baratoi ar gyfer y weinidogaeth. Cafodd eu urddo yn ddiacon gan yr Esgob Campbell, Bangor, yn 1882, ac yn offeiriad yn 1884. Ei unig guradaeth oedd Abergynolwyn, Meirionydd yn 1882. Yn 1888 penodwyd ef yn Rheithor Llanfihangel-y-Pennant, Eifionydd. Ac yn 1891 dyrchafwyd ef i Ficeriaeth Betws Garmon a'r Waunfawr, Arfon, a bu yno hyd 1926, lle y claddwyd ef y flwyddyn honno.

Dechreuodd brydyddu yn ifanc, a chystadlu. Un o'i wobrwyon cyntaf oedd am ei gywydd ar Gladdedigaeth Moses yn Eisteddfod Genedlaethol Caernarfon, 1877. Enillodd chwech o gadeiriau lleol ychydig ar ôl hynny:

Cadair y Gordofigion am ei awdl ar Unigedd; Cadair Corwen yn yr un flwyddyn, 1878, am ei awdl ar Wylltineb; yn 1883, Cadair Machynlleth am ei awdl ar Anfawroldeb, a Chadair Dolgellau am ei awdl ar Jeremeia; yn 1885, Cadair Nefyn am ei awdl Cartref, a £10 yn Nolgellau am ei gyfiethiad o 'The Cottar's Saturday Night' (R. Burns). Yn 1887 yn Eisteddfod Genedlaethol Llundain enillodd ar awdl odidog i'r Frenhines Victoria. Yn dilyn hynny daeth yn un o brif feirniaid yr Eisteddfod Genedlaethol. Ymhlith ei awdlau eraill oedd rhai ar: Obaith, un arall am Hunanaberth, ac un ar Frawdoliaeth Gyffredinol. Yn 1886, cyn gadael Abergynolwyn, cyhoeddodd lyfr o'i waith, wedi ei argraffu gan Griffith Lewis, Pen-y-groes, sef *Llyfr 1*. Priododd a Margaret, merch y Parch. John Jenkins, Llan-ym-Mawddwy, a ganwyd iddynt un ferch, Enid.

Alafon
Yr Ymwelydd Misol, 1911

Cymru

Mae Cymru'n fawr ei bri,
Hen wlad y dewrion yw,
Mae'r tadau ynom ni,
Oll, oll yn fyw;
Nid oes a'n rhydd i lawr,
Ni fynwn fod dan draed,
Dewr aidd Llywelyn fawr
A gerdd drwy'n gwaed.

Mae Cymru'n 'fôr o gân',
Hen wlad telynor swyn,
Mae lleisiau' hienctid glân
Oll, oll yn fwyn;
Mae'n hen alawon cu
'Run fath a'n hiaith, yn fyw;
Sain Tannau Cymru Fu
Sy'n dod i'n clyw.

Mae Cymru'n hoffi'r bardd, –
Hen wlad barddoniaeth wir, –
Ffrwd awen ynddi dardd
Oll, oll yn glir;
Mae Barddas ar ei sedd,
A'i defod mewn parhad, –
Hi ddyry'n nwylaw hedd
Hen gledd ein gwlad.

Boed Cymru byth mewn bri,
Fel gwlad y dewr a'r da,
Trwy hyn ei llwyddiant hi
Oll, oll barhâ;
Boed Cymru'n bur ei moes, –
Hen wlad Efengyl wen, –
A chrefydd angau'r Groes
Byth ynddi'n ben.

Berw

PENYSARN

Siâni

Hen ferlen: gyda hi yr arferai Ap Alun Mabon fynd a phregethwyr i'w cyhoeddiad yng Nghapel Carmel (B), Penysarn.

Capel y Bedyddwyr Carmel, Penysarn

Ni ddaeth yr un pregethwr
I'th angladd, yr hen Siân,
Na neb o wŷr y capel
I uno yn y gân;
Rhyw angladd bach cyffredin
Heb fawr o stŵr na sôn,
Ond rhoi y pridd a'r cerrig
I'th guddio yn naear Môn.

Ni chanwyd geiriau Moab,
Nac Aberystwyth chwaith,
'Doedd ond y gwas a minnau
A'n gruddiau yno'n llaith;
A'r awel ar y cloddiau
Yn canu'i ffarwel drist
I un na bu'i ffyddlonach
I weision Iesu Grist.

Ni ddaeth yr un pregethwr
I'r angladd, yr hen Siân,
Am nad oedd yno fodur
I'w cludo ôl a blaen;
Mae'r harnais yn y stabal,
A thithau yn ddi-sôn, –
A'th drot yn ddistaw mwyach
I glyw pregethwyr Môn.

Ap Alun Mabon

Un o blant Glanypwll, Blaenau Ffestiniog oedd Richard Jones, 'Ap Alun Mabon' (1903-1940). Yno ym Mryntirion y ganed ef, yn fab i Alun Mabon Jones a'i briod. Derbyniodd ei addysg yn ysgolion dyddiol Glanypwll, a Phen-sarn, ger Amlwch. Aeth i Fôn at ewythr iddo, a thra y bu ef yno dechreuodd farddoni o dan ddylanwad gŵyr fel David Jones, a D. H. Parry, 'Dyfrydog', Llandyfrydog, Môn. Enillodd sylw iddo'i hun yn y cylch pan gipiodd wobr bwysig am draethawd ar 'Forgan Llwyd o Wynedd'.

Ar ôl dychwelyd i 'Stiniog, aeth i weithio i'r chwarel, ond bu dilyn gwaith mwynwr dan y ddaear yn ormod treth i'w gorff, a thua 1933 cafodd gyfnod o afiechyd. Rhoddodd gynnig ar waith ysgafnach, ac er iddo dreulio ysbeidiau maith yn Machynlleth a Thalgarth, ni chafodd adferiad. Ar Ddydd y Cadoediad, 1940, bu farw, gan adael ei briod yn weddw sef Grace Hughes. Fe'i claddwyd ef ym Methesda, Blaenau Ffestiniog.

Enillodd lawer o gadeiriau eisteddfodol o'r dydd y barnodd 'Llwyd Eryri' ef yn orau yn llanc ugain oed, un ohonynt oedd cadair Eisteddfod Porthmadog. Yn 1941 cyhoeddwyd casgliad o'i farddoniaeth, 'Gwrid y Machlud' sef Cyfrol Goffa Ap Alun Mabon, wedi ei dethol a'i olygu gan J. W. Jones, Blaenau Ffestiniog. Ymysg rhai o'i berthnasau amlwg oedd: Robert 'Perorfryn' Jones, Llanddeusant (m. Mawrth, 1937), brawd i'w fam; 'Eos Mai', ei daid; a 'Pencerdd Ffestin', ei ewythr.

PONT MENAI

Pont Menai

Wrth ddyfod o Fôn i Arfon, cawn sylwi ar bont ardderchog, un sydd ymysg prif ryfeddodau y byd. Mae y bont odiaethol hon wedi ei gwneud a'i phentanau ar saith o fwau anferth, pedwar ar dir Môn, a thri ar dir Arfon. Hyd y cadwyni o'r man y maen't wedi eu sicrhau yn y graig, ydyw tua 1,715 o droedfeddi; uchder y ffordd uwch cyrraedd llanw yw 100 troedfedd; ac uchder pob un o'r saith bwa maen uwch law pen llanw y môr yw 65 o droedfeddi; hyd pob bwa ydyw 52 o droedfeddi. Hefyd mae'r bont yn cynnwys dwy ffordd i gerbydau, yn 12 troedfedd o led yn y canol rhyngddynt; y rhan o'r bont sydd yn hongian uwch ben y môr sydd yn mesur 553 o droedfeddi. Y mae yr holl haearn sydd yn perthyn i'r gwaith yn pwyso 4,373, 281 o bwysi, yr hyn a fyddai yn ddigon o lwythi i 390 o wageni, a phob un i gludo yn agos i bum tunell! Yr oedd y draul i adeiladu y bont hon yn £120,000. Codwyd y gadwyn gyntaf, 26 Ebrill, 1825. Agorwyd y bont hon ddydd Llun, 30 Ionawr, 1826, am hanner awr wedi un o'r gloch y boreu; oherwydd tymor y flwyddyn ac oerder yr hin, penderfynwyd ei hagor yn angyhoedd. Ac yn ystod y diwrnod hwnnw aeth o 20,000 i 30,000 o bersonau trwyddi.

Dysgrifiad o Ynys Môn gan Joseph Jones, Llansantsior, 1857

181

Englynion i Bont Menai

Pont Menai

Uchelgaer uwch y weilgi, – gyr y byd
Ei gerbydau drosti;
Chwithau, holl longau y lli,
Ewch o dan ei chadwyni.

Cloddiwyd, gosodwyd ei sail – yn y dwfn,
Nad ofnir ei hadfail;
Crogedig gaerog adail,
Na roes yr Aifft enghraifft ail.

Bathwch yn un holl bethau – hynodion
Hen awdwyr yr oesau;
Hynotach, ddirach o'r ddau,
Yw'r bont hon ar bentanau.

Tri chanllath (uwch trochionlli) – 'r hyd drudfawr;
Tair rhodfa sydd arni;
Tri deg llath, tra digio lli',
Yw'r heolydd o'r heli.

Tra chynnwrf môr yn trochioni, – tra thon
Trwy wythennau'r weilgi,
Ni thyr hwn ei thyrau hi
'Tra'r erys Twr Eryri'.

Awr o Fawrth, oer ryferthwy,– caf fynd o'n
Cyfandir i dramwy;
A theithiaf uwch Porthaethwy,
Safnau'r môr nis ofnir mwy.

Dwy heol ydyw o haearn – praffwaith,
Prif-ffordd hardd a chadarn;
Gwiw orsedd, ac awyr-sarn
Safed fyth, sef hyd y Farn.

Dewi Wyn o Eifion (1784-1841)

*Un o feirdd Eifionydd, wedi ei eni yn y Gaerwen, plwyf Llanystumdwy,
oedd Dafydd Owen, 'Dewi Wyn'. Addysgwyd ef yn ysgolion Llangybi,
Llanarmon, Llanystumdwy a Phenmorfa, yn Eifionydd. Bu hefyd am
gyfnod yn Ysgol Bangor-is-y-coed cyn dychwelyd adref i'r Gaerwen i
ffermio gyda'i rieni. Yn 21 oed daeth i adnabyddiaeth drwy Gymru pan
enillodd wobr y Gwyneddigion am awdl ar Folawd Ynys Prydain.
Ychydig yn ddiweddarach, enillodd wobr yn Nhremadog am awdl ar
Amaethyddiaeth. Ei brif orchestwaith oedd ei awdl buddugol ar
Elusengarwch yn Eisteddfod Dinbych, 1819. Yn 1820 cyfansoddodd
Awdl y Gweithwyr sydd yn cyfeirio at yr enwog Lôn Goed, yng nghanol
Eifionydd. Bu farw 17 Ionawr, 1841, ac fe'i claddwyd ym mynwent
Llangybi. Cyhoeddwyd ei farddoniaeth dan y teitl Blodau Arfon yn
1842.*

Lloergan

... Pont y Borth dan leuad Hydref, dyna un arall o'r golygfeydd prin nas anghofir byth. Ac un o olygfeydd mawr fy mywyd innau hyd yn hyn oedd yr olygfa gyfriniol honno un noson o Hydref lawer blwyddyn yn ôl, – noson ganniad olau leuad. Yr oedd y lleuad llawn ar yr awyr, a'r awyr yn ddulas o'r tu ôl iddi, a'r sêr yn fflachio'n welw a swil yn ysblander y lloergan. Oddi tanaf yr oedd afon Fenai, yn llawn llanw, yn llonydd a'r llonyddwch hwnnw pan for' llanw ar ei lawnaf, heb osgo at dreio. Yn y pellter yr oedd Biwmares, fel perl ar ffiniau Môn, a'i goleuadau rhwng fflachio a pheidio, a'r Borth yn ymyl yn llechu'n gynnes yng nghesail ei bryn. A dacw Ynys Llandysilio a'i mynwent, a'r cerrig gwynion, sythion, fel meirw yn eu hamodau, newydd atgyfodi, ac wedi llonyddu drachefn dan y swyn. Collasai Twr y Marciws ei herfeiddiwch, ac ymddangosai fel petai'r ddaear yn ei ddefnyddio'n fys i'w estyn tua'r rhyfeddod uwchben, a bryniau Môn a choed Arfon yn syllu a gwrando mewn dwyster mud. A'r Bont ei hun fel gwe dros y gwagle, a minnau'n bryfyn diymadferth wedi fy nal ynddi. A thros y cwbl gaddug ysgafn, hudolus, fel mantell o wawn, ac yn ddigon tenau i weld fflachiadau'r sêr drwyddo ar wyneb y dŵfr. A'r lloergan yn ddylif dros bopeth. Yr oedd yn llethol dawel yno, fel petai rhyw ddisgwyl anesmwyth a diethr wedi meddiannu popeth, a si ysgafn o'r dŵfr a'r goedwig yn angerddoli'r tawelwch.

Gyda'r Hwyr gan E. Tegla Davies, 1957

Ganed a magwyd y Parch. Edward Tegla Davies (1880-1967) yn Llandegla-yn-Ial, Sir Ddinbych, ac yno y cafodd ei addysg cynnar, cyn mynd i Ysgol Dr Williams, Dolgellau. Cafodd gymdeithas Gymraeg glos a natur ddeniadol ei gynefin effaith amlwg ar ei waith llenyddol a'i agwedd at fywyd yn gyffredinol. Aeth i Goleg Didsbury, Manceinion ar ôl cyfnod o 4 mlynedd yn ddisgybl-athro, a 3 fel athro cynorthwyol yn Ysgol Bwlchgwyn, ei hen ysgol, a gwasanaethodd fel gweinidog Wesleaidd am weddill ei oes. Crwydrodd o gylchdaith i gylchdaith yn ystod ei weinidogaeth, fel oedd yn arferiad i weinidogion Wesleaidd, ac roedd yn bregethwr dylanwadol. Roedd yn ysgrifennydd cyson i'r wasg Gymraeg ac yn olygydd ar Y Winllan *(1920-1928), cylchgrawn y Wesleaid, ac* Yr Efrydydd *(1931-1935). Golygodd Gyfres Pobun am gyfnod yn ogystal. Roedd yn gyfaill agos i T. Gwynn Jones ac Ifor Williams.*

Ysgrifennodd ar gyfer plant ac oedolion fel ei gilydd ac mae ei waith yn cynnwys nofelau, sawl cyfrol o straeon byrion, ysgrifau a hunangofiant.

Ymysg ei waith mwyaf nodedig y mae: Gŵr Pen y Bryn *(1923),* nofel; Y Llwybr Arian *(1934), straeon;* Gyda'r Glannau *(1941), nofel fer;* Rhyfedd o Fyd *(1950), ysgrifau;* Y Foel Faen *(1951), ysgrifau;* Gyda'r Blynyddoedd *(1951), hunangofiant;* Ar Ddisberod *(1954) ysgrifau; a* Yr Hen Gwpan Cymun *(1961) pregethau. Ac i blant yn bennaf:* Hunangofiant Tomi *(1912),* Tir y Dyneddon *(1921),* Nedw *(1922),* Rhys Llwyd y Lleuad *(1925),* Hen Ffrindiau *(1927),* Y Doctor Bach *(1930), a* Stori Sam *(1938).*

PORTHAETHWY

Y Bardd Cocos

Rhag ofn na chlywsoch am y bardd rhyfedd hwn, dyma i chwi fraslun o'i fywyd, a dyfyniadau o rai o'i ganeuon digrif.

Ganed John Evans ('Bardd Cocos') ym Mhorthaethwy tua'r flwyddyn 1827, ac yno y bu farw yn 1895).

Ni chafodd awr o ysgol erioed. Ni fedrai ysgrifennu llythyren. Rhai o'i gyfeillion a groniclodd ei farddoniaeth.

O ran ei ymddangosiad yr oedd fel dyn arall, o daldra cyffredin, ac o bryd goleu, yn cerdded a'i ben o'i flaen, neu fel y byddis yn dweud, yr oedd ganddo dipyn o wâr... ac yr oedd yn dueddol i

John Evans
(Yr Archfardd Cocysaidd Tywysogol)

adael ei hunan fel y gwnaeth natur ef, ni buasai byth yn torri ei wallt pe cawsai lonydd, rhyw unwaith yn y flwyddyn y byddai yn cael ei dorri, a hynny pan fyddai ei frawd Dic yn dod adref oddiar y môr. Yr oedd ei wallt yn grych ac mor gryf a rhawn ceffyl, hefyd yr oedd yn gadael i'w farf dyfu, yr hyn oedd yn beth anghyffredin yr adeg honno. Gofynnodd rhywun iddo pam yr oedd yn gadael i'w farf dyfu o dan ei drwyn. O, meddai yntau, –

Fydd yr awen ddim yn flash

Heb fwstash.

Yr oedd wedi ei eni a'i fagu yn y Borth, a bu ei dad farw o dan y geri marwol, yn y flwyddyn 1847 yr wyf yn meddwl gan adael pac o blant amddifad ar ei ôl i ofal ei wraig.

'Bardd Cocos' gan Alaw Ceris, 1923

Nid oedd yn gryf ei iechyd pan oedd yn ieuanc. Dioddefasai o 'boen diawchedig' yn ei ben, neu 'gricymala', chwedl ef. Plaster tew o glai glas a roddasai am ei ben i wella'r boen.

Ni ddechreuodd farddoni nes bod yn bump ar hugain. Dyna'r rheswm ei fod yn well bardd na neb arall, meddai ef. Y ffaith yw, er bod ganddo ryw fath o athrylith, nid oedd John Evans yn 'llawn llathen'. Wrth ddarllen ei waith, hawdd gweld ei fod yn fardd ar ei ben ei hun, heb na rheol na threfn. Nid oedd yn dynwared neb. Er hynny yr oedd ei ganu yn eglur iddo ef ei hun.

Gŵyr pawb am ei linellau anfarwol i'r llewod ar Bont Fenai –

Pedwar llew tew heb ddim blew,
Dau'r ochr yma, a dau'r ochr drew.

Pam y gelwid ef yn fardd Cocos? Yn niwedd y gwanwyn a dechrau'r haf, masnachai'r bardd mewn cocos. Ond llygriad, meddai ef, oedd 'Bardd Cocos' o'r enw 'Archfardd Cocosaidd Tywysogol'. Y ffaith yw iddo gael ei alw yn Fardd Cocos, flynyddoedd maith cyn ei 'urddo'.

Canodd hefyd i brif uchelwr Môn. Efallai i chi weld y golofn wrth ymyl Bont Britannia, uwchben afon Menai, sy'n coffau Ardalydd Môn – Tŵr Marcwis fel y'i gelwir.

Tŵr Marcwis

Marcwis of Angelsi yn ddi-fraw
A'i gledda yn ei law;
Fedar o ddim newid llaw
Pan fydd hi'n bwrw glaw.

Nid oedd angen ychwaneg o emynau, meddai'r bardd, gan fod
Pantycelyn a'i gydoeswyr wedi cynhyrchu cymaint o rai mor dda. Teimlai
mai gresyn fyddai iddo ef gyfansoddi dim i gymylu eu gwaith.

Dyma beth a alwai ef yn englyn –

Y dyn a'r baich drain
Yn llewys ei grys main,
Wedi bod yn nhŷ nain
Yn lladd chwain.

Ar derfyn Eisteddfod Caernarfon yn 1861, cafwyd arwest yng Nghastell
Dolbadarn, Llanberis. Yno urddwyd John Evans yn Archfardd Cocosaidd
Tywysogol Cymru. Ar ôl hynny fel y 'Bardd Cocos' yr adnabyddid ef trwy
Gymru gyfan.

Diweddaf a'i gân i 'Ardal Porthaethwy' fe'i cenir ar y dôn rhwng
Trymder a Buan...

Mae lle ardderchog yn y Borth
Ar fin yr afon ddŵr yn ddigon siwr,
Cawn lansio cwch i'r dŵr efo llawer o stwr:
Ei phalasau gwychion a'i choedwig hardd
Oddeutu llawer tŷ a gardd;
Y siopwrs a'r tafarnwrs
Sy'n un o'r rhai mwya siapus,
Mwyaf hapus,
Am bobi dorth yn y Borth,
A gelltydd a'r dydd,
A chreigiau cedyrn;
Bro braf yw hi i'r claf
I gael gorwedd yn glaf ar hyd yr haf,
Ac i folheulo ac i geulo
Hyd benau'i phonciau
A'i phynciau:

A'r adar mân sy'n pyncio
Efo pob rhyw bynciau
Hyd benau'i phonciau;
Bro braf yw hi
I'r diethriaid gael dod iddi
I roddi tro i'w chofio hi fel bro
Ar lawer bro a bryn
Cyn hyn, a thorri chwyn,
A thorri ffyn a nofio'r llyn
Efo pob rhyn
A myned i ben y bryn
A byta bara gwyn.

                    Elfed Thomas

Ffynonellau
Bardd Cocos, ei hanes, ei swydd, ynghyd a'i weithiau barddonol, gan Alaw
Ceris (Thomas Roberts), Porthaethwy, 1923.
Y Bardd Cocos gan Elfed Thomas (*Cymru* – cylchgrawn plant), Chwefror,
1960.

.

Porthaethwy a'i golygfa ddi-ail

Ceir golygfa nad oes ei chyffelyb yn unman oddi ar y bryn tu ôl i bentref y
Borth. Dywedodd cyfaill a ddychwelodd o Fôr y Canoldir y dydd o'r blaen
wrthyf na werthfawrogir yr olygfa a geir ar hyd yr afon gan y bobl sy'n byw
yno. Yr unig wahaniaeth yw bod hin y Môr Canol yn gynhesach, ond am
olygfa, meddai, 'Rhowch i mi afon Fenai'.

O ben y bryn gwelir Dyno Helyg a Thraeth Lafan, a'r Gogarth yn
Llandudno hyd at yr Eifl yn Llŷn, a dyna banorama! 'Mynyddoedd Arfon yn
sefyll megis ar flaenau eu traed', chwedl y diweddar Gadfridog Syr Owen
Thomas, 'i weled Sir Fôn'.

Golygfa uwchben tref Porthaethwy

Penmaenmawr â'i rychau llwyd a du, bob yn ail, wedi i'r chwarelwr fod yn gweithio arno. Yr Elidir a'r Carneddau; yna, bron gyferbyn a ni, chwarel Bethesda gyda'i rhychau hithau. A dacw Fynydd Jiwbili, parc o goed wedi eu plannu'n rhesi yn 1887 i ddathlu 50 mlynedd o deyrnasiad y Frenhines Buddug.

Nid wyf nac artist na bardd, ac felly ni allaf roddi ar ganfas nac ychwaith mewn mydr yr hyn a deimlais un min nos wrth eistedd o flaen y tŷ, wedi noswylio, ar ôl diwrnod poeth o Orffennaf.

O'n blaen yr oedd afon Fenai – afon yw i breswylwyr y Borth ac nid culfor – a'r llanw'n dyfod i mewn yn ddistaw. Ar y lan disgwyliai amryw fechgyn bychain i'r llanw ddyfod i fyny ddigon iddynt ymdrochi.

Clywn sŵn corn un o longau'r Felinheli – arwydd bod angen peilot arni – a gwelwn gwch bach du a rhif wedi ei baentio'n wyn arno yn symud yn gyflym tuag ati. Yn sydyn cododd sŵn peiriannau'r llong, yn gweithio i godi'r angor, a chychwynodd y llong ar ei thaith, i gyrchu llwyth o lechi o chwarel Llanberis i rai o drefi Lloegr.

Ni ellir mynd 'drwy'r pwll' bob amser oherwydd nad oes digon o ddŵr ynddo. Y 'pwll' yw'r rhan honno o afon Fenai rhwng y ddwy bont – pont Telford a phont Britannia. Ger y pwll y mae Llandysilio, mynwent y plwyf, lle gorwedd llwch Henry Rees a Thomas Charles Williams.

Yn sydyn dyna fflach i'w weld i'r chwith inni. Beth yw hwnyna? Edrychwn amdano eilwaith, ond ni welir dim am ychydig. Yna dychwel yn sydyn ac aros ar grib ucha un o'r mynyddoedd. Beth yw? Yn araf gwawriodd arnaf mai'r Wyddfa fawr oedd y mynydd, a'r golau heb fod ddim amgen na llewych yr haul yn taro ar un o ffenestri'r caban sydd ar gopa'r mynydd ac yn adlewyrchu'n ôl y golau. Dyna olygfa nas anghofir yn hir.

Daeth rhyw ias arnaf, ni allaf ei egluro, rhaid ei weld i'w deimlo. Ac yn sicr dyna'r teimlad a ddaeth ar y cannoedd eisteddfodwyr a'i gwelodd yn Eisteddfod Môn y Sulgwyn. Oddi tan yr Wyddfa gwelir hen orsaf radio Waunfawr a'i ddeuddeg mast, a thrachefn gwelir copaon yr Eifl yn rhyw hanner ymguddio mewn niwl.

Gorchuddir hanner isaf y Carneddau gan garped gwyrdd a ffurfir mae'n debyg gan laswellt, a gwelir arnynt gysgod cwmwl sydd ar grwydr ar ei ben ei hun yn yr awyr. Ond yn fuan dacw'r cefndir yn newid ei liw – o wyrdd i borffor – y porffor hwnnw y sonia Eifion Wyn amdano yn ei delyneg i Medi:

Mis y porffor ar y ffriddoedd.

Ni ellir cymysgu'r paent yn ddigon cyfoethog i ddangos y lliw hwn ar ganfas. Erys yn hir, ond yn araf newidir ef eto i lwytddu, a dyma'r lliw sydd arnynt oni chyfyd gwawr bore arall.

Erbyn hyn y mae'n ben llanw, a chlywir cwch modur yn llithro dros wyneb llyfn y dŵr i'r hafan ger y cei. Pyncia'r adar eu holaf gân cyn mynd i noswylio.

Yn sydyn, o'm hôl, daw ergyd o wn. Tau cân yr adar am ychydig fel mewn cydymdeimlad â rhyw gymar fu mor anffortunus i gael ei saethu, ond deuant drachefn a gwelir y wennol yn gwibio yn ôl a blaen gan chwilio am bryfetach i ddigoni ei chwant.

Ar sawdl y rhain, megis, daw'r ystumlod a gwibiant hwythau gan frathu am wybedyn yn hofran yn yr awyr.

Uwchben y bont y mae'r lleuad wedi codi mewn awyr glir, a daw cysgodion drwy ddail y coed. Clywir bib y trên wrth fynd i'r twnel, a daw ar draws afon Fenai, mor glir a phetai yn ymyl, fref buwch a chyfarthiad ci.

Torrir ar y tawelwch gan leisiau meibion yn canu. Bechgyn Coleg y Normal yw'r rhain – ffenestri eu stafell gynnull yn agored – yn cynnal cymanfa ganu fach iddynt eu hunain cyn i'r golau gael ei ddiffodd. Clywir cloch yr eglwys yn taro un ar ddeg a derfydd y canu, ac â'r golau allan ar derfyn diwrnod arall.

J. Hwfa Thomas, Bangor
Y Ford Gron, Mawrth, 1934

RHOSNEIGR

Craig y Gwaed

Y mae yna hen draddodiad yng nglannau Môn fod yna long wedi dryllio ar greigiau Crigyll, gorllewin Môn, a bod pawb ond un oedd ar ei bwrdd wedi boddi, sef gwraig y capten. Ond fe'i trywanwyd hi gan fôr-leidr, a thorrwyd ei bysedd i ffwrdd i gael ei modrwyau; a byth ers hynny clywir llais ei dial yn y graig yn gwaeddi 'Gwaed! Gwaed! Gwaed!'

Ar y lan ar gyfer Crigyll,
Lle mae'r llanw cryf yn sefyll,
Ymysg creig danheddog erchyll
Y mae'r graig, Craig y Gwaed:
Yno pan a'r haul i'r gorwel,
Pan a llenni'r nos yn isel,
Mewn ystorm neu gyfnos tawel
Clywir griddfan, cwyno, ochain
Yn agenau'r graig yn atsain
'Gwaed! Gwaed! Gwaed!'

Fin y nos bydd pawb yn brysio
Yn yr ardal ryfedd honno,
Rhag i'r gwyll eu dal yn crwydro
Ar y traeth wrth Graig y Gwaed;
Brysia'r teithydd tros y Tywyn
A'r llafurwr tua'i fwthyn,
Brysia'r plant a'r gwas a'r forwyn,
Cyn y nos ac awr gorlanw,
Pan ddechreua'r griddfan hwnnw,
'Gwaed! Gwaed! Gwaed!'

Unwaith ganol nos ddychrynllyd
Llong ddiethr yno ddrylliwyd,
Pawb ond un, oedd ynddi foddwyd
Yng ngwyllt orlif Craig y Gwaed;
Golchodd nawfed don y llanw
Fenyw lan yn loesion marw
Ar y graig ddanheddog raw,
Waedlyd graig, Craig y Gwaed;
Neidiodd erch fôr-leidr ati,
Yna er ei llef a'i gweiddi
Brathom ei lem gyllell ynddi,
Ac ar ôl rhwygo ffwrdd ei thlysau,
Gwthiodd hi yn ôl i'r tonnau,
Byth er hynny cŵyn ac ochain
Glywir yn y graig yn atsain,
'Gwaed! Gwaed! Gwaed!'

J. Gordon Jones, Cincinnati, Ohio

Brodor o Lanerchymedd, Môn, oedd awdwr y gerdd, John Gordon Jones, â anwyd 16 Gorffennaf, 1829. Ymfudodd i'r America yn 1850 a dechreuodd bregethu yn fuan ar ôl hynny. Bu'n fyfyriwr yn Athrofa Diwinyddol Lane, Cincinnati, ac enillodd radd M.A. yn 1866 yng Ngholeg Williams, Massachusetts. Treuliodd ei weinidogaeth gyda'r Saeson yn Eglwys Presbyteraidd Manchester, Michigan.

Yn 1868 enillodd gadair Eisteddfod Utica, Efrog Newydd, am ei bryddest i George Washington, ac yn yr un eisteddfod yn 1872 daeth yn ail i Lewis William Lewis ('Llew Llwyfo') am bryddest-goffa i Dr William Rowlands, Utica. Gwnaeth waith ymchwil ymhlith yr Indiaid Cochion am hiliogaeth y Tywysog Madog, ac ysgrifennodd nifer o erthyglau safonol i'r Drych ar y gwahanol lythyrau y credwyd iddynt fod â chysylltiad Cymreig. Bu farw yn mis Gorffennaf, 1880, yn Jefferson, Wisconsin.

TRAETH COCH

Traddodiadau'r Traeth Coch

Traeth Coch o Llanddona

Gorwedd y traeth prydferth hwn yn un o'r mannau mwyaf deniadol yn Ynys Môn. Pan byddo distyll, gellir cerdded yn droed-sych dros erwau maith o dywod euraidd i bentref Llanddona a mynydd Llwydiarth. Am gyfnod maith yr oedd pwysigrwydd dirfawr yn perthyn i'r traeth hwn, a deuai llongau yma yn lluoedd o'r Iwerddon, Lloegr, a glannau Cymru, ac os byddai awel ffafriol galwai Ffrancwr yn y cei.

> 'Rhai yn cludo tatw, a'r lleill yn cario glo,
> Un yn cario basig slag a'r llall a llwyth o faco.'

Ac yn naturiol byddai y cyfryw yn allforio tunelli o gynnyrch cyfoethog y gymdogaeth bob blwyddyn, megis grawn a chynnyrch y tir llafur, a cherrig calch a grud o'r chwareli cyfagos. Ac ers llawer dydd, yr oedd yn y fro chwarel o farmor du a llwyd a oedd yn cymryd ei gaboli yn eithriadol o dlws. Trwy weithred Seneddol yn ystod teyrnasiad Sior III lluniwyd cledr-ffordd o'r gymdogaeth i'r traeth er hwyluso'r drafnidiaeth, ac yr oedd gwylio'r llongau mawreddog yn hwylio'n hwylus dros y lasdon werdd ar ddiwrnod clir yn olygfa a oedd yn creu anniddigrwydd a chyffro annisgrifiadwy ym mynwes aml las-lanc nwydwyllt a oedd yn hiraethu'r dydd, ac yn breuddwydio'r nos, am fywyd rhamantus a gwynfydedig yr anturiaethwr. Beth amser yn ôl, cefais ymgom a hen ŵr o'r gymdogaeth a oedd yn cofio godidowgrwydd y fath olygfa, ac er fod ei gorun wedi gwynnu, a'i gefn yn grwm gan henaint – pan soniais wrtho am y cei a'r llongau, ymdaenodd sirioldeb serchus dros ei ruddiau gwelw, ac am foment gwelais fflach eirias atgof y gorffennol yn goleuo ei lygaid llwyd, a mentrais ofyn iddo beth oedd ei alwedigaeth pan yn llencyn? A gyda chryn ymffrost yn ei lais cryglyd dywedodd, 'Hogyn yn gyrru'r wedd' – ac yn unionsyth cefais ddisgrifiad manwl ganddo am y gelf gain o arwisgo ceffyl yn null arferol y cyfnod y soniai amdano. Eglurodd y ffordd i mi sut i ddethol y tlysau er creu cyfuniad deniadol, a sut i osod 'Y Sêr' yn drefnus nes edrych ohonynt fel wybren fechan; a gofalu am ddewis rubannau a snodenni o liwiau cyfaddas i'r mwng a'r gynffon, 'i ateb i liw blewyn y ceffyl'. Wedi gwrando arno, sylweddolais fod llinell o dlysni a cheinder chwaeth yn elfen naturiol yn anianawd 'Y Certmon Bach' yn oes fy nhaid. Dywedodd hefyd y byddai'n codi cyn i'r wawr friglwydo'r tir i borthi a thacluso'r wedd. Yna am hanner awr wedi chwech byddai'r boreufwyd yn barod, sef uwd blawd ceirch, neu uwd rhynion. Ar brydiau caffai sucan neu lymru fel amrywiaeth, ond fel rheol uwd blawd ceirch gyda digonedd o lefrith, a hwnnw'n llefrith drwyddo, y blaenlaeth a'r armel wedi ei odro i'r un piser, ydoedd prif foreufwyd gwasanaethyddion y gymdogaeth. Ond os byddai ar neb chwant brechdan, byddai torth o fara gwenith neu haidd cartref ar y bwrdd gyda digonedd o ymenyn melyn maethlon; a dyletswydd yr hwsmon ydoedd gofalu am ddiwallu angen ac eisiau y gweision. Yna, wedi darfod, ac os byddai'r teit yn ffafriol, byddent yn arwsigo y ceffylau graenus, gan rhoddi 'Loffti', yr hen gaseg goeswen rhadlon yn y llorpia, a 'Twm' yr ebol tair gwaedwyllt a nwyfus, ar y blaen. Yna, yn sŵn gwichiadau byddarol bothau'r olwynion, ac aml weryriad gan y wedd, ymaith a hwynt yn rhengoedd, trol y naill ddyddyn yn dilyn y llall i lawr i'r cei 'i wagio'r llwyth', ac felly am ddyddiau lawer; ac os digwyddai i gamhwyl fod ar ferlen froc Margiad y Foty, d'oedd dim disgwyl iddi foesgrymu a dweud 'syr' wrth Sion Huws y Plas, er ceisio cymwynas. Cyn cadw noswyl byddai gwedd y Plas wedi gadael llwyth o lo ar fuarth y weddw yn rhad ac am ddim; ac os pell oedd y bwthyn, nid oedd milltir ond byr i gymydog a Christion, a chyfaneddle cymrodyr fu'r pentref gwledig am ganrifoedd.

Castell Mawr

O edrych i gyfeiriad y dwyrain, gwelwn o'n blaen graig lom, yr hon a elwir Y Castell Mawr, a dywed traddodiad fod yno ogof enfawr lle mae cyfoeth lawer wedi ei guddio gan frodorion y glannau pan faluriwyd yn ysgythrion long ddu y môr ladron ar y creigiau geirwon gerllaw. Collwyd y llestr a'i hysbail, ond fe lwyddodd rhai o'r lladron i lanio, a dyma ddau bennill a adroddwyd wrthyf mewn perthynas i'r digwyddiad –

Saith o gychod ddaeth i'r lan,
Ar ôl i'r llestr dorri.
Glaniodd rhai ym Melin Traeth [1]
A'r lleill dan Coch Mieri. [2]

Aeth un o'r criw i Dy'n y Felin, [3]
Ac un i'r Pryson Bach, [4]
Cartrefodd un yng Nghastell twt, [5]
A'r llall a aeth i Bant-y-Sgrwt. [6]

[1] Melin Traeth: mae olion yr hen felin ger y Cei Newydd;
[2] Coch Mieri: ochr arall i'r traeth (Mynydd Llwydiarth);
[3] Ty'n y Felin: ar y ffordd o'r traeth i Tyn y gongl;
[4] Pryson Bach: ymhen gorllewinol y plwyf, yn ôl hen gofnodion;
[5] Cartrefodd un yn y Castell twt;
[6] Pant y Sgrwt rhwng Clai Fawr a'r Talgwyn Isaf.

Ac yn ôl traddodiad yr oedd yn eu plith Ffrancwr, Ysbaenwr, ac un Indiad Coch, a chefais a sgwrs ag un hen wraig sydd yn credu ei bod o dras y Ffrancwr, ac yr oedd un arall yn byw wrth fin y môr â oedd yn ymffrostio ei bod yn perthyn i rhyw lanc o Morocco.

Y Cwningar

Dyma enw'r tir sydd o amgylch y Castell Mawr, a dywed traddodiad mai mewn bwthyn to gwellt ar y tir hwn y dechreuwyd bragu cwrw am y waith gyntaf yn y gymdogaeth, a llawer llanc o longwr a edifarhaodd, do ganwaith, oherwydd llymeitian ohono i ormodedd, a thrwy hynny golli ei geiniog a'i gymeriad gyda'r ferch hudolus yn y gyfeddach halogedig yn y Traeth Coch.

Groes Wion

Dyma a ddywed awdur galluog Owen Tudur am y llecyn hwn: 'Y mae hen bentref Croes Wion erbyn hyn wedi ei chwalu; ond yr oedd yn aros ohono yn ddiweddar un tŷ to gwellt, yn llechu yn ymyl bryn bychan, ac yn cael yr anrhydedd o ddal enw'r pentref Cymreig.' Yr oedd y tŷ y soniai'r Parchedig William Pritchard amdano wedi ei adeiladu yn y pen uchaf i ardd y Groes Wion a adwaenom heddiw. A dywed traddodiad fod teulu'n byw yn y bwthyn hwn rhywbryd a oedd yn meddu ar y wybodaeth gyfrin i wella'r 'ddafaden wyllt', ac o gofio hyn, chwith ydyw meddwl am y llu o ddioddefwyr sydd yn gorfod cyrchu heddiw o Sir Fôn i Bwllheli draw i geisio gwellhad. Mae'r un peth yn ffaith am le o'r enw Ty'n y gerddi ym mhentref Aber, yn Arfon. Yr oedd gŵr o'r enw Robert Williams yn byw yno a oedd yn gallu gwella dynion o effeithiau dirdynol y 'ddafaden', a dyma dystiolaeth D. Williams, Llannor, gerllaw Pwllheli, am allu meddyginiaeth Robert Williams: 'Mae ugeiniau o'i amgylch a roddant yr un gair iddo a minnau, ac yn brofiadol o'i feddyginiaeth fel fy hunan. Pwy bynnag sydd yn dioddef dan effeithiau'r cyfryw ddoluriau peryglus, a chanddynt fodd i fyned, elont ato gyntaf y gallont, ac heb oedi dim.' Mae'r dystiolaeth hon wedi ei dyddio 4 Chwefror, 1840. Erbyn hyn mae'r cyfryw feddygon wedi cadw noswyl, a'r wybodaeth ddirgel ar ddifancoll, efallai, er cywilydd i rhywrai. Ond trwy drugaredd mae'r wybodaeth gyfrin mor fyw ag erioed yn Llŷn, a mawr ydyw ein rhwymau i glodfori teulu Mr Griffith am eu doethineb, yn trosglwyddo'r feddyginiaeth wyrthiol o genhedlaeth i genhedlaeth. Mae pawb ar sydd wedi darllen rhamant hanesyddol Owen Tudur yn dra hyddysg yn hanes y Groes Wion, am y farchnad fawr, ac am y clerwr gwladgarol, ac ymgais ofer Sion ab Sion o Landdona a'r clochydd torsyth i ddwyn y clerwr cyffredin 'o flaen ei well', pryd y neidiodd gŵr ieuanc cryf a gwisgi ymlaen; a chyda cyfoeth o waed pur y Cymro tryloyw yn curo'n ei galon achubodd gam yr hen gardotyn tlawd, ac nid oedd arwr yr orchest yn neb llai na'r dewr Owen Tudur o Blas Penmynydd ym Môn. Mae'r hen garreg o sail a rhan o'r groes i'w gweled ar y fangre wreiddiol hyd heddiw.

Cogfryn

Neu yn fwy cywir, Crog-fryn, a dywed traddodiad mai ar y bryn hwn y dioddefai troseddwyr y cylch lymder eithaf y gyfraith yn amseroedd helbulus yr hen genedl.

R. J. Williams, Clerc Cyngor Plwyf, Llaneugrad, Môn
(*Môn*, Cylchgrawn Sir, Haf, 1956

Traeth Coch

Traeth Coch! Mi dybiwn yn ddilys
Mai dyma baradwys y byd;
A chysgod y dybiaeth a erys
Yng nghiliau fy nghalon o hyd;
Er tramwy hyd finion henoed,
Holi am gilfach a glan,
Mae ardeb cartref fy maboed
Yn hudo fy mryd o bob man.

Ymguddio ar bwys dinodedd
A wnei, yng nghesail y wlad;
Ond natur â dwyf arddunedd
Geidw dy fri mewn mawrhad;
Mae iechyd yn llond yr awelon,
Heb gartref i nychdod breg;
A bron nad yw'r holl o'r trigolion
Yn marw o henaint teg.

Gerllaw y mae Pont y Foryd,
A'r afon yn llifo'n llon,
Gwronwaith penna' fy mebyd
Oedd rhedeg dros ganllaw hon;
'Rôl darfod gorchest lwyddiannus,
A wneid o gam i gam,
Y wobr am antur ryfygus
Oedd blas gwialen fedw mam.

Mae'r Llwydiarth, y mynydd tirion,
Pyramid y fro mi wn,
A'r glanwaith fwthynod gwynion
Fel gemau ar fynwes hwn;
Fe welodd lawer cenhedlaeth
Yn mynd ac yn dod yn chwim
Ond aros mae'r hen gydymaith
A'i war heb grymu dim.

Mae'r Castell Mawr yn ddiysgog,
Fel teyrn ar sedd ddi-fraw;
Yn cadw ei lygad sefydlog
Ar Drwyn Carreg Onnen draw;
Mae'r llanw a'r trai cydrhyngddynt
Wrth ddistyll yn ffraeo'n groch.
A'r feisdon yn murmur ei helynt
Yng nghlust y Draethell Goch.

Pa le mae yr hen gyfeillion
Adwaenwn flynyddau'n ôl?
A llu o fy nghyd-gyfoedion?
Afreidiol yw holi'n ffol;
Aiff tonnau o hiraeth dibrin
I chwilio amdanynt hwy –
Dychwelant i'm bro gynhefin
I'w chael yn estronol mwy.

Llwydiarth Môn, Llanfair Caereinion
sef David Thomas, Cemaes 1857-1933

Bae Traeth Coch

199

Amrywiaeth

Tân dinistriol yn Baron Hill

Rhwng 6 a 7 o'r gloch y nos, dydd Mercher, 4ydd Mai, 1836, aeth rhan o blasdy Baron Hill, cartref Syr Richard Bulkeley, Barwnig, ar dân, ac aeth y newydd brawychus i dref cyfagos Biwmares, pryd y bu i nifer fawr o'r trigolion gyrchu yno mewn brys. Nid oedd ond un peiriant-dŵr bychan ar gael yn y lle, ac ni fu hwnnw o fawr wasanaeth. Ond drwy i'r bobl ffurfio eu hunan yn rhesi trefnus, buan iawn y symudodd y dŵr mewn llestri i bob cyfeiriad o'r adeilad. Er mwyn deall y digwyddiad yn well, mae'n angenrheidiol sylwi fod yno bryd hynny adain newydd yn cynnwys 40 i 50 o ystafelloedd ychwanegol, yn cael ei hadeiladu at y plasdy, ac yn y rhan honno o'r tŷ yr oedd y tân wedi cymryd lle. Yr ymdrech cyntaf a wnaed oedd atal ymgyrch yr elfen difaol i'r rhannau cyntefig o'r tŷ, a thrwy gyfarwyddyd un o'r enw Mr Lowry, ysgrifennydd yr adeiladwaith, didolwyd y ddau ran o'r tŷ yn effeithiol oddi wrth eu gilydd, ac o ganlyniad ni chafodd yr hen adeilad unrhyw niwed, er ar yr un pryd cafodd llawer o'r dodrefn eu niweidio'n ddirfawr wrth eu taflu allan drwy'r ffenestri drwy geisio eu hachub rhag y tân, y tybiwyd ar un adeg y byddai'r lle wedi difa'n llwyr. Sut bynnag, drwy egni a diwydrwydd y bobl cafwyd y tân o dan reolaeth cyn hanner nos. Ond yn yr amser hwnnw dinistriwyd tua deuddeg o ystafelloedd o'r adain newydd, yn llwyr o'r gronglwyd i'r llawr, a cafodd ystafelloedd eraill ei niweidio i gryn raddau, ond yr oedd rhai heb ei cyffwrdd â thân o gwbl. Yr oedd y golled dros £1,000. Cyn belled â'r achlysur, yr oedd yn gwbl ddamweiniol yn tarddu oddi ar llwyth y coed oedd ar y tân yn y gegin islaw. Yr oedd Syr Richard yng Nghaerlleon ar y pryd, ond daeth adref ymhen dim ar ôl iddo gael gwybod am y tân. Ar ôl iddo gael diolch yn gyhoeddus i rhai a fu'n cynorthwyo, rhoddodd orchymyn i adfer yr adeilad yn syth. Un gŵr yn unig a gafodd niwed yn yr amgylchiad a hynny pan syrthiodd un o'r ysgolion. Gobeithid y buasai yn gwella cyn hir ond bu farw ar 16eg o Fai, ei enw oedd Thomas Hughes.

Amaeth

Tua 1637 dywedwyd fod tua 3,000 o wartheg yn nofio o Fôn bob blwyddyn; ac ymhen dau can mlynedd yn ddiweddarach mwy na 9,000 yn cael eu hanfon allan yn flynyddol, sef gwerth o leiaf £50,000. 'Anifeiliaid Môn nid ydynt ond bychain, llaesion o gorffolaeth, a rhy drymion yn eu hysgwyddau, ac iddynt yn gyffredin dagellau anferth; eu cyrn yn hirion, ac yn troi i fyny; eu blewyn yn arw oherwydd eu dull caled o fywoliaethu; eithr pan drosglwyddir hwynt i well porfeydd, yn Lloegr, y maent yn pesgi gyda mawr rwyddineb, a chig llawer ohonynt yn cael ei werthu ym marchnad Llundain.'

Yr oedd y farn gyffredin fod hiliogaeth gwartheg Môn wedi dirywio, a hynny mewn ystyr cyffelyb fel y crybwyllwyd mewn perthynas gwartheg Morgannwg, sef trwy i'r trigolion ymdrechu mwy i gynhyrchu ŷd, a thrwy hynny esgeuluso ei hanifeiliaid. – Yn raddol daeth yr amaethwyr i ganfod yr effaith o hyn, a gwnaethont ymgais i'w ddiwygio, trwy groes-epilio eu gwartheg eu hunain a rhai yr ardaloedd oddiamgylch. Llwyddodd hynny dros dro, ond ni fu'n hir cyn dychwelyd yn ôl at yr hen ddull. Y mae cymysgiad a rhywogaeth Sir Lancaster yn cynhyrchu hiliogaeth rhy freisgaidd i borfeydd llym Môn; a chymysgiad a rhywogaeth Yr Iwerddon yn gwaelu y rhywogaeth cyntefig. – Anfynych y mae amaethwyr Môn yn cadw mwy o fuchod na fyddai'n ddigonol i weini angenrheidiau eu teuluoedd.

Mynwent Tregauan, Môn

Roedd yna hen garreg fedd ym Mynwent Tregauan, ers canrifoedd, a'r hyn oedd arni oedd...

R.P.

A. 106.

A.D. 1321.

Yn ôl hanes yr oedd R.P. yn un o hynafiaid y gwron Robert Lloyd (Admiral Lloyd) o Dregauan, yr hwn a welodd yr hen garreg pan oedd hi bron yn anarllenadwy. Aeth i'r daul o wneud carreg fedd newydd harddach yn ei lle. Yr oedd hefyd hen gladdfa ar dir Robert Lloyd, lle y gwelir nifer o feddau hyd heddiw. Agorwyd rhai ohonynt a chafwyd hyd i ddarnau o esgyrn dynol ac amryw o hen arfau, a.y.b. ynddynt.

Eryr yng Nghymru

Ychydig ddyddiau yn ôl (1840), ar dyddyn Bodowen, ger Bodorgan, Môn, saethodd ceidwad helwriaeth O. Fuller Meyrick, Ysw, eryr euraidd ardderchog. Yr oedd yn mesur o'r naill aden i'r llall, wyth troedfedd, ac o flaen ei big i'w gynffon, pedair troedfedd. Anfonodd Mr Meyrick yr eryr yn anrheg i'r Gymdeithas Fildraethyddol (*Zoological*) sef cymdeithas yr oedd ef yn aelod ohoni. Gwerthfawrogwyd y rhodd a hynny'n fwy gan mai hwnnw oedd yr unig achlysur o ddarganfod y fath aderyn o fewn teyrnas Prydain.

Marwolaeth disyfyd

Nos Fercher, 12fed Tachwedd, 1841, cafwyd Mr John Roberts ffermwr, o blwyf Rhoscolyn, Môn, yn farw ar y ffordd ger y Felin-wen, yn y plwyf agosaf, lle bu ar neges. Pan gafwyd hyd i'w gorff yr oedd ei geffyl yn sefyll yn ei ymyl, a thybiwyd ar y dechrau mai'r ceffyl a fu'n gyfrifol o'i ladd. Wedi ystyriaeth bellach, cafwyd iddo ef farw pan dorrodd un o'i wythiennau.

Corff Christmas Evans

O ran y dyn oddi allan, yr oedd y Parch. Christmas Evans o wneuthuriad cryf, cigog, a thua dwy lath o daldra. Ar ei ysgwyddau crymedig, a gwddf byr, yr oedd pen mawr, ag iddo dalcen eang. Yr oedd ei aeliau yn dduon ac uchel, o dan ba rai y chwareuai y llygad mawr hwnnw, cymaint a dau lygad cyffredin, pelydrau yr hwn, ebe Robert Hall, oedd yn ddigon i oleuo byddin trwy goedwig dywyll... Er bod rhywbeth allan o'r ffordd gyffredin yn ei gorff, nid ydoedd ddim aflunieiddwch nac anmhrydferthwch ynddo, ond yn unig ei fod yn unllygeidiog. Yr oedd golwg brydferth iawn ar Christmas, a siriol anghyffredin, oddieithr bod ei feddwl wedi ei daflu oddi ar ei echel. Pan welid ef ar heol tref, yr oedd golwg dywysogaidd arno; pan ar esgynglwyd cymanfa, edrychai yn esgobaidd; a phan mewn pulpud, bydded o'r maintioli a fyddai, yr oedd efe yn ei lanw. Yr oedd ei gorff o gyfansoddiad cadarn, anghyffredin, amgen syrthiasai yn aberth i'w lafur er ys deng mlynedd ar hugain (cyn adeg ei farwolaeth). Pregethodd gannoedd, os nid miloedd, o weithiau yn yr awyr, nes y byddai yn dyferu o chwys; ac yn y tai cyrddau pregethu nes y byddai yn berwi oll drwyddo, heb ddim yn cael argraff arno i niweidio ei iechyd braidd un amser. Dywedir i'w lais ddal yn gadarn hyd derfyn ei oes; ac yn wyneb y myrdd bloeddiadau uchel a roes, y mae yn rhyfedd na buasai ei gydau ymadrodd, ei larynx a'i pharynx, yn ddrylliau er ys blynyddau! Cymerodd nid wyr neb pa faint o opium, bark, pelenau, dyferynau, patents, a phob cymysgedd; ond nid oeddynt yn cael mwy o effaith arno na phe rhoddasid hwynt yn ngholuddion y mammoth. – Geirlyfr Bywgraffiadol, Rhan Pump.

Gweddi William Hughes, Tros-y-Rhos

Hen bererin unplyg oedd W. Hughes, Tros-y-Rhos, Llanfair P.G., Môn, a thoraeth o synnwyr cyffredin ganddo, yn nodedig o dduwiol, ac yn gymeriad hollol ar ei ben ei hun. Yn 1895 codwyd y weddi isod gan gyfaill iddo wrth ei gwrando...

'Ein Tad Nefol, dyma ni, ychydig ohonom ni, wedi ymgynull yn dy enw di. O dy drugaredd Di yr ydym ni i'n cael yma. Diolch i Ti am beidio a'n gadael ni. Dyma ni wedi dwad i weddio arnat Ti. Dysga ni i weddio, Iesu Mawr. Nid deud pethau wrthat To, ond gweddio arnat Ti. Yr wyt Ti wedi bod, meddai dy Air Sanctaidd, yn dysgu rhai i weddio o'n blaena ni. Nei Di'n dysgu ninnau. Fedrwn ni ddim, os na nei Di'n dysgu ni. Gwna ni'n ddiragrith. Rhaid i ni fod yn ddiragrith wrth weddio arnat Ti. Yr wyt Ti yn gwybod pob peth. Mi allwn ni dwyllo'n gilydd, ond fedrwn ni mo dy dwyllo Di. Yr wyt Ti yn hollwybodol. Gwared pob un ohonom ni rhag i ni dreio dy dwyllo Di. Gwna hwn yn fater pwysig i ni. Mae hwn yn fater pwysig. Mae yn fater personol. Rhaid i ni ymddangos jest yn union, bob un ohonom ni, ger dy fron Di. Gawn ni sefyll, ein Tad? Rhaid i ni sefyll neu syrthio. Helpa ni i sefyll. Nei di'n dal ni, ein Tad? Rhaid i Ti mo'n dal yn hir. My fyddwn ni wedi dwad at y terfyn yn fuan iawn. Gwna ni'n blant i Ti, cyn i ni fyned ac na byddwn ni mwy. Cofia am y byd pechadurus. Nei Di gymryd trugaredd arno fo. Mae o'n mynd rhagddo. Nei Di achub, ein Tad, ne ni wn i beth ddaw ohonon ni. Cofia am y rhai sydd yn gleifion a'r rhai sydd yn galaru. Dyro Dy fendith i ni. Gwrando ein gweddi wael, a maddau ein holl bechodau mawrion yn Dy erbyn, er mwyn Iesu Grist. Amen.'

Dau Fardd o Fôn

Penderfynodd dau ddyn o Sir Fôn yn 1888 wneud eu hunain yn feirdd trwy wneud pennill rhyngddynt i hen Ardylydd Môn. Aeth y ddau ati bob yn ail fel hyn...

Y 1af:	Ardalydd Môn sydd enwog ddyn;
Yr 2il:	Bu'n ymladd a Buonoparte ei hun;
Y 1af:	Wrth ymladd a Boni fe gollodd ei glun;
Yr 2il:	Pe collasai y llall fe fuasai heb un.

Y gair hiraf yn yr iaith Gymraeg

Yr oedd gweinidog o Fôn a'i blant yn difyrru eu hunain ar yr aelwyd drwy osod tasg i'w gilydd i geisio eu hateb. Gofynodd un o'r bechgyn i'w dad, 'Beth ydi'r gair hiraf yn y Gymraeg?' Ceisiodd y tad ei ateb, gan ddweud mai Llanfairpwllgwyngyll, Llanfairmathafarneithaf, a.y.b. Ymhen amser wedyn, gofynodd y bychan, 'Yda chi yn rhoi i fyny?'. 'Ydw', medd y tad. 'Deud wrthai beth ydyw'. Atebodd yntau, 'Y gair yr yda chi Sul ar ôl Sul yn ei ddweud cyn gorffen eich pregeth, ar ôl dweud, 'Un gair eto cyn gorffen,' ac mae'n cymryd i chi ddeng munud weithiau i'w ddweud.'

Y Fran Wen

Llawer gwaith, pan yn blentyn y clywsom ein mam yn sôn am y fran wen. Os byddem wedi gwneud rhyw ddrwg wrth fynd neu ddod adref o'r ysgol, byddai ein mam bron bob amser yn dod i wybod. Llawer gwaith y gofynom iddi, 'Pwy ddeudodd, mam,' a'r atebiad bob amser fyddai, y fran wen. Llawer tro y bum yn dymuno cael gafael arni, ni buasem yn meddwl dwywaith be' i wneud a hi, ond er inni edrych i blith y brain ganwaith methom a dyfod o hyd iddi. Ond ar Ddydd Gwener y Groglith y flwyddyn honno, gwelsom hi mewn gwirionedd. Bydd ugeiniau o frain yn dyfod i Pencraig, Llangefni, i nythu bob blwyddyn; deuant yn rheolaidd ar y dydd cyntaf o Fawrth, a dechreuant arni o ddifrif ar unwaith i wneud nythod newydd, a thrwsio hen rhai, ac arhosont yno hyd nes gorffen magu eu rhai bach, a thua dechrau Gorffennaf ant i ffwrdd hyd y dydd cyntaf o Fawrth, ac yn eu plith ers tri tymor y mae bran wen. Mae dwsinau wedi bod yno yn un swydd i'w gweld. Bran ydyw a dim arall; mae ei chymar yn ddu. Dymunem atgoffa plant Môn ac Arfon, y bydd y fran wen yn gwylio arnynt yn gwneud drygau dechrau'r haf yma.

Richard Jones, 'Asiedydd', Llangefni 1833-1910

Ymryson aredig

Dydd Llun, 4ydd Chwefror, 1839, cynhaliwyd ymryson aredig ar dir Syr Richard Bulkeley, Barwnwr, ar faes o dyddyn Plas Llandegfan, gerllaw Biwmares, Môn. Oherwydd bod y tywydd yn hynod o ffafriol, ymgasglodd lliaws mawr o edrychwyr i weld yr orchest hon o gampwri amaethyddol. Yn fuan ar ôl naw o'r gloch, ymddangosodd 31 o weddoedd ar y maes. Yr oedd y darn tir a ddewisiwyd i'w aredig tua deg cyfar, mewn cae hyfryd o 36 cyfar, ar ychydig ogwydd tua'r môr. Ar ôl penodi y darn neilltuol i bob gwedd, ychydig wedi deg o'r gloch, rhoddodd Syr Richard arwydd iddynt gychwyn y gwys: yr oedd yr olygfa o weld y gŵyr a'u gweddoedd yn rhwygo'r dywarchen yn un hardd rhagorol. Gorffennodd rhai o'r ardalwyr eu tasg mewn dwy awr; ac yr oedd y cwbl wedi darfod ymhen rhyw dair awr. Wedi i bawb ddarfod, edrychodd y Barnwr, sef Mr Dugald, prif amaethwr yr Arglwydd Mostyn, yn ofalus dros y gwaith, gan ddyfarnu'r gwobrwyon fel â ganlyn –

Perchenogion	Aradwyr	Gwobrau
J. Thomas, Wern	J. Hughes	£2. 10s
Thos. Williams, Ysw	W. Roberts	£2
Syr R. Bulkeley, Bar.	W. Hughes	£1. 15s
Mr J. Boggie	O. Owens	£1. 5s
Syr R. Bulkeley, Bar.	J. Parry	15 swllt
Yr un un	O. Williams	10 swllt
Mr R. Williams, Lleiniog	R. Owen	10 swllt
Mr J. Williams, Castellior	R. Hughes	10 swllt

Dosbarthwyd y gwobrwyon i'r buddugwyr gan Syr R. Bulkeley ynghanol crechweniadau yr edrychwyr; a'r holl aradwyr a arfollwyd a helaethrwydd o fwyd a diod. Nid oedd ond un aradr bren ymysg hwy i gyd. Yr oedd amryw o'r rhai buddugol wedi eu gwneud gan Mr John Edwards, Mynaddfwyn, o'r cynllun Albanaidd yn Baron Hill.

Y Ffair Gyflogi Gyntaf

Gosodais fy hun 'ar y farchnad' megis, o flaen y Bull Hotel, ym mhlith ugeiniau o las lanciau Môn, yn ôl yr arfer mewn ffair gyflogi. Profiad hyfryd oedd bod yn un oedd yn cyfri yn y traddodiad amaethyddol, a theimlwn fy mod yn un o'r rhai oedd yn dal y byd. Cerddai'r amaethwyr bach a mawr yn hamddenol drwy'r rhengau, gan fesur a phwyso maint a nerth yr ymgeiswyr yn ôl y galw...

Yr oedd cyflogi prysur yn mynd ymlaen ers oriau cyn i neb sylwi fy mod i yno o gwbl, ac er i mi ymsythu a gwthio fy mrest allan gorau gallwn, mynd o'r tu arall heibio ei mi yr oedd pawb rywfodd. Digon o fynd ar hwsmyn a chertmyn, ond fawr neb i'w weld eisiau gwas bach, a minnau mor awyddus.

Dechreuais ddigalonni gan ofn cael fy ngadael ar y clwt, ys dywed pobl Sir Fôn. Daeth gŵr o Langristiolus heibio, un a adwaenwn yn iawn, a'i blant wedi troi allan yn dda.

'Wyt ti wedi cyflogi?' meddai.

'Nag ydw', meddwn innau.

'Hogyn rhy ddrwg wyt ti yntê, was, pwy cymith di?'

Ni bu gennyf ormod o gariad at y gŵr hwnnw weddill ei ddyddiau, er cywilydd i mi efallai.

Ifan Gruffydd 1896-1971, Gŵr o Baradwys

Ffeiriau Sir Fôn

Biwmares:	3 Mai, 30 Awst
Bodedern:	7 Ionawr, 4 Chwefror, 4 Mawrth, 1 a 15 Ebrill, 6 a 20 Mai, 3 Mehefin, 1 Gorffennaf, 5 a 19 Awst, 2 Medi, 7 a 21 Hydref, 4 Tachwedd, 2 Rhagfyr.
Llanerchymedd:	8 Ionawr, 5 Chwefror, 5 Mawrth, 2 a 16 Ebrill, 7 a 21 Mai, 4 Mehefin, 2 Gorffennaf, 6 a 20 Awst, 3 Medi, 8 a 22 Hydref, 5 a 19 Tachwedd, 3 Rhagfyr.
Llanfechell:	3 a 31 Mawrth, 5 a 19 Mai, 4 Awst, 6 Hydref, 3 Tachwedd, 1 Rhagfyr.
Llangefni:	9 Ionawr, 6 Chwefror, 6 Mawrth, 3 a 17 Ebrill, 8 a 22 Mai, 5 Mehefin, 5 Gorffennaf, 7 a 21 Awst, 4 Medi, 9 a 23 Hydref, 6 (gwartheg yn unig), 13 a 20 (gwartheg yn unig) a

27 Tachwedd, 4 (gwartheg yn unig), 11 (gwartheg yn unig) a 18 (gwartheg yn unig) Rhagfyr.

Pentraeth: 31 Mawrth, 5 Mai, 4 Awst, 1 Medi.

Porthaethwy: 7 Mawrth, 4 Ebrill, 9 Mai, 6 Mehefin, 8 Awst, 24 Hydref, a 14 Tachwedd.

Almanac Caergybi, 1930

Ffair Llannerch-y-medd – 23 Mehefin 1866

Un o luniau John Thomas (1838-1905) y ffotograffydd. Ganed ef yng Nglan rhyd, Cellan, Sir Aberteifi. Wedi gadael yr ysgol bu'n brentis i ddilledydd yn Llanbedr Pont Steffan. O 1853 i 1863 aeth i weithio i siop ddillad yn Lerpwl, ond oherwydd afiechyd gorfodwyd ef i chwilio am waith yn yr awyr agored fel cynrychiolydd cwmni yn gwerthu papur ysgrifennu a ffotograffau. Prynodd gamera ei hun yn 1863 ac yna busnes ffotograffyddol ei hun yn 1867 yn 53 Heol Santes Anne, oedd yn dwyn yr enw 'The Cambrian Gallery'. Newidiwyd yr enw i 'Yr Oriel Gymraeg' yn ddiweddarach pan brynwyd y busnes gan Syr O. M. Edwards. Bu'n teithio ledled Cymru yn tynnu lluniau enwogion, cymeriadau, capeli ac eglwysi, cartrefi Cymry enwog, ardaloedd a golygfeydd prydferth. Gwerthodd dros 3,000 o'i luniau i O. M. Edwards, a defnyddiwyd nifer ohonynt yn 'Cymru' a 'Cyfres y Fil'.

Bryn Calfaria

Tua canol y bedwaredd ganrif ar bymtheg, yr oedd tri neu bedwar o ymfudwyr Cymreig yn teithio'r anialwch yn Awstralia ar eu ffordd i'r meysydd aur. Bachgen o Sir Fôn oedd un ohonynt. Un noson cyrhaeddont gaban log mwy na'r cyffredin. Curasant y drws amryw o weithiau, ac yn y man rhoddodd benyw ei phen allan drwy ffenestr y llofft, gan ddweud nad oedd derbyniad iddynt. Yr oedd y gŵr oddi cartref ar y pryd. Yr oedd y teithwyr blinedig ar fin troi oddi yno yn siomedig ac yn ddigalon. 'Arhoswch funud, hogia', medd un ohonynt, a thrawodd y dôn Bryn Calfaria, a cyn ei fod wedi gorffen y pennill olaf agorwyd y drws led y pen, ac estynnwyd y croeso mwyaf iddynt. Dyna engraifft rhyfedd o ddylanwad tôn anfarwol William Owen (1813-93), Prysgol, mewn gwlad bell.

Trysorfa y Plant, 1933

O.N.   Bachgen o Biwmares, wedi ei fagu yng Nghapel y Drindod (M.C.) yn y dref honno, oedd y gŵr ifanc â ganodd 'Gwaed y Groes sy'n codi fyny'. Ei enw oedd Richard Thomas.

At Drigolion Llangristiolus,
Sir Fôn.

Gyfeillion, – Pan sylwasom fod eich ardal fechan chwi yn prynu tua hanner can copi o'r *Ford Gron* bob mis, fe ddywedasom wrthym ein hunain: 'Wel, dyma fro sy'n dangos Cymru wledig ar ei gorau; bro a'i thrigolion bron i gyd yn ddarllengar ac eiddgar'.

Credu'r oeddym ers tro fod bywyd gwledig Môn wedi dirywio, ac mai yn y siroedd y tu arall i Fenai yn unig y ceid y bywiogrwydd a'r diwylliant mwyn Cymreig.

Erbyn hyn fe gawsom brawf arall o egni Llangristiols. Ar y 17 o Chwefror fe fydd gennych Arddangosfa Gwaith, ac yn honno gwelwn y rhoddir gwobrwyon am gynnyrch ffarm, am geirch a haidd mewn cawgiau, am ymenyn ac wyau, am flodau a llysiau, am ffyn, prennau rhaffau a phrennau cynnull, am adwy gerrig, am aredig cefn, am ddarlunio, am wneud barclod bras a phwrs lledr a hosanau a dillad gwelyau, am dorth wen a chrempogau a chacennau, am ddarlunio, a llu o bethau eraill.

Bydd gennych hefyd arddangosfa o bethau hynafol a chywrain.
Wele arwyddion meddyliau effro.

Y Ford Gron, Chwefror, 1931

Cwmniau Drama Môn

Cefais lythyr oddi wrth Mr Gruffydd J. Williams, Porthaethwy yn atgoffa imi na ddywedais, wrth sôn am gwmniau drama'r Gogledd, ddim gair am un o gwmniau hynaf Sir Fôn, sef Cwmni'r Borth (Porthaethwy). Ffurfiwyd y cwmni hwn yn niwedd 1919. Dywed Mr Williams:

'Pedwar neu bump sy'n aros o'r cwmni a ffurfiwyd ar y dechrau, ond deil y cwmni'n gadarn.

Bu cystadlu brwd droeon yn ei hanes, ac enillodd dair gwobr gyntaf yn Eisteddfod Môn – yng Nghaergybi yn 1921 gyda *Trem yn Ôl*, yn Llanfair yn 1926 gyda'r Pwyllgor, ac yn 1928 yn Biwmares gyda'r *Bobl Fach Ddu*. Bu'n ail hefyd gyda pherfformiad o *Ar y Groesffordd* yn Llangefni yn 1920.

Rhydd y cwmni ei fryd o hyd ar gadw i fyny safon y ddrama. *Pobl yr Ymylon*, gan Idwal Jones ydyw'r ddrama a ddysgodd y cwmni y gaeaf yma.'

Rhys Puw
Y Ford Gron, Chwefror, 1931

Doethineb Fesul Trioedd

Tri o bethau i'w hoffi: gwroldeb, addfwynder a chariad.
Tri o bethau i ymladd drostynt: anrhydedd, gwlad a Chartref.
Tri o bethau i feddwl amdanynt: bywyd, angau a thragwyddoldeb.
Tri o bethau i ymhyfrydu ynddynt: gonestrwydd, rhyddid a phrydferthwch.
Tri o bethau i'w llywodraethu: tymer, tafod ac ymddygiad.
Tri o bethau i'w ffieiddio: creulondeb, balchder ac aniolchgarwch.
Tri o bethau i'w dymuno: iechyd, cyfeillion ac ysbrydoedd siriol.
Tri o bethau i'w gochelyd: segurdod, siaradgarwch a chellwair ffraethus.
Tri o bethau i'w mawrygu: nerth deallus, cymeriad a gweddusder.

H. J. Caergybi
Trysorfa y Plant, Mai, 1908

Rheithor yn fethdalwr

Un o feirdd mwyaf dymunol y genedl Gymreig, ac un o'r llenorion mwyaf disglair ydyw y Parch. John Williams ('Glanmor', 1811-1891), rheithor Llanallgo, Môn, ond y mae ef yn engraifft amlwg iawn o'r anghyfiawnder a berthyn i benodiadau Eglwys Lloegr. Er ei fod yn sefyll yn rheng gwyr teilyngaf yr Eglwys, nid yw wedi cael ond bywyd caled iawn ynddi, mor galed yn wir, fel y mae mewn tlodi mawr, ac hefyd mewn dyledion mor luosog fel y bu rhaid iddo ychydig amser yn ôl, roddi ei hun i fyny fel methdalwr. Dydd Iau diwethaf bu yn y llys methdalwyr ym Mangor, a dangosodd fod ei sefyllfa yn wir druenus. Yr oedd ei ddyledion yn £288, a phriodolai ei amgylchiadau i gyflog bychan. Cyfeiriwyd at ei dderbyniadau fel llenor, ond dywedai na thybiai iddo ennill £5 y flwyddyn erioed o'r cyfeiriad hwnnw, a sylwai swyddog fod ysgrifenwr erthyglau i'r newyddiaduron Cymreig yn cael eu talu yn gyffredin 'yn adgyfodiad y rhai cyfiawn'. Gwir, O! swyddog.

Celtydd

Y Celt, 19 Mawrth, 1886

Cerddi am Môn

Llannau Môn – Alaw: Llwyn Onn.

Llandegfan, Llanbeulan, Llanffinan, Llanidan,
Llangwyllog, Llanfwrog, Llanfaelog a'r plas:
Llanddona, Llansadwrn, Llaneugrad, Llanallgo,
A Llanfair-yng-Nghornwy, Llangwyfan, Llanfaes.
Llanfaethlu, Llanfachraeth, Llanrhuddlad, Llangeinwen,
Llanddyfnan, Llangristiolus a Llannerch-y-medd:
Llanrhwydrus, Llanfechell a Llanfairmathafarn,
Llanfugail, Llanfflewyn, Llanwenllwyfo bro hedd.

Llanddeusant, Llandrygarn, Llanddaniel, Llanedwen,
A Llanfair-yn-neubwll, Llandyfrydog, Llangoed,
Llanfihangel-yn-nhowyn, a Llanfair yn y cwmwd,
Llanelian, Llanbadrig, Llangefni erioed:

Llanfairpwllgwyngyll, Llaniestyn, Llanllinio,
Llanfihangel Tre'r Beirdd, Llantysilio go-go-goch,
Llanynghenedl, Llangaffo, Llantrisant, Llanbabo,
Llanfihangel-tyn-sylw, a Llanbedrgoch.

Elis Aethwy Jones (1908-81), Mai, 1942

Y Filltir Sgwar

Pant y Saer a Phen y Meysydd,	Waen y Bwlch a'r Efail Uchaf,
'Sgubor Lwyd a Phant y Clochydd,	Storws Wen a'r Ynys Isaf,
Pant y Gwyddel, Tyddyn Tlodion,	Tyddyn Tro, y Bont, Groes Wion,
Yr Hen Dŷ a'r Tyddyn Tirion;	Pant y Corn a'r Lleiniau Llwydion;
Dafarn Goch a Than y Marian,	Ty'n-y-gongl Gam, Bryn Hyrddin,
Rhosboeth, 'Rerw, Pig yr Engan,	Garnedd Wen a Thy'n y Felin,
'Rolgra Fawr a Thyddyn Fadog,	Pant y Bugail a Phlas Thelwa',
Minffordd, Rhows a'r hen Fynachlog.	'Sgubor Wen, Ty'n Pwll a'r Gloddfa.
Erw Leidr, Fferam, Borthwen,	Tyddyn Rhedyn a'r Siop Segur,
Tyddyn Eden, Garreg Winllan,	Grimach, Symar, Tyddyn Tudur,
Pen y Groeslon a Rhianfa,	Ty'n Dylifws a Chae Merddyn,
Bryn y Wig a Benllech Isa';	Pant y Corn a Thyddyn Iolyn;
Brig y Don, Bron Haul a'r Frogwy,	Tyddyn Llwyd a Bryn Mathafarn,
Garreg Lwyd a Bryn Goronwy,	Cwtrwm, Minffrwd a'r Hen Dafarn,
Rhuddlan Fawr a Bryn yr Odyn,	Tyddyn Sarjant, Llwyn, Plas Uchaf,
Gromlech, Sport y Gwynt a'r Gwynfryn.	A'r Berth Lwyd, Ty'n Llan yw'r olaf.

Yr Arwydd, Gorffennaf, 1988

Anrhydeddau

Cafwyd araith rymus gan Miss Mair Jones, Bron Haul, Bryn-teg, ar ei sefydlu'n Llywydd Cyfundeb Annibynwyr Môn, nos Fawrth, 26ain Tachwedd, 1991, yn Soar, Rhosfawr. Ei thestun oedd 'Anrhydeddau'. Meddai Miss Jones – 'Caiff rhai anrhydedd yr O.B.E. neu'r M.B.E. ond i'r Cristion mae'r Llythyren B yn cynrychioli'r Beibl. Caiff rhai ddod yn perthyn i'r Orsedd ond dymuniad y Cristion yw cael nesau at Orsedd Gras. Caiff rhai eu dyrchafu i Dŷ'r Arglwyddi ond caiff y Cristion y fraint o fynd i Dŷ'r

Arglwydd. Mae'r gwrol yn derbyn y Victoria Cross ond gobaith y Cristion yw'r Victorious Cross.'

Enwau Daearyddol ym Môn

Afonydd a Ffrydiau:
Afon Alaw, yn codi yng Nghors-y-bol, ac yn mynd allan i'r môr yn Aber Alaw, plwyf Llanfachraeth.
Afon Bentraeth, yn rhedeg i'r Traeth Coch.
Braint neu Breint, sydd yn codi ym Mynydd Llwydiarth, ac wedi rhedeg bron ar hyd Ynys Môn, mae'n ymarllwys i'r Menai, yn Aber Breint.
Afon Cadnant sy'n rhedeg i draethell Cadnant ym Mhorthaethwy.
Cefni a Ceint, y ddwy afon yn ymuno yng Nghors Ddygai, ac yn rhedeg i Malltraeth.
Afon Crigyll, sy'n ymarllwys i'r môr yn Nhraeth Crigyll.
Afon Dulas, yn Nulas.
Afon Ffraw, sy'n mynd i'r môr islaw Aberffraw.
Gwynwy, a elwir yn gyffredin Gwnna, yn rhedeg i Llyn Coron.
Afon Llifon sy'n rhedeg i Llyn Maelog.
Afon Llugwy sy'n rhedeg i'r môr yn Nhraeth Llugwy.
Afon y Marchogion, yn rhedeg i'r môr ym Mhenllech, ger y Traeth Coch.
Yr Wygyr, yn ymarllwys i'r môr yng Nghemaes, neu Cefnfaes.

Dinasoedd:
Dinas Din Dryfal, Aberffraw.
Dinas Gwyngyll, gerllaw Pwll Cerrys (Swelly).
Dinas Lwyd, yng ngenau Afon Malltraeth.
Dinas Padrig, ger Porth Llan Lleiniau.
Dinas Tefri, penrhyn creigiog gerllaw Aberffraw.

Gorseddau:
Gorsedd Bod Ronyn, plwyf Llanrhwydrys.
Gorsedd Glasgrug, plwyf Amlwch.
Gorsedd Igin, plwyf Llanrhwydrys.
Gorsedd Mechell, rhwng Llanfechell a Rhosbeibio.
Pen yr Orsedd, plwyf Llandrygarn.

Pen yr Orsedd, plwyf Llanfachraeth.
Pen yr Orsedd, plwyf Llanrhwydrys.

Llynoedd:
Llyn Bodwinau, Gwalchmai.
Afrogwy, plwyf Hen Eglwys.
Llyn Coron, ger Aberffraw.
Bodgylched, ger Biwmares.
Llyn Cors Wiber, Pentraeth.
Llyn Llwydiarth, Pentraeth.
Llyn Pebae neu Pybwy
Llyn Maelog, plwyf Llanfaelog.
Llywenau, plwyf Llantrisant.
Llysgeirion, plwyf Llanfflewin.
Llyn y Meudwy, Pentraeth.
Traphwll, Llanfihangel yn Nhywyn.
Rhos Ddu, Niwbwrch.
Ystryden, ym Mheulan neu Gwalchmai.
Llyn Wyth Eidion, ger Tregaean.

Morfeydd, Traethau a Thywynau:
Tywyn Aberffraw.
Tywyn Abermenai.
Tywyn y Capel.
Tywyn Cemaes.
Tywyn Llanddwyn.
Tywyn Niwbwrch, neu Llanfair.
Tywyn Traeth Llugwy.

Mynyddoedd:
Carn Llanfair-yng-Nghornwy
Mynydd Bodafon
Mynydd Caergybi (Mynydd Twr).
Mynydd Einion, neu Mynydd Engan fel y gelwir.
Mynydd Eilian.
Mynydd Mechell.

Mynydd Llwydiarth.

Moel Efrydd.

Moel Rhuddlad.

Mynydd Parys, neu Trysglwyn.

Bryniau:

Mynydd Cwyfan.

Mynydd Llanddyfnan.

Mynydd Rhoscolyn.

Mynydd Tefri.

Ynysoedd:

Ynys yr Adar.

Ynys Amlwch.

Ynys Badrig.

Ynys Gadarn, Dulas.

Ynys yr Halen.

Ynys Maen Bigel (West Mouse).

Ynys y Meibion ger Llangwyfan.

Ynys Moelfre.

Ynys Moelrhoniaid (Skerries) ger Amlwch.

Ynys Pwll Cerrys (Swelly Islets).

Ynys Rhoscolyn.

Ynys Seiriol (Priestholme Island).

Ynys y Myllt, Llanddwyn.

Ynys Wellt, Crugyll.

Ffynhonnau Mwynau:

Ffynnon Beuno, Aberffraw.

Ffynnon Beuno, Llangefni.

Ffynnon Elaeth, Amlwch.

Ffynnon Elaeth, Traeth Llugwy.

Ffynnon Fendigaid, Aberffraw.

Ffynnon Llanddwyn, neu Ffynnon St. Trenail.

allan o bapurau Humphrey Thomas, Hynafiaethydd, â godwyd gan Dafydd

Thomas ('Dafydd Ddu Eryri'), Waunfawr, Arfon, ac a gyhoeddwyd yn '*Y Brython*', Rhagfyr, 1860.

Amrywiaeth Morwrol

Am ganrifoedd lawer bu dyn yn brwydro i geisio dofi moroedd ac afonydd nerthol pob rhan o'r byd. Yn ei ymchwil i gyrraedd glannau newydd a choncro cyfandiroedd newydd, ehangwyd pob owns o fedusrwydd ac ymdrech dynol. Ond y mae'r môr yn elyn cyfnewidiol a di-broffwydol, ac y mae trychinebau ar y môr wedi bod yn nodwedd o hanes morwrol o'r dyddiau cynnar hyd at ein dyddiau ni heddiw. A thra bo diwedd unrhyw long, boed fawr neu bach, yn achlysur o dristwch, fe geir teimlad dwysach, ac yn rhy fynych, trasiedi, yn gysylltiedig a'r rhai hynny sydd yn cyfarfod a'u tynged cyn-amserol, yn eigion y môr.

Digwyddiad hynod

Ar y 6ed o Ragfyr, 1654, hwyliodd cwch dros afon Menai, gyda 81 o bobol ynddi. Trodd y cwch, a bu pawb foddi ond un, enw'r gŵr a achubwyd oedd Hugh Williams. Ar yr un diwrnod, yn y flwyddyn 1782, aeth cwch arall i lawr, a 60 o bobl ynddi, boddodd pawb ond un, enw y gŵr hwnnw hefyd oedd Hugh Williams. Ar y 5ed o Awst, 1820, digwyddodd damwain o'r un fath i tua 25 o forwyr, boddodd pawb ond un, enw y gŵr hwnnw hefyd oedd Hugh Williams. Gwelwn felly oddi wrth yr hyn a ddywedyd fod 163 wedi colli eu bywydau ar dri achlysur, heblaw amryw eraill y gellid sôn amdanynt; yr hyn a ddengys fod Pont Menai o fawr werth. Y peth mwyaf hynod o'r cwbl yw fod un yn cael ei achub bob tro, a'i enw yn Hugh Williams.

Dysgedydd, Chwefror, 1832

Ym Medi, 1821, aeth y llythyr-long *Waterloo* i ollwng dŵr, oddi allan i Gaergybi. Yr oedd ar y pryd ar ei mordaith o Lerpwl i Ddulyn. Cododd yn storm o wynt, a gan ei bod yn llawn o deithwyr bu mewn perygl am beth amser, pryd yr oedd y dŵr wedi codi i bedair troedfedd yn y llong. Yr oedd ynddi chwech o geffylau yn perthyn i'r Brenin ar ei bwrdd, boddodd tri ohonynt, gan gynnwys un o geffylau gorau ei Fawrhydi. Yr oedd hefyd dau o gerbydau y Brenin ar ei bwrdd, a bu ond o fewn dim iddynt gael eu taflu i'r môr, ond fe'i arbedwyd, a gydag ymdrech arbennig daeth y llong yn ddiogel i'r lan yn Lerpwl.

20 Rhagfyr, 1821, chwythwyd llong dwy-hwylbren i dir Trefadog, ger Caergybi, ar ei mordaith i Lynlleifiad. Achubwyd pawb ond collwyd y llong... 22 Rhagfyr, chwythodd corwynt cryf y llong *Jamaica* i dir yn Y Crigyll, ger Caergybi. Yr oedd yn cario llwyth o goed ar ei thaith o America i Lynlleifiad. Achubwyd pawb, pedwar ar bymtheg ohonynt, ond drylliwyd y llong yn chwilfryw... 14 Ionawr, 1822, yn nhrymder y nos, gyrrwyd llong, dwy-hwylbren i dir ger Caergybi. Yr oedd yn cludo llwyth o wenith o Rhyd-y-dŵr i Lynlleifiad. Achubwyd pawb, ynghyd a'r llong a'r gwenith. Gwlychodd rhyw gymaint o'r gwenith ond nid oedd tu draw i allu wneud defnydd ohono... Ionawr, 1822, lladratwyd £11, yn ystod gwasanaeth crefyddol, o'r llong *Providence* yng Nghaergybi. Enw'r capten oedd William Davies.

Nos Wener, 6 Chwefror, 1824, fel yr oedd y llong *John*, yn llwythog o geirch, blawd, a menyn, yn morio o Cork i Lerpwl, cododd yn storm cryf, pryd y bu'n rhaid i'r morwyr ymdrechu yn fwy na'r arfer i gyrraedd Caergybi mewn diogelwch. Newydd iddi gyrraedd yno bwriwyd angor wrth gadwyn haearn, ond torrodd y gadwyn, ac er pob ymdrech i roi dwy angor arall, ni chymeront afael. Yn ddiweddarach, gyrrwyd y llong gan y gwynt a'r tonnau ar greigiau Penrhos, gerllaw parc Syr T. Stanley, a hynny gyda'r fath rym fel yr holltiwyd drwy ei chanol ar unwaith. Trwy gymorth rhai dynion oedd ar y lan, fe achubwyd y capten ynghyd a phump o forwyr. Ond collwyd naw o'r teithwyr, a dau forwr, un ohonynt yn frawd i'r capten. Fe gafwyd y cyrff bore drannoeth wedi eu dinoethi ac anafu gan nerth y tonnau. Yn eu plith yr oedd gwraig, ynghyd a thri plentyn ynghlwm wrthi, y baban yn ei braich dde, a'r fraich chwith yn cofleidio'r ddau arall.

Rothsay Castle
Yr oedd y *Rothsay Castle* yn swyddogol i fod i gychwyn o Lerpwl am ddeg o'r gloch, bore Mercher, 17 Awst, 1831, ond fe aeth hi yn awr yn fwy cyn iddi adael y porthladd. Bu i'r amser oedi hwnnw, ynghyd a phethau eraill, fod yn niweidiol i'r llong a'i theithwyr, oherwydd pe byddai wedi cyrraedd y fan lle

y suddodd awr ynghynt, byddai yna fwy o ddŵr, a'r drasiedi wedi ei ochel. Roedd yna dros 124 o deithwyr ar ei bwrdd. O'r amser y gadawodd y llong yr afon Mersi, araf iawn oedd ei symudiad oherwydd cyflwr y môr a'r gwynt, sef tair i bedair milltir yr awr. Yr oedd hi rhwng naw a deg o'r gloch y nos cyn iddi nesau at Ben y Gogarth, Llandudno, a'r môr yn gryf a stormus, a'r gwynt yn union i'r gwrthwyneb. Y canlyniad fu i'r llong sigo cymaint, gollyngwyd dŵr i mewn iddi trwy ei gwrymiau, a thrwy echelau y rhodylau, nes bod y dŵr i fyny at y ffer yn ystafell y peiriant. Bu amryw o'r gwŷr bonheddig oedd arni grefu ar i'r capten i naill ai i droi a dychwelyd yn ôl i Lerpwl, neu i ofyn am gysgod yng ngheg yr afon Conwy. Ond gwrthod wnaeth y capten. Gosodwyd y pwmp ar waith ond ni chafodd fawr o effaith.

Hyd hynny, yr oedd y rhan fwyaf o'r teithwyr wedi ymddwyn yn rhesymol, er bod rhai ohonynt yn anesmwyth eu meddwl oherwydd y cyflwr peryglus yr oeddynt hwy ynddo. Erbyn hanner nos, yn ôl tystiolaeth un gŵr oedd wrth y llyw, yr oedd y llong wedi mynd yn ddigon pell i ochr y draethell a elwir y '*Dutchman's Bank*', ac ar gyfer y tŵr ar Ynys Seiriol.

Clywid gweddiau, erfyniadau, sgrechiadau a griddfanau ymhob cyfeiriad. Yn fuan ar ôl i'r llong syrthio ar ei llawn ystlys ar y draethell, daeth y taclau oedd yn rhwymo y simdde yn rhydd o'i lle gan ddisgyn ar draws y dec. Yr oedd angau erbyn hyn yn dechrau gwneud ei waith. Pwy na faint a laddwyd, neu a daflwyd dros y bwrdd, pan syrthiodd y simdde a'r hwylbren, ni chafwyd y ffigwr iawn. Ond tua un o'r gloch y bore, ysgubwyd deg i ddeuddeg oddi ar y '*quarter-deck*' i'r môr tymhestlog. Yna, daeth y llyw yn rhydd, ac oherwydd fod y bad wedi ei llenwi a dŵr, torrodd o dan y pwysau ac aeth i ganlyn y llif. Hwnnw oedd yr unig fad oedd ar fwrdd y llong, ac yr oedd yn rhy fychan i fedru achub llawer.

Cafodd tri person oedd yn eistedd ar ben y bad eu hysgubo i ffwrdd gan y tonnau, a dau arall a neidiodd i'r môr yn gafael mewn tabwrdd mawr oedd yn perthyn i'r clerwyr (cerddorion crwydrol) ond suddo fu eu hanes hwythau. Dechreuodd eraill dynnu eu dillad uchaf i'r diben o geisio nofio, ond yr oedd y tonnau yn rhy gryf iddynt. Gafaelodd amryw mewn mainc oedd ar y '*quarter-deck*' a taflyd eu hunain gyda hi i'r môr, boddwyd hwy i gyd yn y man. Ceisiodd deg neu ddwsin arall ddiogelu eu hunain wrth ystlys y llong, ond cawsont eu hysgubo ymaith mewn dim gan rym y tonnau.

Tua hanner awr wedi un o'r gloch y bore, cafodd rhwng 30 a 40 o bobl oedd wedi gosod eu hunain ar gist y rhydylau ('*paddle box*') eu hysgubo ymaith gan fôr-ymchwyddiad dychrynllyd, boddodd pob un ohonynt. Yn ôl y rhai a allodd ddianc, dywedont na fuasent byth yn anghofio'r sgrechiadau arswydus a glywsont gan y rhai hynny cyn iddynt suddo i'r dyfnderau. Erbyn hyn, yr oedd y rhan fwyaf o'r rhai oedd ar ôl ar fwrdd y llong mewn cyflwr gwallgofus ac anobeithiol. Rhwymodd rhai eu hunain ar blanciau neu ddarnau eraill o'r llong, i'w cadw ar wyneb y dŵr, tra yr oedd eraill yn gweddio ar eu gliniau, gan gynnwys y Parchedig Owen Owens, Biwmaris, a'i ddwy chwaer.

Cyn dau o'r gloch y bore yr oedd y llong wedi torri yn ei chanol, ac fe aeth yn chwilfriw. Yr adeg hynny yr oedd yna chwe gŵr, gwraig, a bachgen ar y '*quarter-deck*', y rhai a achubwyd. Yr oedd tua 30 yn dal ar y llong, taflodd nifer ohonynt eu hunain i'r môr, yn rhwym wrth ystyllod; ysgubwyd eraill trosodd gan y tonnau; glynodd deuddeg arall wrth yr hwylbren sythiedig; dringodd tri i fyny hwylbren arall; a cydiodd dau neu dri wrth fon yr hwylbren. O'r rhai hynny i gyd, dim ond tua ugain a achubwyd. Ni allai yr un ohonynt roi gwybodaeth ynglyn a sut na pha bryd y collwyd y capten.

Collwyd 70 o fywydau, achubwyd 21, yn gwneud cyfanswm o 91. Yr oedd o leiaf 130 ar fwrdd y *Rothsay Castle* pan adawodd hi Lerpwl, felly na chafwyd cyfrif am tua deugain ohonynt.

Rheithfarn

Penderfyniad y Rheithwyr, ynghyd a'u cyfarchiad i'r Crwner...

'Fod y cyfryw bersonnau anadnabyddus, ar yr 17eg o Awst, 1831, ac yn y lle rhag-ddywededig, o fewn terfynau y ddywededig bwrdd-deisdref, yn ymdeithwyr ar fwrdd yr agerddlong a elwir y *Rothsay Castle*, yn mordwyo rhwng Lerpwl a Beaumaris, ac i'r ddywededig agerddlong daro ar draethell, a thrwy hynny yn y fan a'r lle hwnnw ddryllio; a bod i'r dywededig bersonnau anadnabyddus yn ddamweiniol ac yn anffodus yn y fan a'r lle hwnnw gael eu mygu a'u boddi.'

Ynghyd a'r rheithfarn uchod, cyfarchodd y Rheithwyr y Crwner fel â ganlyn...

Beaumaris, 19 Awst, 1831

Syr,

'Oddi wrth y dystiolaeth o'u blaen, nis gall y Rheithwyr ar yr ymholiad hwn ymadael heb ddatgan eu barn, pe buasai y *Rothsay Castle* yn llestr cymwys i'r môr, a digonedd o wŷr cyfaddas i'w llywio, y gallasid gochelyd yr anffawd galarus hwn; nis gallant gan hynny lai na mynegi eu digollonrwydd am ymddygiad y rhai hynny a roddai y fath lestr i fordeithio a than lywyddiaeth Capten a Mate a brofwyd, trwy y dystiolaeth o'u blaen, eu bod yn feddw.'

William Bulkley, Blaenor

Cynhwysir yma hefyd ysgrif-dystiad a anfonwyd gan un o'r seiri llongau parchusaf y cyfnod yn Lerpwl, i amddiffyn enw da Mr Watson, perchennog y *Rothsay Castle*...

'Yr ydym ni, y rhai yr arwydd-nodir ein henwau isod, yn tystio ddarfod ein rhoddi ni ar waith ym mis Rhagfyr diweddaf, 1830, gan Mr William Watson o Lerpwl, i atgyweirio yr agerddlestr a elwir y *Rothsay Castle*, gynt o Glasgow; ac wedi cael ohoni y cyfryw atgyweiriad, ei bod yn gwbl addas i fordwyo mewn unrhyw le yn agos i'r lan y dewisiai ei pherchennog, ac ymhellach, pe gofynnid gennym, yr ydym yn barod i fyned ar ein llw o barth cywirdeb yr hysbysiad uchod. Rhoddwyd dan ein llaw yr 21ain dydd o Awst, 1831.'

John Wilson & Sons

Prin y bu yna dymor gyda mwy o ddigwyddiadau anffodus ymysg morwyr ar lannau Cymru i fyny hyd at Gaeaf 1833-1834. Am un o'r gloch y bore, dydd Gwener, 29 Tachwedd, 1833, gyrrwyd y llong *Amity* o Aberteifi, oedd wedi cychwyn o Casnewydd am Lerpwl, gyda llwyth o haearn arni, i gilfachau Y Crigyll, Môn. Achubwyd y dwylaw ond cafodd y llong ei niweidio yn ddirfawr, a chwythwyd yr hwyliau'n garpiau.

Ar yr un bore, drylliwyd yr *Hill* ar ei thaith o Newry, Yr Iwerddon i Lerpwl, gyda llwyth o geirch arni, ger Ynys Seiriol, ond achubwyd pawb oedd arni.

Drylliwyd dwy long arall yn angorfa Malltraeth, Môn, gan yr un storm. Un oedd yr *Albiona* oedd yn cario llwyth o flawd a menyn o Newry, Yr Iwerddon i Lerpwl; a'r llall oedd y *Fame*, gyda llwyth o goed a priddfeini o Bridgewater i Lerpwl. Aeth y ddwy long yn ddarnau ond dihangodd pawb oedd arnynt.

Hefyd, yr *Hero* o Aberdar, Morgannwg, gyda llwyth o haearn o Gaerdydd i Lerpwl. Gyrrwyd hi i angorfa Llanddwyn, Môn. Achubwyd y dwylaw a llwyddodd i ail hwylio heb fawr o niwed.

Collodd y *Margaret* o Lerpwl, llong 379 tunnell, ei llyw ar 4ydd Rhagfyr, 1833, yn lledred 12½. Yr oedd yn teithio o Quebec, Canada, gyda llwyth o wenith ar ei bwrdd. Oherwydd nad oedd yn bosibl i'w llywodraethu mwyach, bu'n nofio'n ôl ac ymlaen ym Môr Udd (*English Channel*) am bedwar niwrnod. Ond gyda thipyn o ymdrech cafwyd hi allan i Fôr yr Iwerydd gerllaw Aberdaugleddau, ac erbyn yr 11eg o'r mis yr oedd mewn tipyn o anhawster gerllaw Caergybi. Oherwydd na ellid rhoddi unrhyw gymorth iddi yno, fe'i gyrrwyd y bore canlynol i Gaernarfon. Pan gafwyd ar ddeall nad oedd modd ei hachub, gadawodd y dwylaw y llong tua hanner dydd, pymtheg ohonynt mewn cwch hir a phump arall mewn cwch llai, a hynny ar fôr terfysglyd iawn. Cafodd y rhai oedd yn y cwch mwyaf eu hachub gan fad achub Caernarfon, a cymerwyd y rhai oedd yn y cwch arall i Llanddwyn, Môn. Ni chollwyd yr un bywyd, ond yn fuan wedi iddynt ymadael y llong, glynodd y Margaret ar y traeth gogleddol ac ymhen hir fe aeth yn ddrylliau.

Ar 15fed Rhagfyr, 1833, yr oedd y *Sea Lark* yn hwlio o Porthdinllaen, Llŷn, ar ei ffordd i Lerpwl gyda llwyth o foch. Ond oherwydd y tywydd anffafriol fe'i gyrrwyd hi i'r lan rhwng Malltraeth ac Aberffraw, Môn. Achubwyd y dwylaw a'r moch, ond fe aeth y llong yn ddrylliau ar y llanw canlynol.

Yn mis Chwefror, 1833, aeth tri o'r dwylaw oedd ar fwrdd y llong *Sarah* oedd yn hwylio o Bryste i Gaergybi, i orwedd am y noson, ac fe gauwyd y clawr-ddor (*hatch*) arnynt hwy yno. Pan agorwyd yr 'hatch' bore drannoeth cafwyd hyd i ddau Gymro yn eu plith wedi marw; a'r trydydd, gŵr croen-ddu, yn fyw ond ei fod wedi colli ei deimladau'n llwyr. Rhoddodd y meddyg foddion iddo a daeth ef ato'i hun. Achoswyd y ddamwain drwy iddynt gymryd padelliad o dân gyda hwy, ac oherwydd fod y lle mor gauedig, bu iddynt fygu yn eu cwsg.

Tua hanner nos, rhwng y pumed a'r chweched o mis Ionawr, 1834, daeth y *Kensington*, llong tair hwylbren, o Philadelphia, Pensylfania, i'r lan rhwng Ynys Wellt a Chymyran, gorllewin Môn. Yr oedd ar ei ffordd i Lerpwl gyda llwyth o gotwm. Llong 600 tunnell oedd y *Kensington* gyda un ar hugain o ddwylaw arni, un ohonynt yn Gymro. Daethont i gyd i'r lan yn ddiogel. Credir fod y tywydd yn niwlog a thywyll ar y pryd. Yr oedd yn llong newydd sbon, dim ond dau fis ers ei lansio yn gyntaf i'r môr.

Nos Wener, 18 Mawrth, 1836, daeth llong o'r enw *Snow Sunbury* oedd yn llwythog o gotwm, o Charleston, Yr Unol Daleithiau, ac ar ei ffordd i Lerpwl, i'r lan yn anfwriadol ar dywyn y Fferam, ym mhlwyf Llangwyfan, Môn, oherwydd bod y tywydd yn aneglur a niwlog. Trwy drugaredd, daeth pawb oedd ar ei bwrdd i dir yn ddihangol, ac heblaw hynny, ar peth pennaf y cyfeirir ato yn hyn o sylw, yw y bu i drigolion y gymdogaeth ymddwyn yn weddus a gonest ar yr achlysur, fel na chlybuwyd i neb ladrata gwerth un ddimai o'r llong na'r llwyth; am yr hyn y mae'n debyg y rhydd y perchennog ganmoliaeth haeddianol iddynt.

Ar 28 Mai, 1836, fel yr oedd y llong â elwid yn *Sampson* yn cael ei gollwng i'r môr yn Nghaergybi, a thra y tybid ei bod wedi llithro i'r dŵr yn hynod o lwyddiannus, yn ddisymwth (oherwydd ei bod yn wag heb ddim pwysau oddi mewn) hi a droes ar y naill ystlys, fel y bu i amryw o'r bobl oedd ar ei bwrdd syrthio i'r môr; ond trwy gyflymder ac ymdrech y dynion oedd yn y cychod, ni foddodd neb. Bu trigolion y dref a'r gymdogaeth yn ffyddlon iawn hefyd yn eu cynorthwyo i adfer y llong i'w hagwedd priodol, fel na fu'n fawr o anhwylustod na dim colled i'r perchennog.

Dydd Gwener, 19 Chwefror, 1841, hwyliodd y llong Americanaidd *Governor Fenner* o Lerpwl ar ei mordaith i Efrog Newydd, pan fu mewn gwrthdrawiad a'r agerddlong *Nottingham* oedd ar ei ffordd o Ddulyn i Lerpwl, tua dau o'r gloch y bore, y diwrnod canlynol, tua 18 milltir o Caergybi. Bu'r trawiad yn un mor ffyrnig fel yr aeth blaen y llong yn yfflon, a suddodd ymhen tair neu bedair munud. O'r 124 eneidiau oedd ar ei bwrdd dim ond Capten Andrews a'i 'mate' a achubwyd.

Tarawyd y *Nottingham* yn ei rhan mwyaf cadarn, a llwyddodd i gadw uwchben y dŵr. Ond syrthiodd ci simnai, a rhwystrwyd a torrwyd ei pheiriannau. Yr oedd pawb oedd arni yn ofni mai boddi fyddai eu tynged hwythau, ond wrth lwc, ar y nos Sadwrn dilynol daeth agerlong arall heibio a'u cludo i ffwrdd arni. Rhaffwyd yr agerlong ddrylliedig wrthi a cyrhaeddodd bawb Lerpwl yn ddiogel erbyn bore'r Sul.

Priodoliwyd y ddamwain i'r canlyniad nad oedd yna olau ar fwrdd y *Governor Fenner*, a'i gwnaeth yn amhosibl i'r *Nottingham* weld y perygl ymlaen llaw. Dywedodd Capten Andrews a'i 'mate' eu bod wedi gweld y llong arall rhyw bymtheg munud cyn y gwrthdaro, a'u bod nhw wedi gwaeddi ar bawb gan eu bod yn eu gwelyau ar y pryd, i ddyfod i fyny ar y dec cyn gynted ac oedd posibl. Yr oedd y waedd yn frawychus iawn ar y pryd, fel na wyddai neb pa gyfeiriad i droi. Yr oedd y capten yn eu galw un ffordd, a hwythau yn eu hofn yn rhedeg ffordd arall. Yna yn sydyn suddodd y llong i'r eigion mawr, ei phen blaen yn gyntaf. Dringodd y '*mate*' i fyny'r trawsbren, gan ollwng ei hun i lawr i ganol y defaid oedd ar ei bwrdd, a dringodd y capten wrth raff i'r un lle. Ond aeth pawb arall i lawr gyda'r llong, gan gynnwys 106 o ymfudwyr oedd ar eu ffordd i'r America.

Aeth y llong *Robert Bradford*, 503 tunnell, yn ddrylliau ar greigiau Porth Dafarch, Ynys Cybi, ar 8fed Rhagfyr, 1851, tua un o'r gloch y bore. Ymhen ugain munud yr oedd yn yfflon man. Collodd y capten, un mordeithiwr sef Mr Rees o Calcutta, Yr India; saer, Is-Gapten, goruchwyliwr, cogydd ynghyd a chwech o'r dwylaw eu bywydau. Cafwyd hyd i naw o gyrff yn ddiweddarach. Cafodd y rhai a achubwyd diriondeb anghyffredin gan drigolion Caergybi.

Royal Charter
Oddeutu 24/25 Hydref, 1859, cychwynodd seiclon mawr tua'r India Gorllewin, ac o amgylch traethau Florida. Yna croesodd y dymestl fawr Yr Iwerydd am draethau Cymru gan gyrraedd yno yn y nos, 25 Hydref. Honno oedd y dymestl mwyaf difrifol a gafwyd o fewn cof yng Nghymru. Chwythwyd coed a thai i lawr, a thasai gwair a llafur a llwyni drain ledled y caeau. Yng nghanol y storm a'r tywyllwch nos daeth gwaedd fod llongddrylliad yr agerlong *Royal Charter*, tu allan i draethau Ynys Môn. Ceisiwyd rhoddi cychod i lawr a mynd i'w cynorthwyo ond yr oedd y storm a'r tonnau fel mynyddoedd yn dryllio popeth, a collodd amryw o Gymry eu bywydau yn yr ymgais o geisio achub er i un capten llong lwyddo i gyrraedd.'

Hanes y Tywydd yng Nghymru yn bennaf a'r cysylltiadau
gan John R. Owen, Llanrhystud, 1975

Ganol y bedwaredd ganrif ar bymtheg y *Royal Charter* oedd un o'r llongau cyflymaf a mwyaf moethus yn y byd i gyd. Cafodd ei hadeiladu yn Sandycroft, ar yr afon Dyfrdwy yn 1855, gyda'i phwysau yn 2,719 tunnell. Ei pherchennog oedd Cwmni Liverpool & Australian Navigation. Gallai hwylio

Llongddrylliad y Royal Charter, *llong a'i llond hi o aur o Awstralia. Aeth yn ddrylliad gerllaw Moelfre, ar 26ain Hydref, 1859.*

o Prydain i Awstralia mewn chwedeg o ddyddiau. Am chwech o'r gloch, 25 Hydref, 1859, ar ôl mynd heibio Ynysoedd y Moelrhoniaid, ym Mhorth Helaeth, Môn, cododd gwynt tua 75 milltir yr awr, ac fe suddodd y llong. O'r 490 eneidiau oedd ar ei bwrdd, dim ond 38/39 a achubwyd. Claddwyd 140 ohonynt ym Mynwent Eglwys Llanallgo, 45 ym Mynwent Penrhoslligwy, a'r gweddill yn mynwentoedd Amlwch, Llanbedrgoch, Llanddona, Llandudno, Llaneugrad, Llanfairmathafarneithaf, Llanwenllwyfo, a Pentraeth.

'Ymddengys fod yr arfordiroedd Cymreig yn y gogledd wedi goddef yn ddirfawr oddi wrth y stormydd diweddar... ond nid ydym yn meddwl fod unrhyw drychineb cyffelyb i drychineb y *Royal Charter* wedi cymryd lle mewn un man. Yr oedd dros 400 o ymdeithwyr ar ei bwrdd. Cymerodd yr amgylchiad galarus le yn Moelfre, Môn, nid ymhell o'r lle yr aeth y *Rothsay Castle* i lawr (yn Awst, 1831). Mor bell ag y mae manylion wedi ein cyrraedd, nid oes ond pymtheg o'r ymdeithwyr, a tri ar hugain o'r dwylaw wedi eu hachub, yn gwneud 38 o bersonau. Yr oedd y *Royal Charter* o dan lywyddiaeth Capten Taylor, a phe buasai wedi cwblhau y fordaith hon yn llwyddianus, buasai wedi gwneud un o'r mordeithiau cyflymaf ar lechres hanesyddiaeth. Yr oedd ganddi ar ei bwrdd lwyth o wlan, a 79,000 owns o aur.

Yr oedd y *Royal Charter* yn '*screw steamer*' wedi ei hadeiladu o haearn yn 1855, ac yn 2,749 o dunnelli. Gwnaed y peiriannau gan y Meistri Penn o Greenwich, ac yr oeddynt 300 o gryfder ceffylau. Ei hyd oedd 320 o droedfeddi. Deallwn fod y llong wedi costio £90,000 ac ar yr amser y collodd y llwyth yn werth oddeutu £70,000. Yr oedd y llong ei hun wedi ei llawn ddiogelu trwy yswiriad o'r swm o £80,000.'

Dysgedydd, Rhagfyr, 1859

'Mae y dystiolaeth uchaf yn cael ei dwyn i'r Capten gan y rhai a achubwyd, ac nid oedd dim allwyd gael allan ar y treng-holiad a roddai un sail i feddwl na wnaed pob peth a allesid i arbed y llong a'i llwyth gwerthfawr. Pa fodd bynnag, gwelwn fod y Bwrdd Masnach wedi penderfynu gwneud ail-ymchwiliad i'r mater, er mwyn cael boddlonrwydd a wnaed y cwbl a allesid er achub y llong, nid am eu bod yn meddwl y gellir gwneud dim mewn ffordd o gosbi y tro hwn os bu esgeulustra, ond y gall fod yn rhybudd rhag y digwydd pethau cyffelyb eto. Yn ychwanegol at y bywydau gwerthfawr ac amhrisiadwy oedd yn y llong, yr oedd yr aur oedd

Eglwys Llanallgo (15fed ganrif) lle y claddwyd 140 o gyrff o'r llongddrylliad y Royal Charter, *yn 1859.*

ynddi yn peri fod disgwyliad mawr amdani. Cyfrifir fod yr aur oedd ynddi yn werth £322,440. Maent yn disgwyl y llwyddir i godi llawer ohono trwy gymorth y '*divers*'.

Rhoddir parch neilltuol i onestrwydd a thiriondeb pobol Môn yn yr amgylchiad yma. Gwnaeth rhywun yn y 'Times' ymosodiad arnynt, eu bod yn feiddgar ysbeilio y cwbl a ddeuai i'w ffordd, ond ymddengys mai camgyhuddiad oedd y cwbl, a bod pobol Moelfre a'r wlad oddiamgylch wedi ymddwyn yn deilwng o'u gwlad a'u crefydd, a rhoddir cymeradwyaeth arbennig i'r Parch. Mr Hughes (Parch. Stephen Roose Hughes, m. 1861 yn 47 ml. oed). Rheithor Llanallgo, am ei ymroddiad diflino i weini pob ymgeledd a allai i'r rhai a achubwyd, yn ogystal ag i berthynasau y rhai a gollwyd pan yr aethant i'r fangre anghysbell i holi helynt eu perthynasau anffodus. Mae parch dau-ddyblyg yn ddyledus i'r rhai a weinyddent gymwynas i estroniaid mewn cyfyngder.'

Annibynwr, Rhagfyr, 1859

Drigain mlynedd yn ôl – ar 1 Chwefror, 1873, a bod yn fanwl, cafodd criw o Amlwch waredigaeth y bu sôn amdani yn y cylch yn hir.

Yr oedd y llong *Daslier* dan ofal Capten John Hughes o Amlwch, ar ei mordaith o'r Felinheli i Cork gyda llwyth o lechi. Pan ddynesai'r llong at dir Iwerddon, cododd yn storm ddychrynllyd ac ymchwyddai'r tonnau fel mynyddoedd o amgylch y llong.

Erbyn pedwar yn y prynhawn yr oedd y storm wedi cyrraedd uchafbwynt ei chynddaredd, a daeth un don aruthrol a thorrodd y '*bulwark*' nes yr oedd y cyfan yn gydwastad a'r dec. Yr oedd y llong fach y pryd hynny o fewn tair milltir i ddannedd creigiog y lan. Nid oedd wawr o obaith am gadw bywyd neb bellach.

'Fechgyn bach', meddai'r Capten, 'y mae'n ymddangos nad oes gennym ond ychydig funudau cyn wynebu'r byd arall, ond gadewch i ni wneud ein gorau – gollyngwch y cwch.'

Yr oedd y gorchymyn yn un ffôl yng ngolwg y dynion, 'Ni all y cwch ddal hanner munud yn y fath fôr cynddeiriog' meddai'r met.

Ond yr oedd y llong yn suddo'n sydyn, a gollyngwyd y cwch i'r berw trochionog. Erbyn hyn yr oeddynt o fewn milltir a hanner i'r lan, a honno'n ysgythrog a pheryglus, ac yn fwy o ddychryn na'r môr dicllon.

Yn fuan suddodd y llong yn eu golwg, a hwythau yn y cwch bach, weithiau i fyny yn yr awyr a'r foment nesaf i lawr yn y dyfnder rhwng y tonnau anferth. Gwnaeth y dynion eu gorau i gadw'r cwch i ddal codiad y tonnau arswydus.

Dacw don anferth yn dod, a'u codi i fyny i uchter mawr. Yr oeddynt erbyn hyn mor agos i'r lan fel nad oedd dim i'w ddisgwyl ond cael eu hyrddio'n gandryll yn erbyn dannedd creulon y creigiau.

Er syndod i bawb, taflodd y don honno y cwch a'r dynion dros ben mur oedd yn bedair llathen o uchter, a'u gadael ar gae glas yr ochr arall.

Wedi dyfod atynt eu hunain, y peth cyntaf a wnaethant oedd codi eu llef mewn diolch i'r Nefoedd am eu gwaredu mor wyrthiol o safn angau.

Daeth amryw o'r Gwyddelod yn fuan atynt a chawsant garedigrwydd mawr oddi ar eu dwylo. Aeth rhai o'r hen bobl ar eu gliniau ar y cae, i ddiolch i'r Arglwydd am y waredigaeth.

Y Ford Gron, Mehefin, 1932

Cwch Abermenai, 1785

Adroddiad o ryfedd waredigaeth ac arbediad bywyd Hugh Williams, Ty'n Llwydan, Aberffraw, Môn, yr un a achubwyd o 55 wrth groesi o Gaernarfon i Fôn ar ddydd ffair Caernarfon, 5ed Rhagfyr, 1785, – cant a deg o flynyddoedd yn ôl. Wedi ei ysgrifennu ganddo ef ei hun.

Bydd cwch Abermenai arferol a hwylio o Gaernarfon ar y gorllanw, neu flaen trai, ond gan fod y pumed o Ragfyr yn ddiwrnod ffair, ac anhawsdra mawr oherwdd hynny i gasglu y teithwyr ynghyd ni adawodd Gaernarfon y prydnhawn hwnnw hyd yn agos i bedwar o'r gloch, er ei bod yn ddistyll am bump, a'r gwynt, yr hwn a chwythai yn gryf o'r de-ddwyrain, yn union ar ein blaen aswy (*larboard bow*). Yr oedd yn angenrheidiol i'r cwch gael ei gadw yn lled agos i ochr sir Gaernarfon, fel y gallem, nid yn unig gael y fantais o'r sianel, yr hon sydd yn rhedeg ger ochr y lan, ond hefyd gael ein cysgodi rhag y gwynt hwn, yr hwn a chwythai yn union tuag at ddau dywod-fanc, gwahanedig y pryd hynny gan sianel ac a adnabyddid wrth yr enw Traethau Gwylltion. Gorweddent ychydig yn rhagor na hanner y ffordd rhwng sir Gaernarfon ac Ynys Môn. Ni bum yn hir cyn canfod nad oedd y cwch yn cael ei gadw ddigon yn y sianel, a mynegais fy ofnau yn ddioed wrth gyfaill oedd gerllaw imi ein bod yn agoshau yn rhy gyflym at y traethau, yr hwn a gytunai a mi yn fy marn. Deisyfasom ar y porth-weision i wneud pob egni i'n cadw yn nes i'r lan. Gwnaed pob ymdrech dichonadwy tuag at hynny, gyda'r rhwyfau – nid oedd gennym hwyl, ond yn llwyr ofer, oherwydd yn fuan wedi hynny daethom ar lawr ar y traeth; ac mor gryf y chwythai y gwynt y pryd hynny fel y gorchuddid ni yn fynych gan y tonnau. Yr oedd ein sefyllfa erbyn hyn wedi dyfod yn dra difrifol, oherwydd ein bod yn agos i'r distyll, a phob rhagolwg, heb yr ymdrechiadau mwyaf egniol, y caem ein gadael ar y traeth. Neidiodd rhai o'r talaf a'r cryfaf o'r teithwyr i'r dwfr, ac ymdrechasant yn bybyr i wthio y cwch allan. Bu hyn, fodd bynnag, yn ofer; oblegid bob tro y'i symudent ychydig allan, hyrddid ef yn ôl drachefn yn chwyrn gan nerth y gwynt a'r tonnau. Yn y sefyllfa adfydus hon, – y cwch wedi hanner llenwi o ddwfr, a'r tonnau geirwon yn parhaus ymluwchio trosom, – barnasom yn oreu i ni ei adael, ac aros ar y traeth mewn gobeithion y caem, cyn dychweliad y llanw, ryw gynhorthwy o Gaernarfon. Felly y gwnaethom, a chyda ein bod wedi ei adael, llanwodd o ddwfr, a suddodd yn ebrwydd o'r golwg. Cyn ei adael, pa fodd bynnag, rhagofelais i gymryd yr hwylbren gyda mi, ar yr hwn, os byddai angen, y bwriadwn wneud ymgais i achub fy mywyd. Cariais ef i'r cwr agosaf o'r traeth i dir Môn, lle y daethum o hyd i fy nghyfaill, yntau hefyd wedi cymryd un o rwyfau y cwch gydag ef, yr hwn a ddiogelasai i'r un diben.

Yr oeddym y pryd hyn, – yn wŷr, gwragedd, a phlant, – yn bymtheg a deugain mewn nifer, mewn sefyllfa llawer haws i'w dychmygu nag i'w darlunio, – ar sugn-draeth peryglus, – ar noswaith oer a thywyll, – yn agored i holl erchyllderau marwolaeth cynamserol, yr hyn, os na ddeuai rhyw ymwared buan o Gaernarfon, oeddym yn sicr o gyfarfod ar ddychweliad y llanw. Yr unig obaith oedd gennym yn aros oedd gallu gwneud ein cyfyngder yn hysbys iddynt hwy yno. Gan hynny, unasom ein lleisiau i lefain a'n holl nerth amryw weithiau am gymorth, – a chlybuwyd ni. Canwyd y gloch; ac er mor dymhestlog oedd y noson, cychwynnodd amryw gychod, ac yn eu plith gwch perthynol i'r *Custom House*, allan i'n cynorthwyo. Llenwid ein calonnau yn awr a gobeithion y caem yn fuan waredigaeth oddi wrth y trychineb oedd bron ar ein gwarthaf. Ond ow! fel y suddasom mewn siomedigaeth pan welsom nas gallasai cymaint ag un ohonynt, wedi canfod ein sefyllfa, feiddio dod yn agos atom, rhag ofn digwydd yr un dynged iddynt hwythau. Darfu hefyd i sloop yn perthyn i'r Abermaw, yr hon a orweddai ym Mhorth Leidiog, ollwng ei hangor-raff (cadwen) gyda'r bwriad o geisio dyfod i'n cynorthwyo – yr unig gymorth effeithiol a allasem ei gael – ond, cyn iddi godi i nofio, yr oedd yr olygfa alaethus wedi myned trosodd!

Wrth weld fod ein perygl yn awr bob moment yn mwyhau a bod pob eiliw o obaith am gymorth o un math nac o un lle wedi diflannu, mi ddaethum i'r penderfyniad nad aroswn ddim yn hwy ar y traeth, ond yr ymddiriedwn fy hun i drugaredd y mor. Gan fy mod yn nofiedydd go dda, yr oeddwn yn hyderus o allu cyrraedd glan Môn yn ddiogel gyda chymorth yr hwylbren. Gan hynny, cyfeiriais yn ôl i'r man lle y dodais ef i lawr; ac yno cefais fy nghyfaill yn sefyll gyda y rhwyf yn ei law. Cynhygiais iddo fod i ni rwymo yr hwylbren a'r rhwyf ynghyd gyda dau gortyn morhesg oedd yn y fan, a cheisiais ei berswadio i ni ymddiried ein hunain iddynt. Rhwymais hwynt yng nghyd mor ddiogel ag oedd yn bosibl, ac wedi ceisio ei annog ymhob modd, drachefn a thrachefn i ddyfod gyda mi, a gweled nad oedd ganddo ddigon o galondid i wneud hynny, nid oedd gennyf ond penderfynu gwneud yr ymgais fy hunan. Tynnais fy motasau a'm cob uchaf, gan y buasent yn rhwystr i mi nofio; cyflwynodd fy nghyfaill ei oriawr i'm gofal, ac yna canasom yn iach i'n gilydd am y waith olaf. Gwthiais y rafft ychydig oddi wrth y traeth a gosodais fy hun arni, ond y munud hwnnw trodd drosodd, a thaflodd fi odditani. Yn y cyflwr hwn, gydag un fraich wedi ei gwthio trwy'r rhaffau, yn ceisio cadw'm pen uwchlaw'r dŵr a'm holl egni, wedi'm cuddio weithiau gan y trochion ruthrai drosof, cariwyd fi ymaith yn hollol oddi wrth y traeth. Pan oeddwn wedi bod yn y dŵr, cyn belled ag y gallwn gofio, tuag awr, gwelwn oleu gryn bellder i ffwrdd. Tybiwn mai yn nhŷ fferi Tal y Foel yr oedd y goleu hwn, ac yno yr oedd hefyd; adnewyddwyd fy ysbryd gwan, a gwneis bob ymdrech i gyrraedd y lan, trwy wthio'r rafft yn ei chyfeiriad, gan waeddi'n uchel am gymorth yr un pryd. Ond bernwch fy siomedigaeth pan gariwyd fi heibio'r goleu, er gwaethaf pob ymdrech; a chefais fy hun yn mynd yn gyflym o flaen y gwynt a'r tonnau, a phob gobaith am achubiaeth wedi diflannu erbyn hyn. Er mor erchyll oedd fy nghyflwr, ffordd bynnag, yr oedd digon o nerth yn aros i ddal i ymdrechu cyrraedd y lan. Ac o'r diwedd, wedi'm curo a'm lluchio yn yr ewyn a'm cario'n ôl i'r dŵr amryw droion, bu'm ymdrechion yn llwyddiannus. Wedi'm lluchio am dros ddwy awr gan y môr, ar noson oer a thymhestlog, heb ddim i'm cynnal ond cydio'n dyn mewn hwylbren a rhwyf cwch bychan, achubwyd fi'n rhagluniaethol fel hyn o beth fuasai'n farwolaeth sicr.

Yn awr teimlais effeithiau enbyd yr oerni oeddwn wedi dioddef oherwydd pan geisiais godi i ymofyn cymorth, gwrthodai fy aelodau wneud eu gwaith. Drwy ymegnio fy ngorau, ceisiais ymlusgo tua'r lle y gwelais oleu, o leiaf filltir o bellter oddi wrthyf, ond o'r diwedd gorfod i mi beidio, a gorweddais dan wrych nes yr adenillwn ychydig o fy nerth. Adfywiodd y gwynt a'r gwlaw fi, ac wedi llawer ymdrech ac ymgeisiadau poenus, cyrhaeddais dŷ Tal y Foel o'r diwedd. Un o ferched y teulu a'm gwelodd gyntaf, a dihangodd ymaith ar unwaith dan waeddi, gan feddwl ei bod wedi gweled ysbryd. Ond deffrowyd y teulu trwy hyn, a chymerwyd fi i'r tŷ. Rhoddasant fi mewn gwely cynnes, a rhoddasant i mi dipyn o frandi a brics poethedig wrth fy nhraed a'm dwylaw; a chafodd y driniaeth hon effaith mor dda arnaf fel nad oedd ôl y noson arnaf erbyn bore drannoeth, ond fy mod yn wan iawn.

Ychydig o amser oedd er pan oeddwn wedi priodi, a phenderfynais fynd fy hun i ddweud hanes fy achubiaeth wrth fy ngwraig, Prysurais adre gynta gallwn, a chefais nad oedd hanes y digwyddiad galarus wedi cyrraedd o'm blaen.

Ni cheisiaf ddarlunio'r olygfa oedd ar y traeth y bore hwn. Yr oedd amryw o'r cyrff wedi eu taflu ar y lan yn ystod y nos. Tyrrai cyfeillion y dioddefwyr i'r traeth, ac y mae holiadau pryderus y perthynasau am y rhai nas gwyddid eu tynged, a thrallod cyfeillion y rhai yr oedd eu cyrff wedi eu darganfod, yn fy llenwi a dychryn wrth gofio am y tro hyd y dydd hwn. Och! myfi oedd yr unig lygad-dysg o'r trychineb oedd yn fyw.

Heblaw y cyrff daflwyd ar y traeth gan y llanw, cafwyd cymaint wedi eu claddu ar y sugn-draeth, mewn gwahanol agweddau, fel nas cloddiwyd hwy allan i gyd tan ar ôl llawer llanw.

Cafwyd fy esgidiau a'm cob fawr dan y tywod, yn agos i'r lle y gadawswn hwynt. Ni welwyd byth mo'r cwch, a thybir ei fod eto yn gladdedig yn y tywod-draeth.

Ysgrifenwyd yr hanes gan Hugh Williams ar gais Mr Bingley. Anfonwyd ef i Owen M. Edwards, golygydd *Cymru* gan ddisgynnydd i Hugh Williams.

Rhestr o'r rhai â gollwyd yn nhrychineb Cwch Abermenai:

 Robert Morris, Clynnog, Llangeinwen

 William Jones, gwas, Rhyddgaer, Llangeinwen

 Thomas Williams, Gelliniog Bach, Llangeinwen

 Anne Thomas, Gelliniog Bach, Llangeinwen

Mary, merch H. Owen, Gaerwen Bach, Llangeinwen
William Jones, Gwning-gaer, Niwbwrch
Mary, ei ferch
Griffith Griffith, Neuadd Wen, Niwbwrch
Robert Thomas, porthwas, Abermenai, Niwbwrch
Thomas Williams, porthwas, Pendref, Niwbwrch
Mary Williams, morwyn, Pendref, Niwbwrch
Y Parch. M. Pugh, curad, Niwbwrch
Anne, ei wraig
Margaret, merch Hugh William Jones, Niwbwrch
E. Hughes, gwraig W. Dafydd, Ty'n Rallt, Niwbwrch
Jane Owen, gwraig Thomas Pritchard, Niwbwrch
Jane Abram, gwraig William Thomas, Tŷ Lawr, Niwbwrch
Richard Isaac, Niwbwrch
Margaret Hughes, gweddw, Niwbwrch
Thomas Evans, Niwbwrch
Richard, mab William Thomas, Plas, Niwbwrch
Mary, merch William Thomas, Plas, Niwbwrch
Mary, gwraig Owen Shon Dafydd, Niwbwrch
Margaret Evans, morwyn, Abermenai, Niwbwrch
John, mab Thomas Shon Morgan, Niwbwrch
John Thomas, Tan Lan, Trefdraeth
E. Williams, merch ifanc, Trefdraeth
John Jones, Gwna, Trefdraeth
John Roberts, Gwna, Trefdraeth
Hugh Williams, Tre Ddafydd, Trefdraeth
Robert Humphreys, Bont Faen, Llangadwaladr
Richard Rowlands, Llangadwaladr
Thomas Coldart, garddwr, Bodorgan
Humphrey Morris, Plas Bach
Robert Williams, Ty'n Llan
Robert Gray, saer
Owen Williams, gwas, Tŷ Mawr
Hugh Roberts, Trefriw
Morris Thomas, Glan y Felin, Aberffraw
Jane, ei wraig

William Roberts, Tŷ Mawr, Aberffraw

John Roberts, Clafdy, Aberffraw

Jane Pritchard, Ty'n Rallt, Aberffraw

William Pritchard, gwas, Bwlan, Aberffraw

Richard Hughes, gwas, Aberffraw

John William Owen, Tan Rallt, Aberffraw

William Hughes, Llanfihangel

Evan John Edmund, bachgen tlawd, Amlwch

Evan Hughes, Tal y Llyn

Griffith Williams, Clegir, Llanddeiniolen

John Prytherch, Lledwigan, Llangristiolus

William Hughes, Henblas, Llangristiolus

John Williams, Bodwrog

(Y Mae'r enwau wedi eu hysgrifennu yn ôl y drefn y cafwyd hyd i'r cyrff.)

Cymru, 1890

Dyddiadau Pwysig

c6000CC	Helwyr Mesolithig ym Môn
c5000-3500CC	Môn yn dod yn ynys wrth i lefel y dŵr godi
0C60	Suetonius Paulinus yn ymosod ar Fôn
c0C300-400	Caer Rhufeinig yng Nghaergybi
	Din Lligwy, anheddiad brodorol
c0C465	Marwolaeth Santes Dwynwen
0C547	Seiriol a Chybi yn cenhadu yn y cyfnod hwn
0C870	Sefydlu Aberffraw yn un o lysoedd tywysogion Gwynedd
0C1295	Edward y Cyntaf yn adeiladu Castell Biwmares
0C1646	Rhyfel Cartref: y brenhinwr, Cyrnol Richard Bulkeley yn ildio Castell Biwmares i'r Senedd
1701-06	Geni'r Morysiaid, y brodyr a fu'n noddi diwylliant Cymraeg
c1716	Y goleudy cyntaf ar Ynysoedd y Moelrhoniaid
1768	Dechrau cyfnod mwyaf llewyrchus Mynydd Parys
1776	Cwblhau Melin Llynnon, ger Llanddeusant
1791	Christmas Evans, y pregethwr a'r emynydd yn ymgartrefu yn Llangefni

1793	Porth Amlwch wedi ei sefydlu fel canolfan adeiladu llongau
1799	Adeiladu Plas Newydd
1826	Agor Pont Menai, y bont grog
1829	Adeiladu carchar Biwmares gan Hansom a Welch
1831	Llongddrylliad y *Rothsay Castle*, Dutchman's Bank
1832	Y Dywysoges Fictoria yn ymweld ag Eisteddfod Biwmares
1841	Marw John Elias o Fôn, 8 Mehefin
1845	Dechrau ar y gwaith o godi morglawdd mawr Caergybi
	Daeth y cerrig o chwarel ar Fynydd Caergybi
1850	Agor Pont Britannia, y bont diwb ar gyfer y rheilffordd
1859	Llongddrylliad y *Royal Charter*, Moelfre
1870	Cofrestrwyd 259 o longau ym Miwmares
1888	Sioe Amaethyddol (primin) cyntaf Môn

Gofaint Môn

Ni bu Môn yn brin o ofaint oedd yn barod i roi eu gwasanaeth i'r byd amaethyddol, ac i gyfarfod a gofynion cefn gwlad yn y blynyddoedd gynt. Sicrhaodd nifer ohonynt gelfi modern ar gyfer eu gweithdai a'u hyfforddi hwy yn nulliau diweddaraf eu cyfnod o drin peiriannau amaethyddol. Byddai ffermwyr ar eu mantais drwy ddefnyddio i'r eithaf wasanaeth a ddarparwyd gan y gofaint.

Chwythu'i dân dan chwibanu	Gafaela y gôf eilwaith,
Ei fyw dôn wna y gôf du;	Chwery âg ef cyn dechreu gwaith;
Un llaw fegina, a'r llall	Rhêd ei fawd ar hyd ei fin
Faluria'r glo fel arall;	Dewrfodd, i brofi'r durfin;
Wedi trefnu, taclu'r tân,	Ffugia'r gŵr yn filwr fod,
Ar bwynt allor ei bentan,	Neu yn hen gadben hynod:
Yn hyf mewn hen gleddyf glas	Areithia, bygythia'n gas
Luniai lawer galanas,	I'w elynion alanas;

Yna try, tery e'n y tân,
A chwyth yn gryfach weithian;
A gwreichion fflamgochion gant
Drwy dorchau mwg draw dyrchant;
E dynn allan o dân dig
Ei ffwrn, dan ffrio'n ffyrnig,
Yr hen gledd, mawr iawn ei glod,
Yn y maes mewn ymosod:

A dwg ef yr adeg hon
Yn wynias ar ei einion;
Ac mewn hwyl â'r morthwyl mawr,
Esgud, a nerth grymusgawr,
Fe'i cura nes â yn swch
Gywrain ei gwasanaethgarwch,
I aru'r ddaear iraidd,
A thy' o hon wenith a haidd!

Allan o Awdl *Heddwch*, Gwilym Hiraethog, 1855

Yn '*Môn*', Cylchgrawn y Sir, rhifyn Haf, 1955, cafwyd rhestr o ofaint oedd yn cynnig eu gwasanaeth y flwyddyn honno. Aeth dros hanner can mlynedd heibio ers hynny. Tybed faint yw rhif yr alwedigaeth honno yn Môn erbyn heddiw?

J. Jones & Sons, Efail Groeslon, AMLWCH

R. W. Jones & Son, Efail Pencefn, AMLWCH

Jones Roberts, Regent Smithy, BIWMARES

T. Glyn Hughes, Yr Efail, BRYN DU

Thomas Bros, Efail Engedi, BRYNGWRAN

William Parry, Efail Gwyndryn, BRYNSIENCYN

James R. Jones, Yr Efail, CAERGEILIOG

W. R. Williams, Efail Caeau Bychain, CAERGEILIOG

H. W. Davies & Sons, Beach Yard Smithy, CAERGYBI

W. J. Williams, Mount Pleasant Smithy, CAERGYBI

Ieuan G. Hughes, Efail Gwynedd, CEMAES

Rhestr o arfau gweithio gof:

(Arfau gof)
Eingion
Megin fawr
Gefeiliau tân
Gordd haearn
Morthwylion
Cogwrn tro (vice)
Amrywiol rygnenau (ffeiliau)
Cynion i dorri haearn

(Arfau pcdoli)
Bocs pedoli
Gefail bedoli
Morthwyl pedoli
Eingion fach i flaen llymu hoelion
Cyn gwthio i naddu'r carn
Rhasgl i lyfnhau y carn

Y Drysorfa, Ionawr, 1843

H. Jones & Son, Yr Efail, DWYRAN
Jones Bros, Efail, GWALCHMAI
J. Glyn Roberts, Yr Efail, LLANBEDRGOCH
Trefor Jones, Yr Efail, LLANDDANIEL
Richard Evans, Efail Goedwig, LLANERCHYMEDD
H. T. Owen, Efail Bryn Celyn, LLANFACHRAETH
Griffith Thomas, Yr Efail, LLANFAIRPWLL
A. E. Thomas, Yr Efail, LLANGADWALADR
T. Glyn Jones, Yr Efail, LLANGAFFO
E. Trefor Parry, Yr Efail, LLANGEFNI
Richard Rowlands, Efail Henblas, LLANGRISTIOLUS
W. J. Williams, Yr Efail, MARIANGLAS
Edward Hughes, Yr Efail, RHOSCEFNHIR
R. Evans, Morawelon, PENTRAETH
Hugh Morris, Efail Cadnant, PORTHAETHWY
William Owen, Refail Pengarnedd, RHOSGOCH

Hen Ôf y Pentref

Plygeiniol sain ei engan
Ddeffroai'r dyner wawr,
A mwg ei dân esgynnai cyn
I'r dydd ro'i droed i lawr;
Ac wedi'r dydd orffwyso
Yng ngwely'r lleuad dlos,
Roedd tinc ei forthwyl megis cloch
Yn chwareu'n nghlust y nos.

Richard Jones Owen, 'Glaslyn', 1831-1909
g. yn Llofft y Tŷ Llaeth, y Parc, plwyf Llanfrothen, Meirionydd

Hirhoedledd ym Môn

Jones, ____, o Fôn, bugail, a fu farw 1771, yn 107 oed.
Cafodd bedair gwraig, yr olaf ohonynt â briododd wedi iddo gael ei benblwydd yn 90 oed, a chafodd blant ohoni.

Jones, Hugh. Ysw, o Fôn, gynt yn geidwad stordy cyfanwerth, yn Lothbury, Llundain. Bu farw yn 1782, yn 104 oed.

Llewelyn, Hugh. o Llangadwaladr, a fu farw yn 1790, yn 115 oed. Yr oedd yn adnabyddus yn y siroedd cyfagos fel un a dawn cerddorol ganddo, yn arbennig fel telynor. Ei delyn oedd ei hyfrydwch, hyd yn oed i'r dyddiau olaf, chwareuodd hi o fewn pythefnos i'w farwolaeth.

Rees, Winifred. gwraig weddw o Lanbedrgoch. Yr oedd yn fyw yn 1809, yn 119 oed. Yr oedd y pryd hynny yn mwynhau ei bwthyn yn ei milltir sgwar lle y treuliodd o leiaf 105 o flynyddoedd. Bendithiwyd hi a iechyd da, gyda'i golwg hi cystal a pan oedd yn hanner cant oed. Nid oedd ei gwallt wedi gwynu ond yn dal i gadw at ei liw gwreiddiol i rhyw raddau. Yn 1809 cerddodd bellter o wyth milltir ac yn ôl mewn un diwrnod, i ymweld a'i pherthynasau, gan gario gyda hi fwndel oedd yn pwyso bron i wyth bwys.

Williams, Richard. o Bodewryn, ym mhlwyf Hen Eglwys, Môn, a fu farw yn 1809 yn 103 oed. Bu'n ddall am chwe mlynedd ond cafodd ei olwg yn ôl ychydig cyn ei farw, a hefyd bedwar o ddannedd newydd.

Yr oedd yn byw ym mhlwyf Amlwch yn 1836, ŵr o'r enw Sion Mathew, wedi cyrraedd yr oedran o 102. Yr oedd yn dal yn iach a heinif, a'i gymhwyster heb ei andwyo, ac yn nyddiau y cynhaeaf y flwyddyn honno yr oedd yn cynorthwyo yn y caeau gyda'r gweithwyr eraill. Roedd ganddo ddau frawd, efeilliaid yn 81 oed, a mab yn 80 oed, i gyd yn byw yn yr un plwyf ac ef. Hefyd yn yr un plwyf roedd gwraig 95 oed, a elwid yn gyffredin wrth yr enw Gwen Llanfechell, oedd yn arfer negeseua rhwng Llanfechell ac Amlwch ers llawer o flynyddoedd ac yn arfer cyflawni y daith dair gwaith yn yr wythnos, sef pellter o saith milltir.

Ffynhonnell
Records of Longevity; with an introductory Discourse on Vital Statistics by Thomas Bailey; author of the 'Annuals of Nottinghamshire,' 'Recreations in Retirement', 1847.

Hynodion Hen Bregethwyr
(Môn)

John Prydderch a'r angel
Bu'n syniad gan lawer fod yna angel penodol yn gwylio pob un duwiol. Yr oedd John Prydderch, Môn, yn un oedd yn arddel y syniad hwn. Torrodd rhywun i mewn i'w dŷ unwaith, a lladrata ei oriawr ac ychydig o arian yn ogystal. Daeth ei ferch ato yn y bore, a'i hysbysu o'r digwyddiad. Cododd yntau ei ben yn sydyn, a gofyn 'Lle roedd yr angel?' Atebodd ei ferch, 'Gwaith yr angel, fy nhad, oedd eich cadw chi, nid cadw'r arian a'r oriawr cyflawnodd ei waith yn ffyddlon.'

Williams, Pantycelyn, a'r crythwr

Daeth ar daith i Fôn un tro, ac ymysg y mannau yr ymwelodd bu'n pregethu yn Llangefni, ymhell cyn bod yno yr un capel, nac achos gan y Methodistiaid. Yr oedd ei wraig gydag ef ar yr achlysur. Ar ôl y bregeth aeth y ddau i Penybont, tafarn adnabyddus pryd hynny yn y dref, i letya. Yr oedd cynllwyn ar droed gan yr erlidwyr yn erbyn y pregethwr, ac wedi deall lle roedd ymgasglodd haid ohonynt wrth ddrws y gwesty. Yn eu plith yr oedd crythor (*fiddler*), un oedd eisioes wedi bod yn eu difyru mewn rhyw gyfarfod arall oedd ganddynt. Ar y pryd, yr oedd Mr Williams a'i wraig yn aros yn y parlwr, clywont sŵn traed niferoedd yn y fynedfa, a gwelsont ddrws y parlwr yn agor yn araf, a'r crythor yn sefyll o'u blaen, tra yr oedd llu o ddihirod wrth ei gefn. Pan welodd Mr Williams ef, galwodd arno, 'Tyrd i mewn fachgen'. Gofynnodd y crythor a fuasent yn hoffi cael tiwn. 'Carem hynny', atebodd Mr Williams 'Gad inni dy glywed yn chwarae'. 'Pa diwn', gofynnai'r crythor. 'Rhyw diwn leci di, fachgen –*Nancy Jig* neu rhywbeth arall', oedd yr ateb. Ar hynny dechreuodd rygnu'r crwth, a gwaeddodd Mr Williams yn uchel ar ei wraig, 'Tyrd Mali, cân,'...

> Gwaed y groes sy'n codi fyny,
> Eiddil yn goncwerwr mawr, a.y.b.

Tynodd y canu hwn holl sylw yr oferwyr; a bu'r achlysur i Williams a'i wraig yn canu am gwaed y groes, mor effeithiol, nes gostegu anwybodaeth y dynion ffol hynny. Llithront i ffwrdd fesul un ac un, mewn gwarth a chywilydd, heb aflonyddu mwyach.

'Ond tân shavings oedd!'

'Sut y pregethodd Mr Roberts, Amlwch, yn y Gymanfa, Mr Harries?' gofynnodd cyfaill iddo ar ôl dod adref o Gymanfa T___. 'Da iawn, ond clywais gwell hwyl arno lawer gwaith. Sut pregethodd Mr Hughes, Lerpwl?' 'Da digynyg, ond clywais yntau yn fwy llewyrchus; yr oedd pregethau'r ddau fel boncyffion mawr, a llawer o ddefnyddiau tân ynddynt, er nad oeddynt yn fflamio rhyw lawer ar y pryd.' Gofynnodd y cyfaill eilwaith, 'Sut y pregethodd M___?' 'Wel, mi ddeudai wrtho chi,' cymerodd lond ei fraich o shavings, gosododd nhw yn y grât, taniodd y fatsen, a gosododd yn y shavings, nes oedda nhw'n wenfflam. 'Yr oedd yno dân mawr, ond tân shavings ydoedd!'

Y bregeth gyntaf gan Ymneillduwr ym Môn

Tua'r flwyddyn 1743 daeth y Parch. Lewis Rees, Llanbrynmair, drosodd i Blas Penmynydd, Môn, a bu'n pregethu mewn hen felin gerllaw, pryd yr oedd pymtheg i ugain yn gwrando arno. I ddechrau y cyfarfod rhoddwyd y Salm, 'Disgwyliaf o'r mynyddoedd draw, Lle daw i'm help 'gwyllysgar,' allan i'w chanu. Dychmygodd yr erlidwyr fod ganddo fyddin arfog yng nghadw tua mynyddoedd Eryri, yn barod i'w amddiffyn os byddai galw, a chafodd lonydd i bregethu y tro hwnnw; ac yn hanes bywyd y gŵr da hwnnw, dywedir fod ei weddi ef ar y pryd wedi cynhyrchu argraffiadau dwys ar rai o'r terfysgwyr, fel nad oedd y nerth ganddynt i godi yn ei erbyn, ac i rai ohonynt agor eu calonnau i ddal ar yr hyn â lefarwyd. Honno oedd y bregeth gyntaf gan ymneillduwr ym Môn.

'Ei gymryd ar ei air'

Cynhaliwyd Cymanfa yn Niwbwrch, Môn, ymhell cyn adeiladu capel yno, a'r gŵyr y sonir yn fwy arbennig amdanynt oedd yn pregethu yno oedd Mr Jones, Llangan; a Mr Sampson Thomas, o Sir Benfro. Cofiai un hen ŵr am un o ddywediadau Mr Jones ar y pryd: 'Bu amser arnaf y buaswn yn dioddef merthyrdod cyn y buaswn yn pregethu Crist; ond, yn awr, dioddefwn merthyrdod cyn y peidiwn.' Ar ôl y gymanfa honno, fe aeth hen wraig dduwiol o'r enw Annas, gwraig dlawd iawn, at Mr Jones, i ofyn am addewid ganddo i ddod i Fôn drachefn. 'Pa bryd, Mr Jones bach, y dewch chi yma eto?' 'Pan y deui di, Annas, i Langan i ofyn amdanaf,' oedd ei ateb. Cydiodd yr hen wraig yn yr addewid, a gan gwbl gredu nad ai gŵr fel Mr Jones ddim yn ôl ar ei air, penderfynodd fynd i Langan. Yr oedd y daith yn 150 milltir, ac nid oedd ganddi ond clocsiau am ei thraed, a dim arian ond yr hyn a gai am gardota, nac ychwaith fwyd ar ei chyfer ond yr hyn a roddwyd iddi ar hyd y ffordd. Eto yn fuan ar ôl Mr Jones ymadael a Môn, cychwynodd Annas ar ei thaith. Diddorol a fuasai cael hanes yr hen wraig ar hyd ei thaith, pa le y bu'n lletya, pa anhawsterau a ddaeth i'w chyfarfod, pa faint o sarrug a gafodd gan rai, a thosturi gan eraill. Faint gymerodd hi i deithio 150 milltir, a llu o bethau eraill. Beth bynnag allwn ni ddim ond dychmygu, ond cyrhaeddodd Llangan er mawr syndod i Mr Jones. Rhyw ddiwrnod wrth edrych drwy ffenestr ei dŷ, canfu yr hen wraig, gyda'i ffon yn un llaw, a'r cwd yn y llaw arall, yn nesau at y tŷ. Aeth i'w chyfarfod, gan ddweud, 'Wel Annas bach, mi ddaethoch.' Y canlyniad fu, yn ôl yr hanes, oedd iddi ddychwelyd adref i Niwbwrch, wedi ei gwobrwyo am ei hymdrech, gan iddi lwyddo i gael tri o bregethwyr pennaf eu hoes i ddod i Fôn, sef Jones, Llangan; Rowlands, Llangeitho; a Llwyd, o Henllan. Bu'r gwŷr hynny yn ffyddlon i'w haddewid, a chafodd Môn, cyn hir, fedi'r ffrwyth oddiar y maes a hauodd Annas dlawd.

Mr Richardson a'r torrwyr Sul

Yr oedd y gŵr uchod ar un adeg ar ei daith ym Môn, gyda'i gyfaill o'r enw Daniel Evans. Fel yr oedd y ddau yn marchogaeth tua Pentref-y-bwau, gwelsont o'u blaen dyrfa o bobl mewn oedran, ar ganol y ffordd wedi diosg eu dillad at eu crysau, ac yn chwarae rhyw gem, a hithau'n ddydd Sul. 'Wel Daniel,' gofynai Mr Richardson, 'a fedrwn ni ddangos ffyddlondeb i Dduw, os awn ni heibio'r bobl yma heb eu rhybuddio?' 'Na allwn, mae'n debyg,' atebai ei gyfaill. 'Beth felly a ddeudwn ni wrthyn nhw?' 'Pregethwch iddyn nhw, fel i bechaduriaid eraill, Mr Richardson bach,' meddai Daniel. Aeth yn ychydig funudau cyn i'r ddau symud yn eu blaen, a phan ddaethant at y chwareuwyr, safasant, rhoddodd Mr Richardson awen y ffrwyn yn llaw ei gyfaill, tynnodd ei het, a'i rhoi iddo; yna gyda phwyll tynnodd Feibl bychan o'i boced, ac fe'i hagorodd. Erbyn hyn yr oedd pawb yn llygad-rythu arno, ac yn methu deall beth oedd yn bod. Darllenodd Mr Richardson gyda llais eglur yr ugeinfed bennod o Exodus, a'r wythfed adnod: 'Cofia y dydd Sanctaidd i'w sancteiddio ef.' Ar ôl iddynt glywed hyn, chwalodd y dyrfa a symudont oddi yno, gyda rhai ohonynt wedi eu brawychu. Rhuthront i bob cyfeiriad, dros gloddiau a ffosydd, fel nad oedd yno neb ar ôl i wrando dim mwy na'r testun a ddarllenwyd. Yr oedd Mr Richardson o wedd boneddigaidd, a thybiodd y dorf, mai swyddog gwladol ydoedd, a'i was, wedi dyfod yno yn fwriadol i'w cymryd i fyny a'u dirwyo am dorri'r Sul.

Gweddi hynod am wlaw

Bu yna sychder mawr a hir ym Môn tua'r flwyddyn 1811, nid oedd gwlaw wedi disgyn ers pan rhoddwyd hâd y gwanwyn yn y tir, ac yr oedd hi bellach yn Ŵyl Ifan yn yr haf; a hawdd ydi dyfalu yr olwg ddigalon oedd ar y meysydd mewn canlyniad. T'oedd yna ddim porfa i'r anifeiliaid, a hyd canol Mehefin t'oedd dim gobaith am gynhaeaf. Cynhaliwyd Cymdeithasfa Môn y flwyddyn honno fel oedd yn arferiad ym mis Mehefin, ac yn nhref Llangefni y bu ei thro y pryd hwnnw. Yn oedfa'r prynhawn yr oedd Mr Richardson yn pregethu ar ôl un o'r brodyr eraill, ac ar ddiwedd y bregeth, meddyliodd weddio am wlaw, ac ymddengys fod ysbryd gweddi wedi disgyn arno yn fwy na'r arfer, er cystal gweddiwr ydoedd bob amser. Yn y weddi honno cyfeiriai at y llanc, yn amser Elias, ar ben Mynydd Carmel, yn mynd eilwaith ac eilwaith i edrych a oedd yna unrhyw arwyddion fod gweddi y proffwyd yn cael ei hateb. Dywedodd y llanc yn yr hanes ei fod wedi bod fwy nac unwaith yn edrych, ond t'oedd yna ddim arwydd o wlaw yn unman. Ond ar ddiwedd y stori, hysbysodd y llanc fod yna gwmwl bychan yn ymddangos, a bloeddiai'r gweddiwr, mewn dull priodol iddo'i hun fod 'trwst llawer o ddyfroedd' i'w glywed, a chydag iddo ddweud y gair, daeth fflach mellten, a sŵn taran yn rhuo, gan gyffroi pawb yn y gynulleidfa fawr. Ac ymhen dim yr oedd gwlaw mawr yn disgyn fel pe bai'r nefoedd wedi agor ei ffenestri ar yr achlysur. Yr oedd yr effaith ar y bobl yn aruthrol. Aeth pawb oddi yno gan ddweud fod Duw yn sicr wedi gwrando gweddi. Dywedir hefyd fod y tywydd ar y pryd yn boeth iawn, ac nad oedd yna unrhyw arwydd cynt o wlaw i'w weld, hyd nes iddo ddisgyn yn genllif i lawr.

Owen Thomas Rowland a'r neidr
Bu y gŵr hwn yn bregethwr cymeradwy gyda'r Methodistiaid ond treuliodd y rhan gyntaf o'i fywyd yn bechadur rhyfygus. Rhoddir syniad cywir pa fath ddyn ydoedd trwy ei ymosodiad ef ar neidr fawr oedd yn peri arswyd yn yr holl fro...

Can mlynedd yn ôl, pryd yr oedd yr haf yn boethach, a'r boblogaeth yn deneuach nag yn awr, yr oedd Môn yn cael ei blino gan lu o bryfaid gwenwynig, oedd o wahanol faint, gyda rhai ohonynt yn dianc heb eu lladd nes byddent wedi cyrraedd maint peryglus i un neu fwy o ddynion ymosod arnynt. Yr oedd yna hefyd neidr. Yr oedd y creadur wedi tyfu i faint arswydus yn adnabyddus i'r trigolion, a llawer wedi ei gweld, ond pawb yn ofni ymosod arni. Credir mai ym mhlwyf Llechgynfarwy, Môn, yr oedd, sef y plwyf lle roedd Owen Thomas yn byw y pryd hynny.

Ar Sul y Pasg, aeth i oedfa gymun, ac ar ôl paratoi y defosiwn, penderfynodd ymosod ar y neidr. Aeth i'r efail (gof oedd ei alwedigaeth) a cymerodd droed pigfforch, dwy lath o hyd yn ei law, ac aeth oddiamgylch y caeau i chwilio am y neidr. Yr oedd Owen Thomas tua 24 mlwydd oed, ac mor heini a chyflym ac y medrai 'ddal dafad heb lyffethair arni.' Wedi chwilio ennyd amdani, disgynodd ei lygaid arni yn gorwedd yn dorchau, wedi plethu yn ddiofal ar fol clawdd. Parodd yr olwg arni gyffro drwy ei holl gorff, ac er fod yr anturiaeth yn un a allai gostio iddo ef ei fywyd, ffyrnigodd at yr ymdrech. Nesaodd ati ac fe'i tarawodd a'i holl egni. Roedd yn disgwyl i'r dyrnod fod yn ddigon os nad i'w lladd, i'w gwanychu a'i hanafu, ond digwyddodd ei bod wedi ymdrochi o amgylch carreg, ac yn anffodus i'r gof, disgynodd grym mwyaf y dyrnod ar y garreg; torrodd troed y bigfforch yn ddau, ac ni wnaeth y ddyrnod i'r neidr ddim mwy na'i chynddeiriogi. Nid oedd gan Owen Thomas bellach yn ei law, ond pwt byr o'r troed, tua hanner llath o hyd, a'r darn mwyaf wedi ei daflu ymhell i ffwrdd. Ond yr oedd yr ymdrech yn mynd yn ei blaen. Ar ôl derbyn rhan o'r dyrnod, llamodd y neidr oddi ar y clawdd gyda'i cheg fawr goch yn agored, ac yn chwythu'n arswydus; osgodd yntau ei naid, a chafodd gyfle mewn eiliad i neidio dros y clawdd; cafodd y darn arall o goes y pigfforch, a thaflodd ei got a'i wascot ymaith; bellach yr oedd ei elynes yn ei ymyl ac yn nelu am ei goesau. Bu'n ymladd a hi dros ryw ennyd, gan osgoi ei llamiadau trwy gilio o'r neilltu, nes oedd ef bron allan o wynt, ac yn ofni colli'r dydd. Tybiodd bellach, fod ei ddiogelwch yng nghyflymder ei droed, ac i ffwrdd ac ef, dilynodd hithau ef cyn gynted, ac fel yr oedd ei wynt yn byrhau, yr oedd hithau yn ennill arno, nes ei bod bron wrth ei sawdl. Wrth ddeall ei bod mor agos, ac yntau wedi colli ei anadl, ceisiodd ddyrnod iddi, megis o'i ôl, a digwyddodd ei tharo mewn lle cas, nes ei syfrdanu am funud, a nodi coes y bigfforch â gwaed. Adfywiodd hynny ychydig arno yntau, a gan brysuro ei gam enillodd ychydig ymlaen arni. Ond dim ond am ennyd bach y bu hynny. Wedi rhyw funud gwan, adfywiodd y neidr hefyd; ac yn fwy cynddeiriog nac o'r blaen, fe adnewyddodd hi ei llamau, fel un wedi ymroi i ddial ar ei gelyn, nes oedd hi unwaith eto wrth ei sawdl. Bellach t'oedd ganddo ef ddim ond un ymdrech i'w wneud, ac os methai hwnnw, t'oedd dim i'w ddisgwyl ond bod yn ysglyfaeth i'r creadur gwenwynig a llidiog. Ar ôl iddo ef ddeall, trwy droi ei olwg yn ôl, ei fod ef o fewn cyrraedd dyrnod, efe a'i ceisiodd hi a'i holl nerth, a thrawodd hi eilwaith mewn lle cas, nes iddi syrthio, a'i gwaed yn llifo. Trodd yntau'n ôl gan fanteisio ar ei gwendid hi, a curodd ei phen yn yfflon. Syrthiodd yntau ei hun i lawr yn ei hymyl, bron wedi darfod amdano. Effeithiodd yr amgylchiad yn fawr ar ei feddwl, ac yn y man troes yn ŵr crefyddol, a bu'n pregethu'r efengyl am flynyddoedd.

Robert Tomos a'r melinau gwynt

Collodd y ffordd un Sul yn Sir Fôn. Yr oedd i fod am ddau o'r gloch rhyw filltir i ffwrdd o'r lle yr oedd yn y bore. Cynigiodd un fynd gydag ef fel arweinydd ond ni fynnai neb i'w ganlyn. Yna, rhoddwyd cyfarwyddyd iddo – 'Pan welwch chi felin wynt, trowch ar y dde.' Ond colli'r ffordd, a colli'r oedfa a wnaeth. O'r diwedd trodd at rhyw dŷ, a digwyddodd y gŵr ei 'nabod, a dywedodd wrtho 'Ai dyma lle yr yda chi yn lle yn y capel?' Atebodd yntau, 'Sut y mae'n bosibl i ddyn diarth o'r wlad gael hyd i gapal yma. Ni ddeuais i a'r un arweinydd gyda mi, ond mi ddywedodd rhywun am i mi droi ar y dde pan welwn i felin wynt.' 'Wel a wnaesoch chi?' Atebodd Robert Tomos ef 'Wel do, ond mae yma'n Môn filoedd o felinau gwynt i'w gweld, a sut yn y byd yr oeddwn i wybod pa bryd i droi?'

Dyn yn chwilio am ei ben ei hun

Yr oedd amgylchiadau troedigaeth un o'r enw W. Williams, aelod gyda'r Wesleaid yn Llanfair-pwll-gwyngyll yn un hynod iawn. Yr oedd y wraig ers tro yn teimlo awydd i 'ymwasgu â'r disgyblion', ond yr oedd y gŵr yn hollol yn ei herbyn. Un noson, yn 1802, yr oedd Mr Bryan i bregethu ym Mrynsiencyn, a gwnaeth Mrs Williams ei phenderfyniad i fynd i wrando arno. Ceisiodd y gŵr ei hatal, ond methodd a'i throi – i'r oedfa y mynai'r wraig fynd. Bron yr oedd y wraig wedi mynd allan o'r tŷ, aeth y gŵr i'w wely wedi sorri, ac yn ddig ei ysbryd. Syrthiodd i drwmgwsg yn reit sydyn. Ni bu yno ond ychydig, cyn iddo neidio'n sydyn o'r gwely, a gweld y forwyn yn edrych yn fyrbwyll arno, yn gyntaf o dan y gwely, yna o dan y gadair, ac o dan y bwrdd, ac aeth ato ef gan ofyn iddo, 'Am beth yr ydach chi'n chwilio amdano, meistr?' 'Wel am fy mhen hogan' oedd ei ateb cynhyrfus.' 'Mae eich pen ar eich corff chi, meistr,' meddai hithau. Cododd y gŵr ei ddwylo i fyny, a pan deimlodd fod ei siol rhwng ei ddwy ysgwydd fel cynt, dywedodd, 'Wel, mae'n debyg i mi mae breuddwydio yr oeddwn.' Yna aeth ati i ddweud fel yr oedd yn ei weledigaeth, ar ei glustog, wedi gweld Mr Bryan yn nesau ato gyda bwyell finiog, ac yn ei daro ef, nes torri ei ben i ffwrdd oddi ar ei gorff, ac yna prysurodd mor sydyn ac y gallai ar ôl y wraig i'r oedfa. Yr oedd wrth y drws yn ddigon buan i glywed Mr Bryan yn darllen ei destun: 'Ac yr awr hon hefyd y mae y fwyell wedi ei gosod ar wreiddyn y prennau: pob pren gan hynny yr hwn nid yw yn dwyn ffrwyth da, a dorrir i lawr, ac a deflir yn tân.' Mat. 3:10. Aeth y gair adref i'w galon, ac o'r noson honno bu ef a'i wraig yn aelodau ffyddlon o'r gymdeithas hyd ddiwedd eu hoes.

Detholiad o 'Hen Hynodion Pregethwyr Cymru'

Llysieuwyr Môn

1. William Morris, meddyg o Fôn yn 1514. Gadawodd ar ei ôl lyfr mewn llawysgrifen yn cynnwys cynghorion a chyfarwyddiadau at amryw o ddoluriau.

2. William Morris (1705-1763), Llanfihangel Tre'r Beirdd, brawd Lewis Morris o Fôn (1701-1765). Yn ôl Evan Evans ('Ieuan Brydydd Hir', 1731-88) yr oedd yn llysieuwr godidog. Mewn llythyr at Hugh Hughes ('Bardd Coch'), dywed yn ei eiriau ei hun, ei fod yn arfer difyrru ei hun yn casglu gwahanol fathau o feteloedd cloddiedig, a diddordeb mawr ganddo mewn garddio a llysieuaeth. Cyfrifid ei ardd yng Nghaergybi yn un o'r gerddi harddaf yng Ngwynedd. Ac amdano ef fel llysieuwr y dywed 'Ieuan Brydydd Hir' yn ei gywydd marwnad iddo:
   Brasgamu, llamu y llwybr
   Linnaeus yn lan ewybr.
   Ac fel crynhoad o ragoriaethau William Morris, y mae'r un bardd yn mynegi'r geiriau canlynol o flaen y farwnad honno iddo: 'Llysieudd godidog a rhagorol am ei wybodaeth yn amryw ganghennau philoso-phyddiaeth anianol, celfydd yn iaith yr hen Frytaniaid a'r beirdd, a hynod am amryw gampiau gorchestol...'
   Ar ei waith ef yn bennaf y seiliwyd: *Welsh Botanology... A Systematic Catalogue of the Native Plants of Anglesey in Latin, English, and Welsh* gan Hugh Davies (1739-1821), offeiriad o Llandyfrydog, Môn (Llundain, 1813).

3. John Parry ('Ioan Dderwen o Fôn'), awdur *Y Doctor*, sef Llawlyfr Llysieuol (1896).

4. Y Parchedig Hugh Davies (1739-1821). Mab i Lewis Davies, person Llandyfrydog, Môn, Knight oedd cyfenw ei fam cyn priodi. Addysgwyd yn Ysgol Ramadeg Biwmares, a Choleg yr Iesu, Rhydychen. Cafodd ei

urddo yn 23 oed, ac yn fuan wedi hynny fe'i penodwyd ef yn is-athro yn ei hen ysgol ym Miwmares. Yn 1778 rhoddwyd iddo fywiolaeth y dref honno, ac yn 1787 symudodd i Abergwyngregyn ger Bangor. Yn 1790 etholwyd ef yn Gymrawd o'r Gymdeithas Linnaean. Yr oedd yn anianydd anghyffredin ei dalent, ac yn fynych byddai enwogion ei gyfnod yn ceisio ei farn. Yn 1774 aeth yn gydymaith â Thomas Pennant i Ynys Manaw. Dyma fel yr oedd y gŵr hwnnw yn coffau amdano: 'Iddo ef yr wyf yn rhwym am ein *Snowdonian plants*; ac iddo ef yr wyf dan rwymau am ymgymeryd, yn Mehefin, 1775, yn ôl fy nghais, a mordwyaeth arall i Ynys Manaw, er cymryd ail olwg ar ei ffrwythau llysieuog. Trwy ei lafur ef y gwnaed bloau o'r ynys mor gyflawn ag oedd bosibl gan berson unigol, mewn un tymor o'r flwyddyn. Yr oedd nifer y planhigion, fel y sylwai ef, yn bum cant a hanner.'

Ef hefyd a gynorthwyodd Pennant yn ei ail argraffiad o'i Fildraeth Indiaidd (1792). Yr oedd ei waith ar lysieuaeth Môn, a gyhoeddwyd yn 1813, yn wyth plyg, dan yr enw *Llysieueg Gymreig*, yn Saesneg a Chymraeg, yn llyfr safonol iawn, ac yn un y cyfeirir ato yn barhaus. Cafodd y llysiau canlynol eu henwi ar ei ôl ef: *Encalypta Daviesii*, *Hydnum Daviesii*, *Calithamnion Daviesii*, a *Glyphomitrion Daviesii*.

Yn 1813 cyhoeddodd Hugh Davies ffrwyth ei lafur yn llyfr 225 o dudalennau. Mae'r wyneb-ddalen yn darllen fel hyn...

WELSH BOTANOLOGY
Part the first.
A systematic catalogue of the native Plants of
the Isle of Anglesey, in Latin, English,
and Welsh, &c. &c.
By Hugh Davies, F.L.S.

LLYSIEUAETH GYMREIG
Yr ail ran.
Sef enwau blagur o bob rhyw, &c. &c.
London, Printed for the author,
by W. Marchant, 1813.

Yn y rhan gyntaf y mae'n dosbarthu y llysiau yn 24 o ddosbarthiadau, gan roi yr enwau yn Lladin, Saesneg a Chymraeg. Yn y dosbarthiad uchod ceir 385 o lysiau. Heblaw eu dosbarthu a'u rhifo, gwna sylw arbennig ar y mathau o lysiau ymhob dosbarth. O dan y gair Hescen ceir 34 o fathau. Dywed hefyd ymha le y mae pob math yn tyfu, a ydynt yn brin, &c.

Yn 1816 ymddeolodd Hugh Davies o fywiolaeth Aber, a bu farw yn Biwmares, 16 Chwefror, 1821 yn 82 ml. oed.

Murddunod

Ymhob cwr o Fôn fel ac ymhob sir arall yng Nghymru, gwelir murddunod o bob math yn gofadail i'r gorffennol gynt. Y mae angen llygaid craff i ddarganfod rhai ohonynt oherwydd iddynt fod yn guddiedig a thrwch o dyfiant, gydag ambell un and pentwr o gerrig i ddynodi eu safle. Buont i gyd yn gartref i rhywun rhyw dro, ac y mae yna rhyw dinc o hiraeth wrth gofio am y teuluoedd oedd ynddynt a phan oedd bywyd tipyn arafach a chymdeithas yn llawer gwell i'r hyn y mae hi heddiw.

Bryn Gwyn Mawr, ger Brynsiencyn, 2010

Y Murddun

Rhidwll yw'r tô â oedd mor ddiddos gynt,
Bylchog y muriau cerrig oedd mor glyd;
Am flwyddi bellach bu y glaw a'r gwynt
Yn araf chwalu'r bwthyn ger y rhyd;
Y mwsog esmwyth a orchuddia'r llawr,
A than hen dulath gwnaeth y wennol nyth,
Cartref tylluan yw y simnai fawr;
Gwyddent na ddeuai un trigiannydd byth
Eto i'r murddun distadl hwn i fyw;
Yr iorwg a'i meddiannodd wrth ei bwys.
Ac yn yr ardd a fu afallen wyw
A wna'r olygfa heddiw yn fwy dwys
I henwr unig, blin, ar drothwy'r bedd
Sy'n cofio cychwyn bywyd yn ei hedd.

Pat MacMôn, 1953

Murddun ger fferm Ffordd Degwen, Llanddona, 2010

246

Murddun yn ardal Maenaddwyn, 2010

Y Murddun

Yng nghwr y dreflan, a than ddefni'r pîn,
Saif adfail hen, annhymig, brych ei wawr,
A'i furiau llwm yn nesu at ei lawr
Tan ddwylo'r plant ac araf draul yr hin:
Caer ydyw i'r mieri a'r deiliach crin,
Ac nid oes neb a'i cais ond biw (buchod) y plas;
Eithr bu'n gyfannedd unwaith, a bu blas
Ar gyrchu'i borth, yn hoyw ac yn flin;
A thros ei riniog, nad yw riniog mwy,
Aeth angladd a phriodas yn eu tro;
A phwy a wybydd heno ymhle maent hwy
Fu'n dwyn eu horiog dynged tan ei do?
'Hed ystlum gwyllt o'r pared gyda chri
A chwardd tylluan fel i'm hateb i.

Owen Caerwyn Roberts (1871-1959), Llangefni
o Cyfansoddiadau Eisteddfod Genedlaethol Yr Wyddgrug, 1923

Ryseitiau Môn

Teisen Aberffraw (*Sugar Cake*)

Defnyddiau. – Pwys o flawd, oddeutu hanner pwys o fenyn, a chwarter pwys o siwgwr gwyn mân.

Todder y menyn, a chymerir yr olew (heb y gwaelodion) i gymysgu y blawd a'r siwgwr. Gweithier darnau o faintioli ŵy i ffurf creisdais ar gledr y llaw, a gwasger ar gragen fflat i'w marcio. Craser yn gymedrol, heb eu gadael i frownio, a gratheller siwgwr drostynt.

Crempog Sir Fôn (*Anglesey Griddle Cake*)

Defnyddiau. – Dau bwys o flawd, dau ŵy, hanner cwpanaid o siwgwr, pinsiad o halen, peint a hanner o laeth, dwy owns o fenyn, a gwerth dimei o furym sych (*German barm*).

Curer yr ŵyau, a chymysger hwy â'r blawd, siwgwr, a halen. Twymner ychydig ar y llaeth, rhodder y menyn ynddo i doddi, a chwaneger ef at y gymysgedd, gan ofalu na byddo clapiau ynddo. Mwyder y burym mewn ychydig ddŵr clauar, a llwyaid o siwgwr, a rhodder ef yn nghanol y pwyfysgedd. Gadawer iddo ymgodi am tua tri chwarter awr; ac wedi poethi gradell, a rhoi menyn arni, tywallter hanner lloniad cwpan, neu ragor, arni, gan ei ffurfio at faintioli plât lled fychan. Ar ôl i'r crempog frownio ar un ochr, tröer yr ochr arall, rhodder menyn arnynt yn helaeth, ac anfoner hwynt i'r bwrdd yn boethion.

Y Tŷ a'r Teulu gan S.M.M. 1891

Bara Môn

Y prif ddefnyddiau yw blawd haidd a pheilliad. Y mae goruchwyliaeth y bara haidd wedi mynd heibio; ond wrth edrych yn ôl, er nad wyf eto yn ddigon hen i gofio dydd ei hangladd. Y mae'r oruchwyliaeth hon wedi rhoddi lle i un arall; sef goruchwyliaeth y bara cymysg, am yr hon y gellir dweud ei bod yn mynd heibio, ac yn rhoi lle i'r drydedd oruchwyliaeth, sef un y bara gwyn. Fel, erbyn heddiw, y mae llawer o ffermydd Môn na welir torth gymysg o'u mewn un dydd mewn blwyddyn. Yn bersonol, y mae yn ddrwg genyf am hyn, oblegid y mae bara cymysg da yn llawer mwy blasus na'r bara gwyn gorau. Yn wir, y mae bara cymysg da yn rhagori cymaint ar fara gwyn Môn, yn ei flas, ag y mae bara gwyn Môn yn ei ragori ar fara gwyn Rhydychen. Ond er hyn i gyd, y mae'n rhaid cyfaddef, er pan y mae y dull o bobi ym Môn wedi newid o'r hyn yr oedd i'r hyn yw, fod bara wedi gwaethygu yn hytrach na gwella yn ei flas. Yn awr y mae y bara yn cael ei bobi mewn padell, yr hon ddodir yn y pobty; adeg a fu pobid y bara o dan y badell, yr hon ddodid a'i gwyneb i lawr ar radell, a chuddid y naill a'r llall ag ulw poeth.

Bu math arall o fara mewn bri mawr ym Môn adeg a fu, sef bara gradell. Yr oedd y toes o'r hwn yn gwneid hwn yn deneuach na thoes cyffredin, mor deneu, 'n wir fel y byddai iddo redeg i raddau ar y radell. Wedi crasu un ochr, trwy gynneu o dan y radell byddai'r dorth yn cael ei throi i grasu'r ochr arall. Yr oedd bara gradell yn neillduol o fwytadwy, ac y mae yn ofid meddwl fod pobi bara gradell erbyn hyn bron ymhlith y pethau a fu.

Hwyrach y dylaswn ddweud gair yma am y bara a adwaenid wrth yr enw bara cri. Gwlychid y toes yn yr un modd a thoes bara gradell, ond ni roddid burym ynddo; ac mewn canlyniad ni byddai codiad ynddo; i ddefnyddio gair sydd yn cael ei arfer ym Môn, bara clats ydoedd. Crasid y dorth ar y radell trwy gynneu odditani, a throid yn yr un modd a thorth radell. O flawd haidd yr oedd y dorth gri yn cael ei gwneud. Pan ddefnyddid peilliad, ac y rhoddid ymenyn yn y toes, byddai'r cynyrch yn cael ei anrhydeddu a'r enw teisen gri.

Nid wyf yn deall i fara cri fod erioed yn cael ei bobi yn gyffredinol, ond byddai yn cael ei wneud gan ambell un lled fler pan y byddai y bara yn y tŷ wedi darfod.

Deuwn yn nesaf at fara bwff... a bara ceirch...

R. Evans, M.A., Rhydychen
Cymru, O. M. Edwards, 1898

Carwn gydnabod cymorth y cyfeillion isod:

Mr Eurwyn Griffiths ('Eurfon'), Niwbwrch
Mr Alwyn Owen, Garnedd Isaf, Amlwch
Mrs Megan Lloyd, Tyddyn Miriam, Pentraeth
Parchedig J. Davies Hughes, Llangefni

Gan yr un awdur:

www.carreg-gwalch.com

Llyfrau eraill am Fôn:

CAPELI MÔN

Nabod Môn

GOLYGYDDION: DEWI JONES, GLYNDWR THOMAS

www.carreg-gwalch.com